卓越系列·国家示范性高等职业院校特色教材

基础会计（第三版）

Basic Accounting

主编　隋秀娟　谢婉娥

天津大学出版社
TIANJIN UNIVERSITY PRESS

内容提要

本书根据高职高专管理类人才的培养目标，将会计从业资格证书的考核内容纳入其中，并将基础理论与实际单据、实际操作流程相结合，以强化学生实践能力的培养。全书共分为10章，分别介绍了会计岗位认知、会计概述、会计科目与账户、复式记账——借贷记账法、会计凭证、借贷记账法在实践中的应用、会计账簿、财产清查、财务会计报告、会计核算的组织形式。

本书可作为高职高专院校经管类专业学生的教材，也可供从事会计专业的相关工作者及会计专业爱好者参考。

图书在版编目(CIP)数据

基础会计/隋秀娟，谢婉娥主编. —3版. —天津：天津大学出版社，2016.6(2017.9重印)
(卓越系列)
国家示范性高等职业院校特色教材
ISBN 978-7-5618-5579-9

Ⅰ.①基… Ⅱ.①隋… ②谢… Ⅲ.①会计学—高等职业教育—教材 Ⅳ.①F230

中国版本图书馆 CIP 数据核字(2016)第142145号

出版发行 天津大学出版社
地　　址 天津市卫津路92号天津大学内(邮编:300072)
电　　话 发行部:022-27403647
网　　址 publish.tju.edu.cn
印　　刷 天津市蓟县宏图印务有限公司
经　　销 全国各地新华书店
开　　本 185mm×260mm
印　　张 17
字　　数 449千
版　　次 2016年6月第3版
印　　次 2017年9月第2次
定　　价 36.00元

前　　言

基础会计作为会计学专业以及其他经济管理类专业的基础入门课程，有着重要的意义。目前，职业教育的教学改革，需要教、学、做一体化的实用教材。作为在职业教育一线从事多年基础会计课程教学的教师，结合多年的教学经验、近几年的课程建设经验以及实践岗位的体验，共同开发了体现职业教育特色的《基础会计》以及配套实训教材。

本套教材由《基础会计》主教材和与其相配套的《基础会计模拟实训》教材组成。希望本套教材能够使初学者认知会计岗位，了解会计的基本理论，掌握会计核算方法以及基本操作技能，为后续课程的学习或从事会计工作打下坚实的基础。

本书根据高职高专管理类人才的培养目标和教学特点的要求，将会计从业资格考试的部分内容纳入本教材，同时结合会计工作，将枯燥的理论与实际单据、实际操作流程相结合，对初学者学习起到事半功倍的作用。

本书在编写过程中，参照我国2006年颁布的《企业会计准则——基本准则》以及相关会计制度的规定，对基础会计的课程体系和基本内容作了调整，并吸纳会计一线人员参与教材编写，强化了实践和真实性。每章后有配套习题以及技能训练，便于学生理解消化本章内容。

本书配套教材《基础会计模拟实训》分为两大部分：一部分可作为随堂实训练习，也可作为阶段性操作考核；另一部分是基础会计的系统性实训，可待理论课程学习完后集中进行。

本教材由隋秀娟、谢婉娥任主编，王海燕、何丽任副主编。具体分工如下：第1章由谢婉娥编写；第4、6章由隋秀娟编写；第2、3、10章由何丽编写；第5、7章由王海燕编写；第8章由张琪编写；第9章由丁小华编写。隋秀娟、谢婉娥进行了全书的修改和总纂。

本教材在编写过程中参考了有关的文献，得到了学院领导、企业一线专家以及出版社领导的指导和帮助，在此表示衷心的感谢！

由于水平有限，对新准则的理解尚不深入，书中难免存在疏漏和不足之处，敬请读者批评指正。

编　者

目　录

1 会计岗位认知

【学习目标】

通过本章的学习,了解会计机构和会计人员,熟悉不同企业的会计岗位的设置情况、岗位职责;了解会计从业资格,包括会计从业资格证书的性质,从业资格认证的申请步骤、受理机构以及资格证书的颁发等;了解会计专业职务与会计专业技术资格等知识;熟悉会计规范内容,熟知相关法律、法规和会计职业道德,对会计岗位有初步的认知。

【重点难点】

- 会计岗位的职责
- 会计规范
- 法律、法规和会计职业道德

【技能点】

- 会计岗位的设置
- 会计岗位的职责
- 会计规范
- 法律、法规和会计职业道德

【学习内容】

1.1　会计机构和会计人员

会计机构是指单位内部设置的办理会计实务的组织。会计人员是指依法在会计岗位上从事会计工作的人员。建立健全会计机构,配备相当数量具备从业资格的会计人员,是各单位做好会计工作,充分发挥会计职能的重要保证。

1.1.1　会计机构的设置

《中华人民共和国会计法》(以下简称《会计法》)第36条第1款规定:“各单位应当根据会计业务的需要,设置会计机构,或者在有关机构中设置会计人员并指定会计主管人员;不具备设置条件的,应当委托经批准设立从事会计代理记账业务的中介机构代理记账。”这是对设置会计机构的法律规定。

1. 根据业务需要设置会计机构

对各单位是否设置会计机构,《会计法》规定“应当根据会计业务的需要”来决定,即各单位可以根据本单位的会计业务繁简情况决定是否设置会计机构。为了科学、合理地组织开展会计工作,保证本单位正常的经济核算,原则上各单位均应设置会计机构。考虑到单位有大小,业务有繁简,如果“一刀切”,要求每个单位都必须设置会计机构,势必脱离实际。而且,是否设置机构,设置哪些机构,应当是单位的内部事务,不宜由法律来强制规定。因此,《会计法》对各单位是否独立设置会计机构未作统一的、强制性的规定,而是规定各单位根据会计业务的需要自行决定。但是,无论是否需要设置会计机构,会计工作必须依法开展。

从有效发挥会计职能作用的角度看,实行企业化管理的事业单位,大、中型企业(包括集团公司、股份有限公司、有限责任公司等),均应设置会计机构;业务较多的行政单位、社会团体和其他组织也应设置会计机构。而对那些规模很小的企业,业务和人员都不多的行政单位等,可以不单独设置会计机构,将业务并入其他职能部门,或者进行代理记账。

2. 在有关机构中设置会计人员并指定会计主管人员

根据《会计法》的规定,不能单独设置会计机构的单位,应当在有关机构中设置会计人员并指定会计主管人员,这是会计机构设置的另一种形式。这种形式一般在行政机关、事业单位和中小企业中比较多见。这些单位往往受到行政编制、事业编制或者企业规模限制,不可能设置过多的工作机构,增加过多的工作人员。考虑到会计工作的实际需要,又必须设置一定的会计工作岗位,配备必要的会计人员。在这种情况下,唯一的选择就是在有关机构中设置会计人员并指定会计主管人员。这是提高工作效率,明确岗位责任的内在要求,同时也是由会计工作专业性、政策性强等特点决定的。“会计主管人员”是《会计法》的一个特指概念,不同于通常所说的“会计主管”、“主管会计”、“主办会计”等,而是指负责组织管理会计事务、行使会计机构负责人职权的负责人。《会计法》没有对如何配备会计机构负责人作出具体的规定,主要考虑到,在现实中,凡是设置会计机构的单位,都配备了一定数量专职或兼职会计人员,《会计法》规定应在会计人员中指定会计主管人员,目的是强化责任制度,防止出现会计工作无人负责的局面。会计主管人员作为中层管理人员,行使会计机构负责人的职权,按照规定的程序任免。

3. 会计机构内部稽核制度

《会计法》第37条规定:“会计机构内部应当建立稽核制度。出纳人员不得兼任稽核、会计档案保管和收入、支出、费用、债权债务账目的登记工作。”这是对会计机构内部稽核制度的法律规定。

4. 会计岗位的划分

一般会计岗位的划分,要从本单位的会计业务量和会计人员配备的实际情况出发,按照效益和精简的原则进行。会计人员的工作岗位一般可分为:会计主管岗位,出纳岗位,资金管理核算岗位,固定资产核算岗位,存货核算岗位,工资核算岗位,成本、费用核算岗位,销售和利润核算岗位，应收应付款核算岗位，总账报表岗位，稽核岗位，电算化管理岗位等。目前有些企业还可以设置税务会计等岗位。

5. 主要会计岗位描述

1)会计主管岗位

会计主管岗位，负责编制每月报表及分析，检查各岗位职责执行情况，财务电脑数据库的管理，审核会计凭证和会计档案的管理，对外统计报表（如政府部门调查表）的编制或审核，年度总预算的控制，应收账款的催收，凭证的审核，外汇单据的核销，固定资金的管理等。

2)出纳岗位

出纳岗位，按国家及有关部门有关法规及公司财务制度，办理现金收付和银行结算业务，登记现金和银行存款日记账，保管库存现金和各种有价证券，保管有关印章、空白收据发票和空白银行单据（支票等）。

3)资金管理核算岗位

资金管理核算岗位，负责编制公司资金计划，会同有关部门核定资金使用定额；根据公司资金需求，确定筹款计划并负责具体实施；做好公司资金的调度和筹措，考核资金的使用效果，确保公司资金的安全使用；编制公司资金报表，提供有关资金使用情况；熟悉各种融资渠道及方法，为公司融资提供可行方案。

4)固定资产核算岗位

固定资产核算岗位，负责会同有关部门拟定固定资产管理与核算的实施办法，参与核定固定资产需用量；参与编制公司固定资产购置、更新改造和修理计划，负责固定资产及其折旧的明细核算；参与固定资产的清查盘点，分析固定资产的使用效果。

5)存货核算岗位

存货核算岗位，负责会同有关部门拟定存货管理与核算的实施方法，负责存货的明细核算及有关往来结算，参与存货的清查盘点，分析存货的储备情况。

6)工资核算岗位

工资核算岗位，负责工资、奖金、福利费、保险费等的审核及明细核算，正确提取福利、保险等各项经费，代扣、代缴个人所得税。

7)成本、费用核算岗位

成本、费用核算岗位，负责拟定成本核算方法，编制成本费用计划，完善成本管理基础工作；会同有关部门制定公司成本、费用开支范围与定额，核算产品成本，编制成本报表，进行成本分析；组织有关部门、车间、班组的成本核算。

8)销售和利润核算岗位

销售和利润核算岗位，负责编制公司利润计划；办理销售款项的结算业务，负责销售业务的财务管理，负责销售和利润的预测分析。

9)应收应付款核算岗位

应收应付款核算岗位，负责建立应收应付账款的清算手续制度，办理应收应付款项的结算业务，负责应收应付款项的明细核算，及时清理债权债务。

10)总账报表岗位

总账报表岗位，负责登记总账，编制有关财务报表，管理会计凭证和账表；综合分析财务状况及经营成果，编写有关财务情况分析说明书；进行财务预测，提供有关生产经营决策和日常管理所需财务资料。

11)稽核岗位

稽核岗位,负责审查各项财务收支,审查财务成本费用计划,复核会计凭证和账簿、报表。

12)会计电算化管理岗位

会计电算化管理岗位,负责系统运行管理与维护,定期检查软件、硬件设备的运行情况;负责系统运行中软件和硬件故障的排除工作;负责系统的安装和调试工作,按规定程序进行软件维护。

13)税务会计

税务会计,负责开具销售发票,编制税务报表及报税业务,进出口业务,与外贸部的业务对接,月底编制进出口相关报表等。

这些岗位可以一人一岗、一人多岗或一岗多人,各单位可以根据自身特点具体确定。需要注意的是,为贯彻内部控制中的"账、钱、物分管"的原则,出纳人员不得兼管稽核、会计档案保管及收入、费用、债权债务账目的登记工作。对于企业的会计人员,应有计划地进行岗位轮换,以便会计人员能够比较全面地了解和熟悉各项会计工作,提高业务水平。

一般中小型企业会计岗位设置如图 1-1 所示。

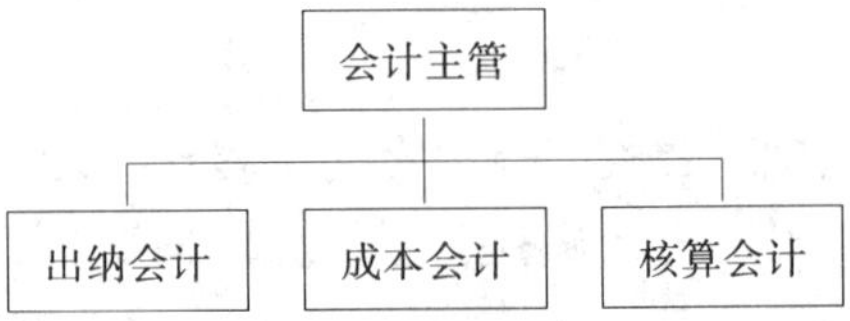

图 1-1　中小企业会计岗位设置

1.1.2　会计从业资格

《会计法》第 38 条第 1 款和第 3 款规定:"从事会计工作的人员,必须取得会计从业资格证","会计人员从业资格证管理办法由国务院财政部门规定。"第 39 条规定:"会计人员应当遵守职业道德,提高业务素质。对会计人员的教育和培训工作应当加强。"第 40 条规定:"因有提供虚假财务会计报告,做假账,隐匿或者故意销毁会计凭证、会计账簿、财务会计报告,贪污、挪用公款,职务侵占等与会计职务有关的违法行为被依法追究刑事责任的人员,不得取得或者重新取得会计从业资格证书。"这是对会计从业资格、会计人员职业道德教育和业务培训问题作出的法律规定。

1. 会计从业资格的概念及会计从业资格证书的性质

会计从业资格证是指进入会计职业、从事会计工作的一种法定资质,是进入会计职业的"门槛"。

会计从业资格证书是具备会计从业资格的证明文件,在全国范围内有效。持有会计从业资格证书的人员(以下简称"持证人员")不得涂改、转让会计从业资格证书。

2. 会计从业资格证书的适用范围

在国家机关、社会团体、公司、企业、事业单位和其他组织从事下列会计工作的人员(包括中国香港特别行政区、中国澳门特别行政区、中国台湾地区人员以及外籍人员在中国内地境内从事会计工作的人员),必须取得会计从业资格,持有会计从业资格证书。

(1)会计机构负责人(会计主管人员);

(2)出纳;

(3)稽核;

(4)资本、基金核算;

(5)收入、支出、债权债务核算;

(6)工资、成本费用、财务成果核算;

(7)财产物资的收发、增减核算;

(8)总账;

(9)财务会计报告编制;

(10)会计机构内会计档案管理。

3. 会计从业资格的管理部门

会计从业资格的管理,主要实行属地原则,由县级以上地方人民政府财政部门负责本行政区域内的会计从业资格管理。同时考虑到我国国情和管理工作的实际需要,对于个别中央业务主管部门,可负责所辖部门或系统的会计从业资格管理。如:财政部委托中共中央直属机关事务管理局、国务院机关事务管理局按照各自权限分别负责中央在京的会计从业资格的管理;新疆生产建设兵团财务局负责所属单位的会计从业资格的管理;财政部委托铁道部负责铁路系统的会计从业资格的管理;财政部委托中国人民武装警察部队后勤部和中国人民解放军总后勤部分别负责中国人民武装警察部队、中国人民解放军系统的会计从业资格的管理。

4. 会计从业资格的取得

(1)会计从业资格的取得实行考试制度。会计从业资格考试科目为:财经法规与会计职业道德、会计基础、初级会计电算化(或者珠算五级)。

(2)会计从业资格报名条件。申请参加会计从业资格考试的人员,应当符合下列基本条件:①遵守会计和其他财经法律、法规;②具备良好的道德品质;③具备会计专业基本知识和技能。

因有《会计法》第42条、第43条、第44条所列违法情形,被依法吊销会计从业资格证书的人员,自被吊销之日起5年内(含5年)不得参加会计从业资格考试,不得重新取得会计从业资格证书。

因有提供虚假财务会计报告,做假账,隐匿或者故意销毁会计凭证、会计账簿、财务会计报告,贪污、挪用公款,职务侵占等与会计职务有关的违法行为,被依法追究刑事责任的人员,不得参加会计从业资格考核,不得取得或者重新取得会计从业资格证书。

(3)会计从业资格部分考试科目免试条件。申请人符合会计从业资格报名条件且具备国家教育行政主管部门认可的中专以上(含中专,下同)会计类专业学历(或学位)的,自毕业之日起2年内(含2年),免试会计基础、初级会计电算化(或者珠算五级)。会计类专业包括:会计学、会计电算化、注册会计师专门化、审计学、财务管理、理财学。

5. 会计从业资格证书的申请、受理和颁发

1)会计从业资格证书的申请

会计从业资格考试全科合格的申请人,可以向会计从业资格考试所在地县级以上地方财政部门、新疆生产建设兵团财务局和中央主管单位(以下简称“会计从业资格管理机构”)申请会计从业资格证书。县级以上地方财政部门会计从业资格证书的颁发权限由各省、自治区、直辖市、计划单列市财政部门确定。

申请会计从业资格证书时,应当填写《会计从业资格证书申请表》,并持下列材料:①考试成绩合格证明;②有效身份证件原件;③近期同一底片一寸免冠证件照两张。

符合会计从业资格部分考试科目免试条件,且财经法规与会计职业道德考试成绩合格的申请人,还需持学历或学位证书原件(中国香港特别行政区、中国澳门特别行政区、中国台湾地区居民及外国居民的学历或学位须经中华人民共和国教育行政主管部门认可)。

申请人可以通过委托代理人申请会计从业资格证书。申请人应当对其申请材料实质内容的真实性负责。

2)会计从业资格证书申请的受理

申请人的申请材料齐全、符合规定形式的,会计从业资格管理机构应当场受理;申请材料不齐全或者不符合规定形式的,会计从业资格管理机构应当场或者5日内一次告知申请人需要补正的全部内容,逾期不告知的,自收到申请材料之日起即为受理。会计从业资格管理机构受理或者不予受理会计从业资格证书申请,应当出具书面证明,同时注明日期,并加盖本机构专用印章。

3)会计从业资格证书的颁发

会计从业资格管理机构能够当场作出决定的,应当场作出颁发会计从业资格证书的书面决定;不能当场作出决定的,应当自受理之日起20日内对申请人提交的申请材料进行审查,并作出是否颁发会计从业资格证书的决定;20日内不能作出决定的,经会计从业资格管理机构负责人批准,可以延长10日,并应当将延长期限的理由告知申请人。

会计从业资格管理机构作出准予颁发会计从业资格证书的决定,应当自作出决定之日起10日内向申请人颁发会计从业资格证书。

会计从业资格管理机构作出不予颁发会计从业资格证书的决定,应当说明理由,并告知申请人享有依法申请行政复议或者提起行政诉讼的权利。

1.2 会计专业职务与会计专业技术资格

会计工作具有很强的专业技术性,要求会计人员必须具备必要的专业知识和专业技能。至于如何考核和确认会计人员的专业知识和业务技能,从目前来讲,主要是通过设置专业职务和会计专业技术资格考试来进行。

1.2.1 会计专业职务

1.会计专业职务的种类

会计专业职务是区别会计人员业务技能的技术等级。会计专业职务分为高级会计师、会计师、助理会计师和会计员。高级会计师为高级职务,会计师为中级职务,助理会计师和会计员为初级职务。

2.会计专业职务任职条件

会计专业人员,必须拥护中国共产党的领导,热爱祖国,坚持四项基本原则,遵守和执行《会计法》,积极为社会主义建设事业服务。

(1)会计员的基本条件如下。①初步掌握财务会计知识和技能;②熟悉并能按照执行有关会计法规和财务会计制度;③能担负一个岗位的财务会计工作;④大学专科或中等专业学校毕业,在财务会计工作岗位上见习一年期满。

(2)助理会计师的基本条件:①掌握一般的财务会计基础理论和专业知识。②熟悉并能正确执行有关的财经方针、政策和财务会计法规、制度。③能担负一个方面或某个重要岗位的财务会计工作。④取得硕士学位,或取得第二学士学位或研究生班结业证书,具备履行助理会计师职责的能力;大学本科毕业,在财务会计工作岗位上见习一年期满;大学专科毕业并担任会计员职务二年以上;中等专业学校毕业并担任会计员职务四年以上。

(3)会计师的基本条件如下。①较系统地掌握财务会计基本理论和专业知识。②掌握并能正确贯彻执行有关的财经方针、政策和财务会计法规、制度。③具有一定的财务会计工作经验,能担任一个单位或管理一个地区、一个部门、一个系统某个方面的财务会计工作。④取得博士学位,并具有履行会计师职责的能力;取得硕士学位并担任助理会计师职务二年左右;取得第二学士学位或研究生班结业证书,并担任助理会计师职务二年至三年;大学本科或大学专科毕业并担任助理会计师职务四年以上。⑤掌握一门外语。

(4)高级会计师的基本条件如下。①较系统地掌握经济、财务会计理论和专业知识。②具有较高的政策水平和丰富的财务会计工作经验,能担负一个地区、一个部门或一个系统的财务会计管理工作。③取得博士学位,并担任会计师职务二年至三年;取得硕士学位、第二学位或研究生班结业证书,或大学本科毕业并担任会计师职务五年以上。④较熟练地掌握一门外语。

对各级专业职务的学历和从事财务会计工作年限的要求,一般都应具备,但对确有真才实学、成绩显著、贡献突出、符合任职条件的,在确定其相应专业职务时,可以不受学历和工作年限的限制。

3. 会计专业职务的基本职责

(1)会计员:负责具体审核和办理财务收支,编制记账凭证,登记会计账簿,编制会计报表和办理其他会计事务。

(2)助理会计师:负责草拟一般的财务会计制度、规定、办法;解释、解答财务会计法规、制度中的一般规定;发现检查某一方面或某些项目的财务收支和预算的执行情况。

(3)会计师:负责草拟比较重要的财务会计制度、规定、办法;解释、解答财务会计法规、制度中的重要问题;分析检查财务收支和预算的执行情况;培养初级会计人才。

(4)高级会计师:负责草拟和解释、解答在一个地区、一个部门、一个系统或在全国施行的财务会计法规、制度、办法;组织和指导一个地区或一个部门、一个系统的经济核算和财务会计工作;培养中级以上会计人才。

4. 会计专业职务的设置

会计专业职务,由各单位根据会计工作需要,在规定的限额和批准的编制内设置,并按规定的程序报经批准。

5. 会计专业职务的聘任

通过全国统一考试,取得会计专业技术资格的会计人员,表明其已具备担任相应级别会计专业技术职务的资格。用人单位可根据工作需要和德才兼备的原则,从获得会计专业技术资格的会计人员中择优聘任。会计专业技术资格分为:初级资格、中级资格和高级资格。

(1)取得初级资格,单位可根据有关规定按照下列条件聘任相应的专业技术职务。①助理会计师:大专毕业担任会计员职务满二年;中专毕业担任会计员职务满四年;不具备规定学历,担任会计员职务满五年。②不符合上述条件的人员,只可聘任会计员职务。

(2)取得中级资格并符合国家有关规定,可聘任会计师职务。

(3)高级资格(高级会计师资格)实行考试与评审相结合的评价制度,具体办法另行规定。

单位行政领导人应根据工作需要和规定的限额,在符合任职条件的人员中聘任,对不符合任职条件的,不得聘任。会计专业职务任期一般每任不超过五年,根据工作需要可以续聘。

聘任会计专业人员,应坚持任人唯贤的原则。各级领导要认真掌握有关政策,保护聘任单位和会计专业人员双方的权益。对借聘任之机打击迫害会计专业人员的领导干部,或伪造学历、资历、谎报成果、骗取会计专业职务的人员,应视情节轻重,严肃处理。

1.2.2　会计专业技术资格

1. 考试种类

会计专业技术资格分为初级资格、中级资格和高级资格三个级别。初级、中级会计资格的取得实行全国统一考试制度;高级会计师技术资格实行考试与评审相结合的制度。凡通过全国统一考试获得会计专业技术资格的会计人员,表明其已具备担任相应会计专业职务的水平和能力,但获得的专业技术资格不与工资待遇挂钩。单位在岗位需要时,根据有关规定按照德才兼备的原则,从获得会计专业技术资格的会计人员中择优聘任。

2. 报考条件

(1)参加会计专业技术资格考试的人员应具备的基本条件:①坚持原则,具备良好的职业道德品质;②认真执行《会计法》和国家统一的会计制度,以及有关财经法律、法规、规章制度,无严重违反财经纪律的行为;③履行岗位职责,热爱本职工作;④具备会计从业资格,持有会计从业资格证书。

(2)报名参加会计专业技术初级资格考试的人员,除具备基本条件外,还必须具备教育部门认可的高中毕业以上学历。

(3)报名参加会计专业技术中级资格考试的人员,除具备基本条件外,还必须具备下列条件之一:①取得大学专科学历,从事会计工作满五年;②取得大学本科学历,从事会计工作满四年;③取得双学士学位或研究生班毕业,从事会计工作满二年;④取得硕士学位,从事会计工作满一年;⑤取得博士学位。

(4)对通过全国统一的考试,取得经济、统计、审计专业技术中、初级资格的人员,并具备前款所列的基本条件,均可报名参加相应级别的会计专业技术资格考试。

有下列情形之一的,由会计考试管理机构吊销其会计专业技术资格,由发证机关收回其会计专业技术资格证书,二年内不得再参加会计专业技术资格考试:①伪造学历、会计从业资格证书和资历证明;②考试期间有违纪行为。

3. 报考科目设置

(1)会计专业技术初级资格考试科目:初级会计实务、经济法基础。参加初级资格考试的人员必须在一个考试年度内通过全部科目的考试。

(2)会计专业技术中级资格考试科目:中级会计实务、财务管理、经济法。参加中级资格考试的人员必须在一个考试年度内通过全部科目的考试。

(3)考试日期。会计专业技术资格考试,原则上每年举行一次。考试日期一般为每年五月第三个星期六、星期日。如遇特殊情况需要调整考试时间,财政部、人事部将会及时通知各地。

1.3　会计规范

从直观上看,会计规范是会计行为的标准,但从其最终效果看,会计规范实际上是会计信息的标准,是对会计人员、会计工作和会计信息处理具有约束、评价和指导作用的一系列标准的总称。因此,会计规范是由一系列的会计行为标准组成的完整的体系。

我国会计规范体系由若干部分构成。

1. 会计法律规范

会计法律规范包括与会计有关的法律和行政法规,是会计规范体系中最具有约束力的组成部分,它是调整经济活动中会计关系的法律规范的总称,是社会法律制度在会计方面的具体体现,是调节和控制会计行为的外在制约因素。

会计法律是指全国人民代表大会及其常务委员会经过一定立法程序制定的有关会计工作的法律。我国的会计法律是《会计法》。《会计法》是我国会计工作的根本大法,在会计法律制度体系中权威性最高、法律效力最强,是会计工作的最高准绳和法律依据。

会计行政法规是指由国务院制定并发布,或者国务院有关部门拟定并经国务院批准发布,调整经济社会中某些方面会计关系的法律规范。依据《会计法》制定会计行政法规,国务院发布的有《总会计师条例》、《企业会计准则》、《企业财务会计报告条例》等。

2. 会计理论规范

随着经济理论的发展,会计理论逐步形成了比较完备的概念框架和结构。从一般意义上看,整个成熟的会计理论都是会计规范体系的组成部分,包括会计目标、会计基本前提、会计要素、会计原则、会计处理程序和方法。它所要揭示和规定的,是会计系统内在的特性问题。会计理论规范确定会计管理行为所要遵循的内在要求,是引导会计管理行为科学化、有效化的重要标准。

3. 会计制度规范

会计制度规范是从技术角度对会计实务处理提出的要求和准则、方法和程序的总称。从广义来看,会计制度规范是指国家制定的会计方面所有规范的总称,包括会计工作制度、会计人员管理制度和会计核算制度等。

国家统一的会计制度是指由国务院财政部门根据《会计法》制定的关于会计核算、会计监督、会计机构和会计人员以及会计工作管理的制度。由财政部制定的会计规范性文件有《财政部门实施会计监督办法》、《会计从业资格管理办法》和《代理记账管理办法》等,此外还有《企业会计制度》、《会计基础工作规范》、《会计档案管理办法》等其他规范性文件。

4. 会计职业道德规范

会计职业道德规范是从事会计工作的人员所应该遵守的具有本职业特征的道德准则和行为规范的总称。是对会计人员的一种主观心理素质的要求,控制和掌握着会计管理行为的方向和合理化程度。会计职业道德规范是一类比较特殊的会计规范,它的强制性较弱,但约束范围却极为广泛。

会计职业道德规范主要包括:爱岗敬业、诚实守信、廉洁自律、客观公正、坚持准则、提高技能、参与管理、强化服务等八个方面。

1)爱岗敬业

爱岗就是会计人员要热爱本职工作,并为做好本职工作尽心尽力、尽职尽责。要求会计人员:正确认识会计职业,树立爱岗敬业的精神,热爱会计工作,敬重会计职业,安心工作,任劳任怨,严肃认真,一丝不苟,忠于职守,尽职尽责。

2)诚实守信

诚实是指言行跟内心思想一致,不弄虚作假,不欺上瞒下。要求会计人员:做老实人,说老实话,办老实事,不搞虚假,保密守信,不为利益所诱惑,执业谨慎,信誉至上。

3)廉洁自律

"不受曰廉,不污曰洁",不收受贿赂、不贪污钱财,就是廉洁。要求会计人员:树立正确的人生观和价值观、公私分明,不贪不占、遵纪守法。

4)客观公正

客观是指按事物的本来面目去反映,不掺杂个人的主观意愿,也不为他人的意见所左右。要求会计人员:端正态度,依法办事,不偏不倚,保持独立性。

5)坚持准则

坚持准则是指会计人员在处理业务的过程中,严格按照会计法律制度办事,不为主观或他人意志所左右。要求会计人员:熟悉准则,遵守准则,坚持准则。

6)提高技能

职业技能是人们进行职业活动,承担职业责任的能力和手段。要求会计人员:具有不断提高会计专业技能的意识和愿望,具有勤学苦练的精神和科学的学习方法。

7)参与管理

参与管理,简单地讲就是间接参加管理活动,为管理者当参谋,为管理活动服务。要求会计人员:努力钻研业务,熟悉财经法规和相关制度,提高业务技能,为参与管理打下坚实的基础;熟悉服务对象的经营活动和业务流程,使参与管理的决策更具针对性和有效性。

8)强化服务

强化服务就是会计人员应具有文明的服务态度,要强化服务意识,提高服务质量。

以上四个层次共同构成一个完整的会计规范体系,其目标都是为了引导和控制会计行为以及指导会计工作,使会计行为朝着合法化、规范化的方向发展。

【总结与回顾】

本章介绍了会计机构的设置、职能范围、会计人员素质要求、会计从业资格、会计专业职务、会计专业技术资格和会计专业规范;简要介绍了会计法律规范、会计理论规范、会计制度规范和会计职业道德规范的含义。通过本章的学习,使初学者对会计岗位有基本的认知。

【复习思考】

1. 会计工作的岗位构成及职责有哪些?
2. 会计技术职务有哪些?应具备哪些条件?
3. 会计规范的内容有哪些?会计人员职业道德包括哪些内容?

4. 会计岗位是不是越多越好？哪些岗位必须分离？

5. 如果企业领导要求会计人员做假账，你作为企业会计人员应该怎么办？

6. 如果发现企业财务管理有漏洞，作为企业会计你会怎么办？

7. 如何做好财务监督工作？

【案例】

1. 由会计犯罪高学历、年轻化趋势，看会计专业教学中职业道德教育的特殊重要性

王某，23岁，会计专业，大学本科毕业后到某市一国债服务部工作，担任柜台出纳兼金库保管员。2000年5月11日，王某偷偷从金库中取出1998年国库券30万元，4个月后，王某又取出50万元，通过证券公司融资回购方法，拆借人民币89.91万元用来炒股，没想到赔了钱。王某在无力返还单位债券的情况下，索性于2000年12月14、15日，将金库里剩余的14.03万元国库券和股市上所有的73.7万元人民币全部取出后潜逃，用化名在某市一处民房租住隐匿。至此，王某共贪污国库券94.03万元，折合人民币118.51万元。案发后，当地人民检察院立案侦查。王某迫于各种压力，于2001年1月8日投案自首，检察院依法对其提起公诉。

2. 内部控制缺失，公司蒙受经济损失

某公司因业务需要，从人才市场招聘了具有中专学历的张某任出纳。开始，张某勤恳敬业，公司领导和同事对他的工作都很满意。但受到同事在股市赚钱的影响，张某也开始涉足股市。然而事非所愿，张某进入股市很快被套牢，急于翻本又苦于没有资金，他开始对自己每天经手的现金动了邪念，凭着财务主管对他的信任，拿了财务主管的财务专用章在自己保管的空白现金支票上任意盖章取款，经很长一段时间未被发现。至案发，公司已蒙受了巨大的经济损失。

3. 工作不敬业被撤职，产生抵触情绪拒交接

2003年，某市的一家金融机构与香港的一家酒店共同出资兴建一座4星级豪华酒店，两年后建成投入使用，并按照外商投资经营企业进行运营。工程施工期间，由中方的这家金融机构委派一位姓王的会计师全面主持在建工程的核算。工程完工后，合资双方对王会计师的工程核算工作很不满意，其中有许多费用来路不明，账面记录也多有混淆不清之处。经董事会讨论决定，撤销他的主管会计职务，回原金融机构工作。王会计师本想凭自己的“创业元老”资格，可以轻取酒店财务经理的位置，不料却遭“卸磨杀驴”的不幸，心里不是滋味，产生了对会计工作交接的抵触情绪。当原单位把他调回时，他将酒店在建工程的账簿、凭证等会计资料全部锁在建设工地办公室的保险柜里，却始终拒绝交出钥匙。

4. 坦荡胸怀，感召他人

崔女士是资历较深的会计，接任某公司的主管会计工作以来，深受公司上下的尊敬。她工作认真、坚持原则、善解人意、助人为乐。公司主管财务工作的副总经理是她的顶头上司，而这位顶头上司的所作所为使她工作很被动。首先，她发现这位衣冠楚楚的男子汉喜欢贪小便宜，每次出差回来报销都拿出一些莫名其妙的不符合报销制度的小额单据，少则几十元，多则上百元；对工作认真负责的崔女士没有将这些不符合报销制度规定的单据准予报账，从而引起了副总经理对她的怨恨。另外，这位负责财务工作的副总经理不敢承担责任。有一次，公司决定扣发违反工作纪律的两位职工的全月奖金，而当这两位职工向副总经理“讨个说法”时，他竟说自己不知道此事,让被罚职工找崔女士。崔女士本想将此事向公司总经理反映,但又一想,如果将此事反映给总经理,也只是让总经理认识了这个人的弱点,并不能起到改善工作关系的作用;再者,公司总经理与副总经理的关系毕竟优于总经理与自己的关系,说不定还会出于某种目的,将自己出卖。如果是那样,自己也只有离开公司的工作岗位了。她想了又想,作出与副总经理谈心的决定,她要通过自己的真诚和坦诚,感化副总经理。

利用下班后的时间,崔女士主动约副总经理谈心,征求他对自己工作的意见。当副总经理谈不出任何意见的时候,崔女士则首先提出了自己工作中的一些不足和为难之处,请副总经理给予帮助和支持,如果副总经理不肯帮助和支持,她只好引咎辞职,等等。副总经理在崔女士的真诚面前感到无地自容,他承认了自己没有很好地支持崔女士的工作,保证在今后的工作中给予积极配合。崔女士通过自己的努力为自己改善了"周边环境",心情也舒畅起来。

5."错误"面前明大义,一心敬业威望高

小周,会计专业,大学本科毕业后来到一家大型商场做会计,由于她手勤、腿快、做事麻利,受到领导和同事们的一致好评。没过两年,领导让她参加公司临时组建的积压商品清理小组,以摸清楚积压商品的底数。小周从盘点到记录,从早忙到晚,工作得非常出色。她设计的积压商品一览表独具匠心,不仅能满足商场领导的需要,还对各个经营部的商品资金的控制发挥了有效的作用。事后,小周被商场破格提拔为财务副经理,又过一年晋升为商场财务经理。

在小周担任财务经理之后,针对商场日益增多的进货渠道,实行了会计监督,并落实会计监控的岗位责任制。各经营部的进货商品必须符合国家所规定的质量标准、技术标准和商场可以承受的售后服务能力。凡达不到上述要求的进货,进价再便宜,也不准支付货款。这一招虽然维护了商场的信誉,但也招致少数经营部经理的反对。家电部经理觉得商场财务部门超越了权限,多次向商场总经理反映小周剥夺了他的经营自主权。商场总经理觉得家电部是商场的盈利大户,就没有经过小周的同意,直接指使会计付款购入了一批家电部已经订货到位的假冒伪劣商品。该批商品柜台销售后的第三天,工商行政管理部门就查封了这批伪劣商品。商场的信誉受到了严重影响。此时的小周并没有袖手旁观,她与工商部门一起追讨货款。经过一个月的暗访摸底,她了解到货款已经通过银行转入南通市一家银行的账户,于是就单身一人直赴南通。经过她与当地工商行政管理部门以及银行的十八次交涉,终于迫使倒卖假货的不法分子退回了全部货款。当小周拿回被骗的货款时,体重已经减了十多斤。商场总经理深受感动,家电部经理也觉得无地自容。商场领导决定嘉奖小周,小周则坚决反对,并向商场总经理提出扣发自己当月的全部奖金,原因是没有行使好会计监督的职能,险些给商场造成损失。最后,商场领导作出决定,扣发商场总经理、商场财务经理、家电部经理的当月全部奖金,并郑重声明,商场的任何进货必须接受会计监督,会计监督不力者,要承担相应的责任。自此之后,商场的财务制度和会计制度得到了严格执行,小周的威望也大大提高。

2

会计概述

【学习目标】

通过本章的学习,要求了解会计的产生与发展历程;着重掌握会计的概念、会计的基本职能;初步掌握会计对象及会计核算方法;理解会计基本假设和会计核算的一般原则在实际中的应用。

【重点难点】

- 会计的概念
- 会计职能
- 会计核算的方法
- 会计核算的一般原则

【技能点】

- 会计核算方法的工作流程
- 会计核算一般原则的实际运用

【学习内容】

2.1 会计的产生与发展

2.1.1 会计的产生

会计,作为一种经济管理活动,其产生同社会生产密切相关,它是人类社会生产和发展的产物,是随着社会生产的发展和经济管理的要求而产生、发展并不断完善起来的。物质资料的生产是人类社会生存和发展的基础。人们在生产活动中,一方面创造物质财富,取得一定的劳动成果;另一方面要发生劳动耗费,包括人力、物力的耗费。在一切社会形态中,人们进行生产活动时,总是力求以尽可能少的劳动耗费,取得尽可能多的劳动成果,做到所得大于所费,提高经济效益。因此,在进行生产的同时,必须采用一定方法对劳动的消耗和取得的劳动成果进行观察、计量、记录和比较分析,借以评价其经营业绩。这就产生了会计。可以说,会计就是适应社会生产的发展和经济管理的需要而产生的。

2.1.2　会计的一般发展阶段

在会计发展的历史长河中,经历了一个由简单到复杂,由低级到高级的漫长发展过程。它的发展过程大致经历了古代会计、近代会计和现代会计三个主要阶段。

1. 古代会计

会计从其产生到复式簿记应用这段时间,大约从原始社会末期至 15 世纪末,也就是 1494 年《算术、几何、比及比例概要》出现之前,这阶段的会计可称为古代会计。在原始社会里,由于生产力水平低下,生产过程简单,人们对生产活动数量方面的记录仅凭记忆或采取"结绳记事""刻契为书""垒石计数"等最原始的会计手段。

2. 近代会计

近代会计主要是指 15 世纪末至 20 世纪 40 年代末的会计。一般认为,从单式记账法过渡到复式记账法,是近代会计的形成标志。1494 年,意大利数学家卢卡 · 巴其阿勒出版了世界上第一部专门论述复式簿记的书籍——《算术、几何、比及比例概要》,标志着近代会计的开端。这一时期,会计已经由实践到理论,真正发展成为一门科学,会计方法已经比较完善,会计学科也比较成熟,会计职业开始走向社会化和专门化。

3. 现代会计

现代会计主要是指 20 世纪 50 年代开始到现在的会计。在这一时期,市场经济在发达国家中发展起来,经济活动更加复杂,生产日益社会化,人们的社会关系更加广泛,会计的地位和作用、会计的目标、会计的原则、会计的方法和技术都在不断发展、变化并日趋完善,并逐步形成完备的理论和方法体系。另外,现代数学、现代管理科学与会计的结合,特别是电子计算机在会计数据处理中的应用,使会计工作的效能发生了很大变化,它扩大了会计信息的范围,提高了会计信息的精确性和及时性。这样,20 世纪中叶,比较完善的现代会计就逐步形成了。一般认为,成本会计的出现和不断完善,以及在此基础上管理会计的形成并与财务会计相分离而单独成科,是现代会计的开端。另外,现代会计产生了许多新的领域,如物价会计、人力资源会计、社会责任会计、法务会计、国际会计等。

2.1.3　我国会计的发展历程

根据《周礼》记载,我国的会计一职最早出现在西周时代(零星算之为计,总合算之为会),主要通过"月计岁算"的方法,专门从事会计工作。唐宋之际,我国逐步形成了一套以"四柱清册"为核心的相当科学的记账算账的会计方法。明清两代,随着商品经济的发展,开始用货币计量各种收入和支出,出现了"龙门账""四脚账"等记账方法。"四柱清册""龙门账""四脚账"显示了我国不同时期传统簿记的特色,也显示了我国古代会计的辉煌历程。

我国的会计虽然有过辉煌的历史,但在近代却发展缓慢,拉大了与世界先进水平的距离。中华人民共和国成立后,我国的社会制度发生了根本性的变化。为了适应国家有计划地进行社会主义建设的需要,我国会计主管部门先后制定出多种统一的会计制度,为国民经济的恢复发展起到了积极作用。

党的十一届三中全会以后,我国进入了一个新的历史时期,国民经济得到飞速发展,会计在经济生活中的地位和作用日益重要。1985 年,我国颁布了新中国第一部《会计法》,这标志着我国会计工作进入了法制化新时期。1992 年,我国颁布了《企业会计准则》和《企业财务通则》,并从 1993 年 7 月 1 日开始实施,实现了我国会计与国际会计惯例的初步协调。1998 年颁布了《股份有限公司会计制度》,2001 年 2 月颁布了《企业会计制度》。截止到 2002 年 1 月 1 日,我国已颁布并实施了 16 项具体会计准则。“两则”、“两制”是我国会计工作与国际接轨的又一个大举措,标志着我国会计正逐步走向国际化。从 2005 年初开始,财政部全面启动了企业会计准则体系建设,经过近两年的艰苦努力,建成了由 1 项基本准则、38 项具体准则和应用指南构成的企业会计准则体系。企业会计准则体系自 2007 年 1 月 1 日起在上市公司范围内实施,并鼓励其他行业执行。

2.1.4 会计的概念

纵观会计的产生和发展,人们对会计的看法也不尽相同,致使会计至今尚无一个统一完整的定义。要说明什么是会计,就必须从会计工作实践出发,综合会计的所有特性,对会计作如下界定:会计是以货币为主要计量单位,采用专门的技术方法,对特定对象的经济活动进行完整、连续、系统的核算与监督,以提高经济效益为目标,并向有关方面提供会计信息的一种经济管理活动。

2.2 会计的职能

职能是事物本身所具有的功能。所谓会计职能,就是会计在经济管理过程中所具有的功能。会计的职能是由会计的本质特征所决定的、固有的、直接的功能。会计的职能随着经济的发展和会计内容、作用的不断扩大而发展。传统的会计主要是记账、算账和报账。随着市场经济的发展和科技水平的提高,现代会计的职能也有了新的发展。但会计的基本职能是不变的。《会计法》对会计的基本职能表达为:会计核算与会计监督。

2.2.1 会计的核算职能

会计核算职能是指会计以货币为主要计量单位,通过确认、记录、计算、报告等环节,从数量方面综合反映企业单位已经发生或已经完成的各项经济活动;并为经济管理提供会计信息的功能。会计核算职能是会计的最基本职能,它贯穿于经济活动的全过程。会计核算职能的基本特点有以下几个。

1. 会计核算主要是利用货币计量单位对经济活动的数量方面进行核算

从数量方面反映经济活动,可以采用三种量度:货币量度、实物量度和劳动量度(劳动工时),但在市场经济条件下,利用货币计量,通过价值量的核算才能综合反映单位的经济活动的过程和结果。所以,会计核算从数量上反映单位的经济活动状况,是以货币计量为主,以实物量度和劳动量度为辅助。

2. 会计核算主要是对已经发生的经济活动进行事中、事后的核算,同时也为预算、经营决策和管理控制提供信息

会计核算对发生的经济活动进行事中、事后的记录、核算和分析,通过加工处理后提供会计信息,反映单位经济活动的现时情况和历史状况,同时,还要分析和预测经济前景,为经营管

理决策提供信息,满足会计信息使用者的需要,以更好地发挥会计的管理功能。

3. 会计核算具有完整性、连续性和系统性

所谓完整性是指会计核算对所有会计对象都应无一遗漏地进行计量、记录和报告。所谓连续性是指会计核算对发生的经济业务的计量、记录和报告要连续进行,不得有任何中断。所谓系统性是指对发生的经济业务要采用科学的核算方法,分门别类地进行计量、记录和报告,提供系统的会计信息。由此可以看出,完整性、连续性和系统性三者缺一不可、相辅相成,它们之间的有机结合是会计信息资料完整性、连续性和系统性的保证。

2.2.2 会计的监督职能

会计监督职能是指按照一定的目的和要求,利用会计核算所提供的经济信息,对各单位的经济活动的合法性、合理性进行审查、控制,使之达到预期目标的功能。会计监督职能的基本特点如下。

1. 会计监督主要通过价值指标来全面、及时、有效地控制单位的经济活动

会计核算主要通过货币计量,提供一系列综合反映各单位经济活动的价值指标,如资产、负债、所有者权益、收入、成本、费用、利润以及偿债能力、获利能力、营运能力等指标。会计监督就是依据这些价值量指标进行的。通过价值量指标对各单位的经济活动进行监督,不仅可以比较全面地控制各单位的经济活动,而且可以经常地、及时地对经济活动进行指导和调节。此外,根据需要,有时也利用实物量度进行实物监督。

2. 会计监督与会计核算活动同时进行,包括事前、事中和事后监督

事前监督是会计在经济活动开始前所进行的监督,如通过制定预算和定额,控制消耗和费用,通过对会计资料的分析利用,找出差距,制定措施,从而做到在事前就有目的地控制经济活动的进程。事中监督是会计对正在发生的经济活动过程和取得的核算资料进行审查、分析,并据以纠错纠偏,控制经济活动按预定目标和要求进行。事后监督是会计对已经发生的经济活动以及相应的核算资料进行的审查、分析和评价,监督经济活动的合理性、合法性和有效性。

3. 会计监督包括内部监督和外部监督

为了保证各单位经济活动的合法性,各单位除对经济活动全过程进行内部监督外,还要接受国家财政、上级主管部门、税务、银行等部门的监督和注册会计师的社会监督。

2.2.3 会计核算和会计监督的关系

会计核算和会计监督的关系是十分密切的,两者相辅相成。会计核算是会计监督的基础,而会计监督是会计核算的保证,两者必须结合起来发挥作用,才能正确、及时、完整地反映经济活动,有效地提高经济效益。如果没有可靠、完整的会计核算资料,会计监督就没有客观依据。反之,只有会计核算没有会计监督,会计核算也就没有意义。

随着社会经济的发展和经济管理的现代化,会计的职能也会随之发生变化,一些新的职能不断出现。一般认为,除了会计核算、会计监督两个基本职能之外,会计还有分析经济情况、预测经济前景、参与经济决策等各种职能。

2.3 会计对象

会计对象即会计的客体,是指会计所核算和监督的内容。凡是特定主体能够以货币表示

的经济活动,都是会计对象。明确会计对象,就是要明确会计工作的内容,以便明确会计工作的职责范围,更好地发挥会计的职能作用。

会计的具体对象是指各单位会计工作的具体内容。由于单位组织形式的不同,其资金及其运动的表现形式也有所不同,因而其会计对象的具体内容也不完全相同。下面分别对企业和行政事业单位的会计对象进行简要介绍。

1. 企业会计的对象

企业是按照经济核算原则,实行独立经营,自负盈亏,独立核算,从事商品、产品生产经营或提供劳务的经济实体,包括工业企业、商品流通企业、农业企业、施工企业、房地产开发企业、旅游饮食服务企业和金融企业等。企业会计的对象可以概括为:企业再生产过程中的资金运动,具体包括资金的取得与退出、资金的循环与周转、资金的耗费与收回等方面。在各企业中工业企业和商品流通企业的经济活动具有典型性。

(1)工业企业会计的对象。工业企业的主要活动是从事产品生产以及进行与生产有关的购销业务活动,即用货币资金购进生产所需的各种材料,投入生产发生生产耗费,制造出产品,并通过销售实现产品的价值。工业企业的主要生产经营过程分为供应、生产和销售三个阶段,其经济业务主要有资金筹集、供应(采购)、生产、销售、分配等几个过程。上述资金运动过程如图2-1所示。

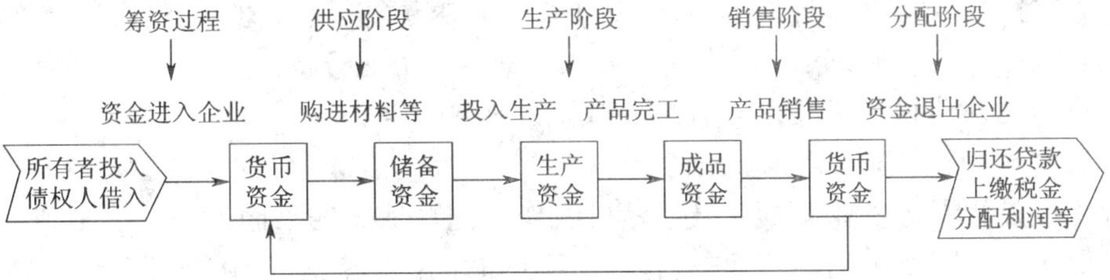

图2-1 工业企业资金运动图

(2)商品流通企业会计的对象。商品流通企业的主要经济活动是组织商品流转,把工农业生产的产品通过买卖活动从生产领域转向消费领域,并对已实现的商品价值进行分配。商品流通企业的经营过程分为购进、销售两个阶段,其经济业务包括资金筹集、供应(采购)、销售、分配等,商品流通企业的经济活动,除了缺少生产阶段外,其他内容与工业企业相似。

2. 行政事业单位会计的对象

行政事业单位与企业不同,是非营利性单位,它们的职责是完成国家赋予的各项任务。但是,在完成各项任务时必须拥有一定数量的资金,这些资金由国家拨给,称为预算拨款。各单位在完成任务时根据事先做好的预算,以货币形式支付各项费用,称为预算支出。预算拨款和预算支出构成行政事业单位会计对象的主要内容。

2.4 会计方法

会计方法是核算和监督会计对象,进行会计管理和完成会计任务所采用的手段。会计方法包括会计核算方法和会计管理方法。会计核算方法是会计方法中最基本的方法,是初学会计必须掌握的基础知识,因此,本节主要介绍会计核算方法的内容。会计管理方法是进行会计管理过程中所应用的方法,包括会计分析方法、会计检查方法、会计预测方法等。

2.4.1 会计核算方法

会计核算方法是对单位已经发生的经济活动进行连续、系统和完整的核算和监督所应用的方法。会计核算的方法一般包括设置会计科目和账户、复式记账、填制和审核会计凭证、登记账簿、成本计算、财产清查、编制财务会计报告等七种专门方法。

1. 设置会计科目和账户

设置会计科目和账户是对会计对象的具体内容进行分类核算和监督的一种专门方法。由于会计对象的具体内容是复杂多样的,要对其进行系统的核算和经常性监督,就必须对经济业务进行科学的分类,以便分门别类地、连续地记录。而会计科目就是对会计要素的具体内容进行分类核算的项目。设置会计科目和账户就是在设计会计制度时事先规定这些核算项目,然后根据会计科目在账簿中开设账户,分类、系统、连续地记录单位发生的各项经济业务事项,反映由于经济业务事项的发生而引起的会计要素具体内容的增减变动情况和结果,提供多种不同性质、符合经营管理需要的信息和指标。

2. 复式记账

复式记账是对每一项经济业务,都以相等的金额同时在两个或两个以上相互联系的账户中进行登记的一种记账方法。任何一项经济活动都会引起资金的增减变化或财务收支的变化,例如用银行存款20万元购买汽车,一方面银行存款减少20万元,另一方面汽车这一固定资产增加。采用复式记账方法,可以全面反映每一笔经济业务的来龙去脉,防止差错,便于检查账簿记录的正确性和完整性,是一种比较科学的记账方法。

3. 填制和审核会计凭证

会计凭证是记录经济业务,明确经济责任,作为记账依据的书面证明。填制和审核会计凭证就是针对每项实际发生的经济业务,将其发生的时间、内容、数量和金额等记录在会计凭证上,同时对会计凭证进行严格审核,只有经过审核无误的会计凭证,才能作为登记账簿的依据。正确填制和审核会计凭证,是核算和监督经济活动、财务收支的基础,是做好会计工作的前提。

4. 登记账簿

账簿是用来全面、连续、系统地记录各项经济业务的簿籍,是保存会计资料的重要工具。登记账簿简称记账,就是将会计凭证记录的经济业务,按其发生的时间顺序,分门别类地记入有关账簿中,并定期进行结账、对账,为编制财务会计报告提供完整而系统的资料。账簿记录是重要的会计资料,是进行会计分析、会计检查的重要依据。

5. 成本计算

成本计算是指在生产经营或业务活动过程中,按照一定对象归集和分配发生的各种费用,以便确定该对象的总成本和单位成本的一种专门方法。产品成本是综合反映企业生产经营活动的一项重要指标。正确地进行成本计算,可以考核生产经营过程的费用支出水平,是确定企业盈亏和制定产品价格的基础,并为企业进行经营决策提供重要数据。

6. 财产清查

财产清查是指通过对货币资金、实物资产和往来款项的盘点或核对账目,以确定其实有数,与账存数核对,查明账实是否相符的一种专门方法。通过财产清查,可以提高会计记录的正确性,保证账实相符。同时,还可以查明各项财产物资的保管和使用情况以及各种结算款项的执行情况,以便对积压或损毁的物资和逾期未收到的款项及时采取措施,进行清理和加强财产物资的管理。

7. 编制财务会计报告

财务会计报告是总括反映单位在某一特定日期的财务状况和某一会计期间经营成果和现金流量的书面文件。它是根据日常的会计核算资料归集、加工和整理后编制而成的,是企业会计核算的最终成果。

2.4.2 会计核算方法之间的关系

会计核算的七种方法虽各有特定的含义和作用,但并不是独立的,而是相互联系、相互依存、彼此制约的。它们构成了一个完整的方法体系。在会计核算中,应正确地运用这些方法。一般在经济业务发生后,按规定的手续填制和审核会计凭证,并运用复式记账法在有关账簿中进行登记;期末还要对生产经营过程中发生的费用进行成本计算和财产清查。在账证、账账、账实相符的基础上,根据账簿记录编制财务会计报告。会计核算方法工作程序如图 2-2 所示。

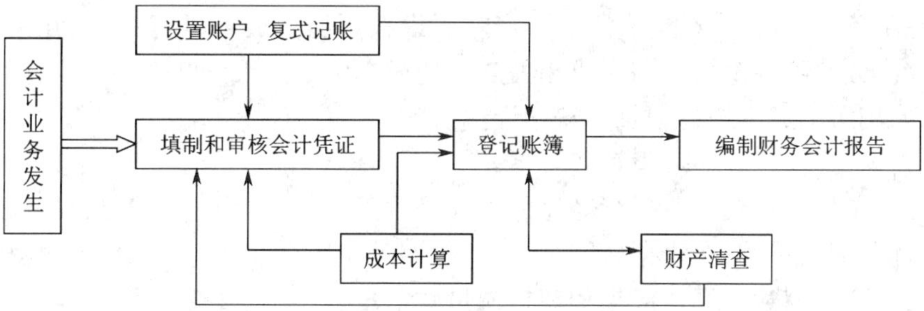

图 2-2 会计核算方法工作程序图

这些方法相互配合运用的程序如下:

(1)经济业务发生后,经办人员要填制原始凭证,原始凭证经会计人员审核整理后,按照设置的会计科目,运用复式记账法编制记账凭证,并据以登记账簿;

(2)依据会计凭证和账簿记录对生产经营过程中发生的各项费用进行成本计算;

(3)通过财产清查,对账簿记录加以核实,保证账实相符;

(4)期末,根据账簿记录资料和其他资料,进行必要的加工计算,编制财务会计报告。

2.5 会计基本假设和会计核算的基本原则

2.5.1 会计基本假设

会计基本假设是企业会计确认、计量和报告的前提,是对会计核算所处时间、空间环境等所作的合理设定。会计基本假设包括会计主体、持续经营、会计分期和货币计量。

1. 会计主体

会计主体或称会计实体,是指会计工作为其服务的特定单位或组织。会计主体明确了企业会计确认、计量和报告的空间范围。在会计主体假设下,企业应当对其本身发生的交易或者事项进行会计确认、计量和报告。会计核算和财务报告的编制应当集中反映其自身发生的活动,并将其与其他经济实体区别开来。例如,企业的投资人以个人的名义向某希望小学捐款 10 万元,此事项属于投资人主体发生的,不应纳入企业核算范围。会计主体明确了会计人员进行会计核算应该把握的立场,解决了为谁核算的问题。

会计主体不同于法律主体。一般来说,法律主体必然是一个会计主体。但是,会计主体不一定是法律主体。例如,在规模较大的企业,为了全面反映企业的财务状况、经营成果和现金流量,可以将分支机构作为一个会计主体,定期编制会计报告。但分支机构可能不具有独立法律主体资质。

2. 持续经营

持续经营,是指在可以预见的将来,企业将会按当前的规模和状态继续经营下去,不会停业,也不会大规模削减业务。在持续经营前提下,会计确认、计量和报告应当以企业持续、正常的生产经营活动为前提。

明确这个基本假设,就意味着会计主体将按照既定用途使用资产,按照既定的合约条件清偿债务,按照既定的收益期间合理分配费用等,会计人员就可以在此基础上选择会计原则和会计方法。例如,根据持续经营假设,企业就可以假定企业的固定资产会在生产经营过程中长期发挥作用,并服务于生产经营过程,固定资产就可以根据历史成本进行记录,并采用折旧的方法,将历史成本分摊到各个会计期间或相关产品的成本中。如果判断企业不会持续经营,固定资产就不应采用历史成本进行记录并按期计提折旧。

3. 会计分期

会计分期,是指将一个企业持续经营的生产经营活动划分为一个个连续的、长短相同的期间。划分会计分期的目的,在于据以结算盈亏,按期编报财务报告,从而及时向财务报告使用者提供有关企业财务状况、经营成果和现金流量的信息。

根据持续经营假设,一个企业将按当前的规模和状态持续经营下去。会计的经营成果要到企业生产经营活动最终结束后才能正确计量,但这实际上是行不通的。这就需要假设一个每次核算和监督的开始与截止时间。有了会计分期,才产生了当期与以前期间、以后期间的差别,才有了收入实现、费用分配、财产期末价值的估计等会计处理方法。

在会计分期假设下,企业应当划分会计期间,分期结算账目和编制财务报告。会计期间通常分为会计年度和会计中期,以一年为报告期的会计期间为会计年度。世界大多数国家按照公历年度作为会计年度,但也有按业务年度作为会计年度的。我国《企业会计准则》规定:会计年度自公历1月1日起至12月31日止。会计中期,是指短于一个完整的会计年度的报告期间,例如:半年度、季度和月度,均按公历起止期确定。

4. 货币计量

货币计量,是指会计主体在会计确认、计量和报告时以货币计量反映会计主体的生产经营活动。

在会计的确认、计量和报告过程中之所以选择货币为基础进行计量,是由货币的本身属性决定的。货币是商品的一般等价物,是衡量一般商品价值的共同尺度,具有价值尺度、流通手段、贮藏手段和支付手段等特点。其他计量单位,如重量、长度、容积等,只能从一个侧面反映企业的生产经营情况,无法在量上进行汇总和比较,不便于会计计量和经营管理。只有选择货币尺度进行计量才能充分反映企业的生产经营情况,所以,基本准则规定,会计确认、计量和报告选择货币作为计量单位。

2.5.2 会计基础

在会计主体的经济活动中,经济业务的发生和货币的收支不是完全一致的,即存在着现金流动与经济活动的分离,由此而产生两个确认和记录会计要素的标准。一个标准是根据货币收支是否收付作为收入确认和费用确认以及记录的依据,称为收付实现制;另一个标准是以取得收款权利付款责任作为确认收入或费用的依据,称为权责发生制。

1. 权责发生制

权责发生制又称应收应付制,是指凡是当期已经实现的收入和已经发生或应当负担的费用,无论款项是否收付,都应作为当期的收入和费用;凡是不属于当期的收入和费用,即使款项已在当期收付,也不应当作为当期的收入和费用。

为了更加真实、公允地反映特定会计期间的财务状况和经营成果,我国《企业会计准则》规定,企业应当以权责发生制为基础进行会计确认、计量和报告。

2. 收付实现制

收付实现制是与权责发生制相对应的一种会计基础。收付实现制又称现金制或实收实付制,是以现金收到或付出为标准,来记录收入的实现和费用的发生。按照收付实现制,收入和费用的归属期间将与现金收支行为的发生与否,紧密地联系在一起。换言之,现金收支行为在其发生的期间全部记作收入和费用,而不考虑与现金收支行为相连的经济业务实质上是否发生。例如,大同工厂 2007 年 3 月份收到 2006 年应收销货款 50 000 元,存入银行,尽管该项收入不是 2007 年 3 月份创造的,但因为该项收入是在 3 月份收到的,所以在现金收付基础上也作为 2007 年 3 月份的收入。这种处理方法的好处在于计算方法比较简单。行政事业单位会计除经营业务可以采用权责发生制外,其他大部分业务采用收付实现制。目前,我国的行政事业单位会计采用的就是收付实现制。

2.5.3　会计核算的基本原则

会计核算的基本原则是对会计核算提供信息标准和质量要求,是处理具体会计业务的基本依据。财务报告中所提供的会计信息对投资者等使用者决策必须有用,这是对企业财务报告中所提供会计信息质量的基本要求。根据基本准则规定,会计信息质量要求包括可靠性、相关性、可理解性、可比性、实质重于形式、重要性、谨慎性和及时性等内容。

1. 会计信息的首要质量要求

(1)可靠性。可靠性是指企业应当以实际发生的交易或者事项为依据进行会计确认、计量和报告,如实反映符合确认和计量要求的各项会计要素及其他相关信息,保证会计信息真实可靠,内容完整。为了贯彻可靠性要求,企业应做到以下几点。

①以实际发生的交易或者事项为依据进行确认、计量,将符合会计要素定义及其确认条件的资产、负债、所有者权益、收入、费用和利润等如实反映在财务报表中,不得根据虚构的、没有发生的或者尚未发生的交易或者事项进行确认、计量和报告。

②在符合重要性和成本效益原则前提下,保证会计信息的完整性。其中包括编报的报表及其附注内容等应当保持完整,不能随意遗漏或者减少应予披露的信息,与使用者决策相关的有用信息都应当充分披露。

(2)相关性。相关性是指企业提供的会计信息应当与财务报表使用者的经济决策需要相关,有助于财务报表使用者对企业过去、现在或者未来的情况作出评价或预测。

会计信息与信息使用者之间是否有相关性,取决于这些信息是否有预测性、反馈性和及时性。预测价值指会计信息有助于使用者在决策时能预测未来。反馈价值指会计信息能使使用者证实或修正决策时所判断的预期结果。及时性指信息应在对使用者失效之前提供给使用者。

(3)可理解性。可理解性要求企业提供的会计信息应当清晰明了,便于投资者等财务报告使用者理解和使用。企业编制财务报告,提供会计信息的目的在于使用,要让使用者有效使用会计信息就必须弄清会计信息的内容,否则就谈不上会计信息的使用。

(4)可比性。可比性是指企业提供的会计信息应当相互可比。具体包括两个方面:一是同一企业不同时期可比,即同一企业不同时期发生的相同或者相似的交易或事项,应当采用一致的会计政策,不得随意变更,确需变更的,应当在附注中说明;二是不同企业相同会计事项可比,即不同企业发生的相同或相似的交易或事项,应当采用统一规定的会计政策,确保会计信息口径一致,相互可比。

2. 会计信息的次级质量要求

(1)实质重于形式。实质重于形式,要求企业应当按照交易或者事项的经济实质进行会计确认、计量和报告,不仅仅以交易或者事项的法律形式为依据。

企业发生的交易或事项在多数情况下,其经济实质和法律形式是一致的。但在有些情况下会出现不一致。例如,以融资租赁方式租入的资产,虽然从法律形式来讲企业并不拥有其所有权,但是由于租赁合同中规定的租赁期相当长,接近于该资产的使用寿命;租赁期结束时承租企业有优先购买该资产的选择权,在租赁期内承租企业有权支配资产并从中受益等。因此,从其经济实质来看,企业能够控制融资租入资产所创造的未来经济利益,在会计确认、计量和报告上就应当将以融资租赁方式租入的资产视为企业的资产,列入企业的资产负债表。又如,企业按照销售合同销售商品,但又签订了售后回购协议,虽然从法律形式上实现了收入,但如果企业没有将商品所有权上的主要风险和报酬转移给购货方,没有满足收入确认的各项条件,即使签订了商品销售合同或者已将商品交付给购货方,也不应当确认销售收入。

(2)重要性。重要性要求企业提供的会计信息应当反映与企业财务状况、经营成果和现金流量有关的所有重要交易或者事项。

在实务中,如果会计信息的省略或者错报会影响投资者等财务报告使用者据此作出决策的,该信息就具有重要性。重要性的应用需要依赖职业判断,企业应当根据其所处环境和实际情况,从项目的性质和金额大小两方面加以判断。

例如,我国上市公司要求对外提供季度财务报告,考虑到季度财务报告披露的时间较短,从成本效益的原则考虑,季度财务报告没有必要像年度财务报告那样披露详细的附注信息。因此,中期财务报告准则规定,公司季度财务报告附注应当以年初至本中期末为基础编制,披露自上年度资产负债表日之后发生的,有助于理解企业财务状况、经营成果和现金流量变化情况的重要交易或者事项。这种附注披露就体现了会计信息质量的重要性要求。

(3)谨慎性。谨慎性要求企业对交易或事项进行会计确认、计量和报告时保持应有的谨慎,不应高估资产或者收益、低估负债或者费用。

在市场经济条件下,企业的生产经营活动面临着许多风险和不确定性,如应收款项的可收回性、固定资产的使用寿命、无形资产的使用寿命、售出存货可能发生的退货或者返修等。为了避免损失发生时对企业正常经营的影响,谨慎原则在会计核算上要求企业在面临不确定因素作出职业判断时,应当保持应有的谨慎,充分估计到各种风险和损失,既不高估资产或者收益,也不低估负债或者费用。

(4)及时性。及时性是指企业对于已经发生的交易或者事项,应当及时进行会计确认、计量和报告，不应提前或者延后。会计信息具有时效性，其价值往往随着时间的流逝而逐渐降低，因而在会计确认、计量和报告过程中要贯彻及时性。及时性包括收集会计信息及时、处理会计信息及时和传递会计信息及时三个方面。

可靠性、相关性、可理解性和可比性是会计信息的首要质量要求，是企业财务报告中提供会计信息应具备的基本质量特征；实质重于形式、重要性、谨慎性和及时性是会计信息的次级质量要求，是对可靠性、相关性、可理解性和可比性等首要质量要求的补充和完善，尤其是在对某些特殊交易或者事项进行处理时，需要根据这些质量要求来把握其会计处理原则，另外，及时性还是会计信息相关性和可靠性的制约因素，企业需要在相关性和可靠性之间寻求一种平衡，以确定信息及时披露的时间。

3. 与确认计量要求有关的原则

（1）划分收益性支出与资本性支出原则。划分收益性支出与资本性支出，是指企业的会计核算应当合理划分收益性支出与资本性支出的界限。凡支出的效益仅与本会计年度或一个营业周期相关，应当作为收益性支出，如企业支付的办公费、企业职工的工资、职工报销的差旅费等支出属于收益性支出；凡支出的效益与几个会计年度或几个营业周期相关的，应当作为资本性支出，如企业购入的房屋、机器设备、专利权等支出属于资本性支出。

（2）配比原则。配比原则是指企业在进行会计核算时，收入与其成本、费用应当相互配比，同一会计期间的各项收入和与其相关的成本、费用，应当在该会计期间确认、计量和记录，而不能提前或延后，否则就会造成经营成果虚假不实。会计核算中坚持配比原则有两层含义：一是因果配比，将收入与其相应的成本、费用配比；二是时间配比，将一定时间的收入与同期的成本、费用相配比。

（3）历史成本原则。历史成本，又称实际成本，就是取得或制造某项财产物资时所实际支付的现金或其他等价物。在历史成本计量下，企业的各项财产在取得时应当按照实际成本计量。其后，各项财产如果发生减值，应当按照企业会计制度的规定计提相应的减值准备。除法律、行政法规和国家统一的会计制度另有规定的，企业一律不得自行调整其账面价值。

【总结与回顾】

本章从会计的产生与发展入手，着重论述了会计的概念、基本职能及会计核算的对象。通过工作程序图展示了会计核算方法的工作流程。通过对本章的学习，要求在掌握会计基本理论知识的基础上，了解设置会计科目和账户、复式记账、填制和审核会计凭证、登记账簿、成本计算、财产清查、编制财务会计报告等七种专门方法的操作流程；并学会会计基本假设和会计核算的一般原则的实际运用。

【复习思考】

1. 什么是会计？会计的发展经历了哪几个阶段？
2. 会计的基本职能有哪些？它们的关系是怎样的？
3. 什么是会计的对象？会计对象在企业中的具体表现是什么？
4. 会计核算有哪些专门的方法？它们的关系是怎样的？

5. 会计核算的基本假设主要有哪些内容？
6. 会计的基础是什么？什么是权责发生制？
7. 会计信息质量要求是什么？它包括哪些内容？

【练习题】

一、单项选择题

1. 会计循环的顺序是（　　）。
A. 填制和审核凭证→编制财务会计报告→登记账簿
B. 编制财务会计报告→登记账簿→填制和审核凭证
C. 填制和审核凭证→登记账簿→编制财务会计报告
D. 登记账簿→填制和审核凭证→编制财务会计报告

2. 下列支出属于资本性支出的是（　　）。
A. 生产工人工资　B. 购入设备的支出
C. 水电费　D. 固定资产日常修理费

3. 企业充分预计损失，不得多计收益的做法，遵循的是（　　）。
A. 谨慎性原则　B. 权责发生制原则　C. 重要性原则　D. 实质重于形式原则

4. 导致产生本期与非本期概念的会计核算基本前提是（　　）。
A. 会计主体　B. 持续经营　C. 会计分期　D. 货币计量

5. 划分会计期间的前提是（　　）。
A. 会计主体　B. 持续经营　C. 会计分期　D. 货币计量

6. 将一个会计期间的收入和与其相关的成本费用相互配合进行比较的原则是（　　）。
A. 可比性原则　B. 可理解性原则　C. 相关性原则　D. 配比原则

7. 对应收账款计提坏账准备，遵循的会计原则是（　　）。
A. 历史成本原则　B. 收付实现原则　C. 谨慎性原则　D. 配比原则

8. 会计核算的基本原则中，要求前后期间提供相互可比的会计信息的原则是（　　）。
A. 可比性原则　B. 历史成本原则　C. 重要性原则　D. 权责发生制原则

9. 企业将以融资租赁方式租入的资产视为企业的资产进行处理，符合（　　）。
A. 实质重于形式原则　B. 历史成本原则　C. 重要性原则　D. 权责发生制原则

10. 进行会计核算时，应将企业财产与个人财产、其他企业财产及国家财产相区分开来，是依据（　　）。
A. 会计主体　B. 会计分期　C. 持续经营　D. 货币计量

二、多项选择题

1. 下列方法中，属于会计核算方法的是（　　）。
A. 成本计算　B. 财产清查　C. 复式记账　D. 登记账簿
E. 会计报表分析

2. 会计的基本职能是（　　）。
A. 预测　B. 分析　C. 核算　D. 检查
E. 监督

3. 在下列本年支付的支出中，属于收益性支出的有（　　）。

A. 产品销售人员的工资　　B. 购买固定资产的支出

C. 企业管理人员的工资　　D. 购买专利技术的支出

E. 购买办公用品的支出

4. 根据权责发生制原则，应计入本期收入或费用的业务有（　　）。

A. 预收货款　　B. 本月发生的车间修理费

C. 支付下年报刊订阅费　　D. 销售产品，款已于上月预收

E. 销售产品，款未收到

5. 下列会计处理的选择，符合谨慎性原则的是（　　）。

A. 对应收账款计提坏账准备

B. 采用直线法计提固定资产折旧

C. 采用加速折旧法计提固定资产折旧

D. 发出存货，在物价上涨时采用先进先出法计价

E. 期末，根据股票的市价计提长期股权投资减值准备

【技能训练】

一、训练目的

区分权责发生制与收付实现制收入的确认。

二、训练资料

某厂今年5月份销售A产品一批，金额10 000元，货款将于6月收回；5月份销售B产品一批，金额5 000元，货款已收；5月收回4月份销售款20 000元。

三、训练要求

1. 根据收付实现制原则，计算该厂今年5月份的收入。

2. 根据权责发生制原则，计算该厂今年5月份的收入。

【小资料】

资料一：会计从产生到现在经历了一个漫长的发展历程

在原始社会里，由于生产力水平低下，生产过程简单，人们对生产活动数量方面的记录仅凭记忆或采取“结绳记事”“刻契为书”“垒石计数”等最原始的会计手段。在原始社会里，会计只是生产职能的附带部分，即由生产者在生产时间之外附带地把收入、支出等事项记载下来，没有成为一项专门的工作。

在原始社会末期，生产水平有了一定提高，逐渐出现了剩余产品。特别是文字产生以后，人们对物质资料的生产和消费开始有了文字记载，可以进一步比较劳动成果与耗费，会计才逐渐“从生产职能中分离出来，成为特殊的、专门委托当事人的独立职能”，并逐渐成为专职人员从事的一项经济管理工作。

进入封建社会后，社会制度的发展呈现出一定的差异。在中国是以皇帝为最高统治者的高度中央集权的社会体制。同一时期的欧洲封建社会，则以各封建主为中心，形成了大大小小

的庄园。各庄园主在自己的庄园内,拥有至高无上的权利。为了适应社会制度的需要,产生了两种侧重点不同的会计,即以服务于奴隶主和后来封建王朝的财产记录与保管为主的官厅会计,以及服务于中世纪庄园主的、以最初报告委托与受托责任为目的的庄园会计。这一时期的会计基本上属于单式记账,仅仅起到“账房管家”的作用。

在进入资本主义社会以后,随着商品经济规模的进一步扩大,会计也从简单的记录、计量发展成为一门有完整的方法体系的学科。从采用实物单位进行计量,发展到以货币作为主要计量单位的综合计量;从对部分经济活动的记录与计量,发展到对全部经济活动进行连续计量与核算;从对财产记录,为财产的分配服务,发展到对全部经济活动的所得与费用进行比较,计算和反映经济活动的盈亏损益情况。会计在这一发展进程中,从单式记账法过渡到复式记账法。

股份有限公司这种经营形式的出现,使资产的所有权与经营权分离,投资者和债权人迫切要求公司公开财务报表。政府公布了有关法规,会计职业界制定了会计信息的基本规范,形成了以提供对外财务信息为主要任务的财务会计,这也催生了服务于社会的执业会计师制度。随着现代经济的不断发展,现代会计分为财务会计和管理会计,会计方法也不断创新,会计信息的处理手段也从手工操作逐渐向电算化过渡,会计理论空前繁荣。

资料二:我国古代会计的发展

据《周礼》记载,我国在西周时代,官方就建立起一套完整的会计工作组织系统,有“司会”等会计官员通过“月计岁算”(零星算之为计,总合算之为会)的方法,专门从事会计工作。职内、职岁和职币等会计官员分别记录收入、支出和结余会计账簿。并建立了定期会计报表制度、专仓出纳制度、财务稽核制度等。这是我国会计一职最早的雏形。到了秦汉时期,在会计技术方法方面,建立了以“入”“出”为记账符号的定式会计方法。从西汉开始,会计与统计就分别在不同的账册中加以处理,会计账册称为簿,统计账册称为籍。唐宋之际,我国逐步形成了一套以“四柱清册”为核心的相当科学的记账算账的会计方法。所谓“四柱”是指旧管、新收、开除、实在,相当于现在的上期结存、本期收入、本期支出、期末结存。四柱在数量上的平衡关系为:旧管+新收-开除=实在。按照这种平衡关系编制的报告,称为“四柱清册”。明清两代,随着商品经济的发展,开始用货币计量各种收入和支出,出现了“龙门账”“四脚账”等记账方法。“龙门账”是以四柱为基础,把全部账目划分为“进”(各项收入)“缴”(各项支出)“存”(各项资产)“该”(各项负债)四大类。年终通过进与缴对比,存与该对比,确定盈亏,称为“合龙门”。“四柱清册”“龙门账”“四脚账”显示了我国不同时期传统中式簿记的特色,也显示了复式记账的雏形。

3

会计科目与账户

【学习目标】

通过本章的学习，要求理解会计要素的特征、分类等内容，重点掌握会计等式中各个会计要素之间的关系，以及经济业务发生后对会计等式中各个会计要素的影响；明确设置会计科目的作用以及科目内容、科目级次，进而掌握开设账户的必要性以及账户的基本结构。

【重点难点】

- 会计六要素的定义、分类及特征
- 会计要素的计量原则
- 会计等式
- 会计科目的分类以及账户的基本结构

【技能点】

- 各个会计要素之间的关系，以及经济业务发生后对会计等式中各个会计要素的影响
- 会计科目的分类
- 账户的内容与基本结构

【学习内容】

3.1　会计要素

会计要素是根据交易或者事项的经济特征所确定的财务会计对象进行的基本分类，是会计核算对象的具体化。会计要素是构成财务报告的基本因素，同时也是设置账户的依据。单位的性质与地位作用不同，其会计要素也不相同。我国《企业会计准则》将企业会计要素分为资产、负债、所有者权益、收入、费用和利润。其中，资产、负债和所有者权益是反映企业的财务

状况的会计要素,也称静态会计要素;收入、费用、利润是反映企业经营成果的会计要素,也称动态会计要素。行政事业单位的会计要素有资产、负债、净资产、收入和支出。其中,资产、负债、净资产是反映行政事业单位财务状况的会计要素;收入和支出是反映行政事业单位一定时期收入和支出情况的会计要素。

下面以企业为例说明会计要素的具体内容。

3.1.1　资产

资产是指企业过去的交易或者事项形成的、由企业拥有或者控制的、预期会给企业带来经济利益的资源。

1. 资产的特征

(1)资产是由过去的交易或事项形成的。过去的交易或事项包括购买、生产、建造行为等,企业预期在未来发生的交易或者事项不形成资产。例如,企业计划自行建造一个生产车间,在未实施建造前,该事项不符合资产的定义,不能确认为资产。

(2)资产应为企业拥有或者控制的资源。一般来说,一项资源要作为企业的资产,所有权是考虑的首要因素,企业享有资产的所有权,通常表明企业能够排他性地从资产中获得经济利益。有些情况下,资产虽然不为企业所拥有,但企业控制了这些资产,同样应将其作为资产予以确认,如融资租入的固定资产。

(3)资产预期会给企业带来经济利益。资产预期会给企业带来经济利益是指资产直接或者间接导致现金或现金等价物流入企业的潜力。例如,企业购买的原材料,购建的厂房、设备,开发的专利等可以用于生产经营过程中,制造出的产品对外销售可以获得经济利益。如果某一项目,预期不能给企业带来经济利益,那么就不能将其确认为企业的资产。

2. 资产的分类

企业的资产按照其流动性分为流动资产和非流动资产。

(1)流动资产是指预计在一个正常营业周期内变现、出售或耗用,或者主要为交易目的而持有,或者预计在资产负债表日起一年内(含一年)变现的资产,以及自资产负债表日起一年内交换的其他资产或清偿负债的能力不受限制的现金或现金等价物。流动资产主要包括货币资金、交易性金融资产、应收票据、应收账款、预付账款、应收利息、应收股利、其他应收款、各种存货等。

(2)非流动资产是指流动资产以外的资产,主要包括持有至到期投资、长期股权投资、固定资产、在建工程、工程物资、无形资产、开发支出等。

3.1.2　负债

负债是指企业过去的交易或事项形成的,预期会导致经济利益流出企业的现时义务。

1. 负债的特征

(1)负债是由过去的交易或事项形成的。企业在未来发生的承诺、签订的合同等交易或者事项,不形成负债。

(2)负债的清偿预期会导致经济利益流出企业。企业在履行现时义务时会导致经济利益流出企业的交易或者事项,才符合负债的定义,如果不致经济利益流出企业的,不应确认为负债。企业清偿负债时,导致经济利益流出企业的形式多种多样,例如用货币资金、实物、提供劳务等偿还,或将负债转化为资本等。

(3)负债是企业承担的现时义务。现时义务是指企业在现行条件下已承担的义务。未来发生的交易或者事项形成的义务,不属于现时义务,不应当确认为负债。

2. 负债的分类

负债按偿还期限长短可分为流动负债和非流动负债。

(1)流动负债是指预计在一个正常营业周期内清偿,或者主要为交易的目的而持有,或者自资产负债表日起一年内(含一年)到期应予以清偿,或者企业无权自主地将清偿推迟至资产负债表日后一年以内的负债。流动负债主要包括短期借款、应付票据、应付账款、预收款项、应付职工薪酬、应交税费、应付利息、应付股利、其他应付款等。

(2)非流动负债是指流动负债以外的负债,主要包括长期借款、应付债券、长期应付款、未确认融资费用、专项应付款等。

3.1.3　所有者权益

所有者权益是指企业资产扣除负债后由所有者享有的剩余权益。公司的所有者权益又称股东权益。所有者权益的来源包括所有者投入的资本、直接计入所有者权益的利得和损失、留存收益等。通常由实收资本(或股本)、资本公积、盈余公积和未分配利润构成,商业银行等金融企业在税后利润中提取的一般风险准备,也构成所有者权益。

1. 投入资本

投入资本是指所有者在企业注册资本的范围内实际投入的资本,是指出资人作为资本实际投入企业的资金数额,进一步划分为实收资本(或股本)与资本公积(含资本溢价、股本溢价等)。

2. 直接计入所有者权益的利得和损失

直接计入所有者权益的利得和损失,主要包括可供出售金融资产的公允价值变动额、现金流量套期中套期工具公允价值变动额等。

3. 留存收益

留存收益是指企业从历年实现的利润中提取或留存于企业的内部积累,它来源于企业的生产经营活动所实现的净利润,包括企业的盈余公积和未分配利润两个部分,其中盈余公积是有特定用途的累积盈余,未分配利润是没有指定用途的累积盈余。

3.1.4　收入

收入是指企业在日常活动中所形成的、会导致所有者权益增加的、与所有者投入资本无关的经济利益的总流入。

1. 收入的特征

(1)收入是企业在日常活动中所形成的。收入是企业在销售商品、提供劳务及他人使用本企业资产等日常活动中所形成的经济利益的总流入。企业非日常活动形成的经济利益的流入,不能确认为收入。例如,出售固定资产、无形资产并非企业的日常活动,这种偶发性的流入不应确认为收入;而出租固定资产、无形资产在实质上属于让渡资产使用权,应确认为企业的收入;出售不需要的材料也属于企业日常活动,因此应确认为企业的收入。

(2)收入会导致所有者权益增加,不会导致所有者权益增加的经济利益流入不符合收入的定义,不应确认为收入。例如,企业向银行借入款项,尽管经济利益流入,但并未导致所有者权益增加,反而使负债增加。

(3)收入是与所有者投入资本无关的经济利益的总流入,与所有者投入资本有关的经济利益的总流入应直接确认为所有者权益,不应确认为收入。

2. 收入的分类

(1)按照企业从事日常活动的性质,可将收入分为销售商品收入、提供劳务收入、让渡资产使用权收入、建造合同收入等。

销售商品收入是指企业通过销售商品实现的收入,如工业企业制造并销售产品、商业企业销售商品等实现的收入。

提供劳务收入是指企业通过提供劳务实现的收入,如咨询公司提供咨询服务、软件开发企业为客户开发软件、安装公司提供安装服务等实现的收入。

让渡资产使用权收入是指企业通过让渡资产使用权实现的收入,如商业银行对外贷款、租赁公司资产等实现的收入。

建造合同收入是指企业承担建造合同所形成的收入。

(2)按照企业从事日常活动在企业中的重要性,可将收入分为主营业务收入、其他业务收入等。

主营业务收入是指企业为完成经营目标所从事的经常性活动实现的收入,如工业企业生产并销售产品、商业企业销售商品、各种服务行业提供劳务等实现的收入。

其他业务收入是指企业发生的除主营业务以外的其他活动,如工业企业出售不需要的原材料、对外转让无形资产使用权等收入。

3.1.5 费用

费用指企业在日常活动中产生的,会导致所有者权益减少的,与所有者分配利润无关的经济利益的总流出。

1. 费用的特征

(1)费用是企业在日常活动中形成的。将费用界定为日常活动中所形成的,目的是为了将其与损失相区分。企业非日常活动所形成的经济利益的总流出不能确认为费用,而应计入损失。如:存货发生的自然灾害损失,应将其损失的净额计入“营业外支出”,而不计入费用。

(2)费用会导致所有者权益减少。不会导致所有者权益减少的经济利益的总流出不符合费用的定义,不应确认为费用。

(3)费用是与所有者分配利润无关的经济利益的总流出。与所有者分配利润无关的经济利益的总流出,属于所有者权益的抵减项目,不符合费用的定义,不应确认为费用。

2. 费用的分类

费用按经济用途分为应计入产品成本的费用和不应计入产品成本的费用。以工业企业为例,应计入产品成本的费用称为产品的生产成本,具体包括直接材料、直接人工、制造费用和其他直接费用;不计入产品成本而直接计入当期损益的费用称为期间费用,主要包括销售费用、财务费用和管理费用三项。

3.1.6 利润

利润是企业在一定会计期间的经营成果。利润包括收入减去费用后的净额、直接计入当期利润的利得和损失等。

根据现行会计准则,利润的计算包括营业利润、利润总额和净利润三部分。营业利润是营业收入减去营业成本、营业税金及附加、期间费用(包括销售费用、管理费用和财务费用)、资产减值损失,加上公允价值变动收益(减去公允价值变动损失)和投资收益(减去投资损失)后的金额。利润总额是指营业利润加上营业外收入,减去营业外支出后的金额。净利润是指利润总额减去所得税费用后的金额。

3.2 会计要素计量属性及其应用原则

3.2.1 会计要素的计量属性

会计计量是为了将符合确认条件的会计要素登记入账,并列报于财务报表而确定其金额的过程。计量属性,从会计角度来说,反映的是会计要素金额的确定基础,主要包括历史成本、重置成本、可变现净值、现值和公允价值等。

1. 历史成本

历史成本,又称实际成本,就是取得或制造某项财产物资时所实际支付的现金或其他等价物。在历史成本计量下,资产按照其购置时支付的现金或者其他等价物的金额,或者按照购置资产时所付出的对价的公允价值计量。负债按照其因承担现时义务而实际收到的款项或者资产的金额,或者承担现时义务的合同金额,或者日常活动中为偿还负债预期需要支付的现金或现金等价物的金额计量。

按照历史成本作为计量基础有助于各项资产和负债项目的确认、计量和报告,同时也使收入与费用的配比建立在实际交易的基础上,防止企业随意改动资产价格造成经营成果虚假或任意操纵企业的经营收益。但是,当货币购买力或物价变动时,按照历史成本计量就不能准确反映企业资产的真实价值,就会削弱会计信息的有用性。在这种情况下,引入其他会计计量属性非常重要。

2. 重置成本

重置成本又称现行成本,是指按照当前市场条件,重新取得同样一项资产所需支付的全部现金或现金等价物金额。在实务中,重置成本多应用于盘盈固定资产的计量等。

3. 可变现净值

可变现净值,是指在正常生产经营过程中,以预计售价减去进一步加工成本和预计销售费用以及相关税费后的净额。可变现净值通常应用于存货资产减值情况下的后续计量等。

4. 现值

现值是指对未来现金流量以恰当的折现率进行折现后的价值,是考虑货币时间价值的一种计量属性。现值通常用于非流动资产可收回金额和以摊余成本计量的金融资产价值的确定等。例如:在确定固定资产、无形资产等可收回金额时,通常需要计算资产预计未来现金流量的现值;对于持有至到期投资、贷款等以摊余成本计量的金融资产,通常需要使用实际利率法将这些资产在预计存续期间或适用的更短期间内的未来现金流量折现,再通过相应的调整确定其摊余成本。

5. 公允价值

公允价值是指在公平交易中,熟悉情况的交易双方自愿进行资产交换或者债务清偿的金额。公允价值主要应用于交易性金融资产、可供出售金融资产的计量等。

3.2.2 计量属性的应用原则的关系

在各种会计要素计量属性中,历史成本通常反映的是资产或者负债过去的价值,而重置成本、可变现净值、现值、公允价值通常反映的是资产或者负债的现时成本或者现时价值,是与历史成本相对应的计量属性。基本准则规定:企业在对会计要素进行计量时,一般采用历史成本;采用重置成本、可变现净值、现值、公允价值计量的,应当保证所确定的会计要素金额能够取得可靠计量。

3.3 会计等式及会计科目

3.3.1 会计等式

企业为了实现其经营目标,需要拥有一定数量的资产,资产是企业进行生产经营活动不可缺少的物资要素。如房屋、机器设备、原材料、库存商品、货币资金等,这些资产来源于两个渠道:一是从债权人借入,即债权人权益又称负债;二是投资者投入,即投资人权益又称所有者权益。债权人权益和所有者权益统称为权益。资产和权益是资金这个主体的两个方面,因而客观上存在相等的关系,这种关系就叫作资金的平衡关系。从数量上看,有一定数额的资产,必定有相等数额的权益;反之,有一定数额的权益,也必定有相等数额的资产。这种平衡关系,用数学公式来表示为:

资产 = 权益

= 债权人权益 + 所有者权益

= 负债 + 所有者权益

上述等式反映了资产、负债和所有者权益三个会计要素之间的内在数量关系,是基本的会计等式,是静态会计等式。它是编制资产负债表的理论基础。

企业的生产经营活动从动态来观察,表现为在取得收入的同时又发生相应的费用,并据以计算出当期实现的利润。其关系为:

利润 = 收入 - 费用

该等式是企业在某一会计期间生产经营活动的结果,是动态会计等式,它是编制利润表的理论基础。

企业在一定时期内取得的经营成果能够对资产和所有者权益产生影响,如果企业的收入大于费用,企业就可获得利润,所有者权益增加;如果费用大于收入,企业亏损,所有者权益减少。所以,基本的会计等式又转化为:

资产 = 负债 + 所有者权益 + 收入 - 费用

或

资产 = 负债 + 所有者权益 + 利润

利润经过分配,其中一部分退出企业,一部分又转化为所有者权益,上述等式又表现为基本会计等式:

资产 = 负债 + 所有者权益

“资产 = 负债 + 所有者权益”这个平衡等式在会计上称为会计恒等式,简称会计等式。

综上所述,会计等式是反映会计要素之间数量关系的平衡公式。会计等式反映了企业资产的产权关系，它是设置会计科目和账户、复式记账、编制财务会计报表的理论依据。

3.3.2　经济业务的发生对会计等式的影响

企业在生产经营活动中，随着经济业务事项的发生，必然要引起资产、负债和所有者权益等会计要素发生增减变动，但不论发生何种经济业务事项，各会计要素怎样变动，都不会破坏会计基本等式所反映的会计要素之间的平衡关系。

1. 经济业务对会计等式各要素的影响类型

经济业务按照对会计要素的影响不同，可分为四大类九种类型。

第一大类：资产之间等额增减。

第二大类：权益之间等额增减。此类包含四种类型，即负债之间等额增减；所有者权益之间等额增减；负债增加，所有者权益减少，增减金额相等；所有者权益增加，负债减少，增减金额相等。

第三大类：资产与权益等额增加。此类包含两种类型，即资产与负债等额增加；资产与所有者权益等额增加。

第四大类：资产与权益等额减少。此类包含两种类型，即资产与负债等额减少；资产与所有者权益等额减少。

以上经济业务类型如表 3-1 所示。

表 3-1　经济业务变化类型表

四大类	九种类型			
	序号	资产	负债	所有者权益
一、资产之间等额增减	(1)	增加 = 减少		
二、权益之间等额增减	(2)		增加 = 减少	
	(3)			增加 = 减少
	(4)		增加 =	减少
	(5)		减少 =	增加
三、资产与权益等额增加	(6)	增加 =	增加	
	(7)	增加 =		增加
四、资产与权益等额减少	(8)	减少 =	减少	
	(9)	减少 =		减少

2. 举例说明经济业务对会计等式各要素的影响和结果

为了进一步说明经济业务的发生对会计等式各要素的影响和结果，下面通过举例加以说明。

【例 3-1】　大华公司 2007 年 12 月 1 日资产、负债和所有者权益情况如表 3-2 所示。

表 3-2 大华公司资产、负债及所有者权益状况表

2007 年 12 月 1 日　　单位:元

资　产	金　额	负债及所有者权益	金　额
库存现金	5 500	短期借款	15 000
银行存款	149 500	应付账款	27 500
原 材 料	120 500	长期借款	60 000
应收账款	26 500	实收资本	250 000
固定资产	300 500	资本公积	150 000
		未分配利润	100 000
合　计	602 500	合　计	602 500

大华公司 12 月份发生经济业务如下。

(1)12 月 15 日,大华公司用银行存款 80 000 元购买一台生产设备,设备已交付使用。

这项经济业务使大华公司的“固定资产”即资产增加了 80 000 元,但同时“银行存款”即资产减少了 80 000 元,也就是说大华公司的资产内部发生增减变化,增减金额相同,资产总额不变,不改变会计等式的平衡关系。

(2)12 月 20 日,向银行借入短期借款 20 000 元用于归还应付账款。

这项经济业务使大华公司的“应付账款”即负债减少了 20 000 元,同时“短期借款”即负债增加了 20 000 元,即大华公司的负债内部发生增减变化,增减金额相同,负债总额不变,不改变会计等式的平衡关系。

(3)12 月 31 日,大华公司依据法定程序,以资本公积 100 000 元转增实收资本。

这项经济业务使大华公司的“资本公积”即所有者权益减少了 100 000 元,同时“实收资本”即所有者权益增加了 100 000 元,大华公司的所有者权益内部发生增减变化,增减金额相同,所有者权益总额不变,不改变会计等式的平衡关系。

(4)12 月 31 日,计算出向投资者分配的现金股利 20 000 元。

这项经济业务使大华公司的“利润分配——未分配利润”即所有者权益减少了 20 000 元,同时“应付股利”即负债增加了 20 000 元,即大华公司的负债与所有者权益一增一减,金额相同,并没有改变会计等式的平衡关系。

(5)12 月 31 日,根据有关部门批准同意,将一笔长期借款 50 000 元,转作追加投资。

这项经济业务使大华公司的“长期借款”即负债减少了 50 000 元,同时“实收资本”即所有者权益增加了 50 000 元,大华公司的所有者权益与负债一增一减,金额相同,并没有改变会计等式的平衡关系。

(6)12 月 31 日,从 B 企业购入原材料 5 000 元,货款未付(暂不考虑税金)。

这项经济业务使大华公司的“原材料”即资产增加了 5 000 元,同时“应付账款”即负债增加了 5 000 元,大华公司的资产与负债同时增加,金额相同,等式的两边同时增加 5 000 元,不改变会计等式的平衡关系。

(7)12 月 31 日,大华公司收到投资者追加的投资 500 000 元,款项存入银行。

这项经济业务使大华公司的“银行存款”增加了 500 000 元,即等式左边的资产增加了 500 000 元,同时等式右边的“实收资本”也增加了 500 000 元,因此并没有改变会计等式的平衡关系。

(8)大华公司用银行存款归还前欠 B 企业的货款 5 000 元。

这项经济业务使大华公司的“银行存款”即资产减少了 5 000 元,同时“应付账款”即负债也减少了 5 000 元,也就是说等式两边同时减少 5 000 元,会计等式依然成立。

(9)12 月 31 日,按法律程序,以银行存款 10 000 元归还个人投资。

这项经济业务使大华公司的银行存款即资产减少了 10 000 元,同时实收资本即所有者权益减少了 10 000 元,也就是说等式两边同时减少 10 000 元,等式依然成立。

以上经济业务的发生对“资产 = 负债 + 所有者权益”平衡等式的影响如表 3-3 所示。

由表 3-3 可见,经济业务的发生,必然引起资产、负债及所有者权益相应项目发生变化,但无论如何变化,双方的总额是平衡的。经济业务的发生不会破坏会计等式的平衡关系。会计等式“资产 = 负债 + 所有者权益”,反映了资产的归属关系和会计要素间的依存关系。

表 3-3 大华公司资产、负债及所有者权益变动状况表

2007 年 12 月 31 日

单位:元

资产					权益(负债及所有者权益)				
项目	期初余额	增加额	减少额	期末余额	项目	期初余额	增加额	减少额	期末余额
库存现金	5 500			5 500	短期借款	15 000	(2) 20 000		35 000
银行存款	149 500	(7) 500 000	(1、8、9) 95 000	554 500	应付账款	27 500	(6) 5 000	(2、8) 25 000	7 500
原材料	120 500	(6) 5 000		125 500	应付股利		(4) 20 000		20 000
应收账款	26 500			26 500	长期借款	60 000		(5) 50 000	10 000
固定资产	300 500	(1) 80 000		380 500	资本公积	150 000		(3) 100 000	50 000
					实收资本	250 000	(3、5、7) 650 000	(9) 10 000	890 000
					利润分配	100 000		(4) 20 000	80 000
合计	602 500	585 000	95 000	1 092 500	合计	602 500	695 000	205 000	1 092 500

3.3.3 会计科目

会计科目是对会计要素的具体内容进行分类核算的项目。通过设置会计科目,可以将各会计要素的增减变化分类归集,全面地、系统地反映和监督各项经济内容在一定时期的综合变化,提供一系列具体的分类信息,便于投资人、债权人以及其他会计信息使用者掌握和分析企业的财务状况、经营成果和现金流量等。会计科目的设置对规范会计核算流程、统一会计信息口径以及编制财务会计报告有重要意义。

1. 会计科目的设置原则

会计科目作为分类信息的项目,分类的正确与否决定着会计信息的科学性、系统性和适用性。因此,会计科目必须根据一定原则来设置。

(1)合法性原则。我国财政部颁发的《企业会计制度》等国家统一的会计制度已经对会计科目的设置、科目名称、主要核算内容和基本业务的核算方法等都作出了规定,这些规定是各企业进行会计科目设置和使用的依据。各企业必须根据国家统一会计制度的规定,设置和使用会计科目,以保证会计核算口径的一致性。

(2)相关性原则。企业设置的会计科目既要符合企业内部经营管理的需要,又要满足政府职能部门对国民经济进行宏观管理的需要,还要满足投资人、债权人等会计信息使用者了解企业经营和财务状况,以进行投资、融资决策等的需要。因此,会计科目的设置,要便于为有关各方提供所需要的会计信息服务,要兼顾对外报告和企业内部管理的要求。

(3)统一性和灵活性相结合原则。为了保证会计核算指标口径一致,便于会计指标的对比和汇总,我国财政部统一制定了会计科目,各单位应统一按照财政部的规定来设置和使用会计科目。同时,企业在不违反会计准则中确认、计量和报告规定的前提下,可以根据本单位的实际情况自行增设、分拆、合并会计科目。企业不存在的交易或者事项,可不设置相关会计科目。

(4)稳定性原则。会计核算资料是企业进行不同时期对比和分析的依据。因此,会计科目设置后不应轻易变动,要保持相对稳定,尤其是在年度中间,一般不要变更会计科目。这样,既可以保持会计核算指标的可比性,又可以使会计人员熟练掌握和运用会计科目。

2. 会计科目的分类

为了在核算中正确地掌握和运用会计科目,有必要按一定标准对会计科目进行分类。

(1)会计科目按其所反映的经济内容不同,分为资产类、负债类、共同类、所有者权益类、成本类、损益类科目。

①资产类科目。资产类科目是对资产要素的具体内容进行分类核算的项目,如:流动资产类会计科目包括“库存现金”“交易性金融资产”“应收票据”“应收账款”“预付款项”“应收利息”“原材料”等;非流动资产类会计科目包括“持有至到期投资”“长期股权投资”“固定资产”“无形资产”等。

②负债类科目。负债类科目,是对负债要素的具体内容进行分类核算的项目,如:流动负债类会计科目包括“短期借款”“应付票据”“应付账款”“预收款项”“应付职工薪酬”“应交税费”等;非流动负债类会计科目包括“长期借款”“应付债券”“其他长期负债”等。

③共同类科目。共同类科目是对具有资产与负债双重性质的内容进行分类核算的项目,该类科目的特点是根据其期末余额所在方向界定其性质,如“清算资金往来”“货币兑换”“衍生工具”等。

④所有者权益类科目。所有者权益类科目是对所有者权益要素的具体内容进行分类核算的项目,如“实收资本”“资本公积”“盈余公积”“本年利润”“利润分配”等。

⑤成本类科目。成本类科目是对产品、劳务成本的构成内容进行分类核算的项目,从会计要素的归属而言,应属于资产要素,如“生产成本”“制造费用”“劳务成本”“研发支出”等。

⑥损益类科目。损益类科目是对收入、费用要素的具体内容进行分类核算的项目,如收入类会计科目包括“主营业务收入”“其他业务收入”“利息收入”“投资收益”“营业外收入”等;费用类会计科目包括“主营业务成本”“其他业务成本”“营业外支出”“管理费用”“销售费用”“财务费用”等。

(2)会计科目按其所提供信息的详细程度及其统御关系不同,分为总分类科目和明细分类科目。

①总分类科目。也称总账科目或一级科目，是对会计要素具体内容进行总括分类，提供总括信息的会计科目，如“库存现金”“银行存款”“固定资产”“应付账款”“实收资本”等。

②明细分类科目。也称明细科目或细目，它是对总分类科目作进一步分类、提供更详细更具体会计信息的科目，如在“应付债券”总分类科目下设置“债券面值”“债券溢价”“债券折价”“应计利息”等明细科目，分类反映应付债券的具体情况。

明细分类科目的设置，要根据经济管理的具体需要来进行。有的总分类科目需要设置较多的明细科目，如“应收账款”“应付账款”“管理费用”等；有的总分类科目无需设置明细分类科目，如“累计折旧”“本年利润”等。在实际的会计核算工作中，若一个总分类科目下设置的明细分类科目过多，往往会给记账、稽核、查对等带来诸多不变。这时，就可在总分类科目与明细分类科目之间增设子目。此时，就将总分类科目称为一级科目，将子目称为二级科目，将明细科目称为三级科目。

总分类科目与明细分类科目的关系是：总分类科目概括地反映会计对象的具体内容，明细分类科目详细反映会计对象的具体内容。总分类科目对明细分类科目具有统御、控制作用，明细分类科目对总分类科目起补充和说明作用。

同一会计科目内部的纵向级次关系如表3-4所示，它们之间是总括与详细、统御与从属的关系。

表3-4　会计科目的级次关系

总分类科目（一级科目）	明细分类科目	
	子目（二级科目）	细目（三级科目）
生产成本	甲车间	子产品
		丑产品
	乙车间	寅产品
		卯产品
	丙车间	辰产品
		巳产品

3. 企业会计科目表

2007年新会计科目共设置156个总账科目，其中，资产类科目69个，负债类科目35个，共同类科目5个，所有者权益类科目7个，成本类科目7个，损益类科目33个。会计科目如表3-5所示。

表3-5　2007年会计科目表

顺序号	编号	会计科目名称	会计科目适用范围说明
		一、资产类	
1	1001	库存现金	
2	1002	银行存款	

续表

顺序号	编号	会计科目名称	会计科目适用范围说明
3	1003	存放中央银行款项	银行专用
4	1011	存放同业	银行专用
5	1012	其他货币资金	
6	1021	结算备付金	证券专用
7	1031	存出保证金	金融共用
8	1101	交易性金融资产	
9	1111	买入返售金融资产	金融共用
10	1121	应收票据	
11	1122	应收账款	
12	1123	预付账款	
13	1131	应收股利	
14	1132	应收利息	
15	1201	应收代位追偿款	保险专用
16	1211	应收分保账款	保险专用
17	1212	应收分保合同准备金	保险专用
18	1221	其他应收款	
19	1231	坏账准备	
20	1301	贴现资产	银行专用
21	1302	拆出资金	银行专用
22	1303	贷款	银行和保险共用
23	1304	贷款损失准备	银行和保险共用
24	1311	代理兑付证券	银行和证券共用
25	1321	代理业务资产	
26	1401	材料采购	
27	1402	在途物资	
28	1403	原材料	
29	1404	材料成本差异	
30	1405	库存商品	
31	1406	发出商品	
32	1407	商品进销差价	
33	1408	委托加工物资	
34	1411	周转材料	
35	1421	消耗性生物资产	农业专用
36	1431	贵金属	建造承包商专用
37	1441	抵债资产	银行专用
38	1451	损余物资	金融共用

续表

顺序号	编号	会计科目名称	会计科目适用范围说明
39	1461	融资租赁资产	租赁专用
40	1471	存货跌价准备	
41	1501	持有至到期投资	
42	1502	持有至到期投资减值准备	
43	1503	可供出售金融资产	
44	1511	长期股权投资	
45	1512	长期股权投资减值准备	
46	1521	投资性房地产	
47	1531	长期应收款	
48	1532	未实现融资收益	
49	1541	存出资本保证金	保险专用
50	1601	固定资产	
51	1602	累计折旧	
52	1603	固定资产减值准备	
53	1604	在建工程	
54	1605	工程物资	
55	1606	固定资产清理	
56	1611	未担保余值	租赁专用
57	1621	生产性生物资产	农业专用
58	1622	生产性生物资产累计折旧	农业专用
59	1623	公益性生物资产	农业专用
60	1631	油气资产	石油天然气开采专用
61	1632	累计折耗	石油天然气开采专用
62	1701	无形资产	
63	1702	累计摊销	
64	1703	无形资产减值准备	
65	1711	商誉	
66	1801	长期待摊费用	
67	1811	递延所得税资产	
68	1821	独立账户资产	保险专用
69	1901	待处理财产损溢	
		二、负债类	
70	2001	短期借款	
71	2002	存入保证金	金融共用
72	2003	拆入资金	金融共用
73	2004	向中央银行借款	银行专用

续表

顺序号	编号	会计科目名称	会计科目适用范围说明
74	2011	吸收存款	银行专用
75	2012	同业存放	银行专用
76	2021	贴现负债	银行专用
77	2101	交易性金融负债	
78	2111	卖出回购金融资产款	金融共用
79	2201	应付票据	
80	2202	应付账款	
81	2203	预收账款	
82	2211	应付职工薪酬	
83	2221	应交税费	
84	2231	应付利息	
85	2232	应付股利	
86	2241	其他应付款	
87	2251	应付保单红利	保险专用
88	2261	应付分保账款	保险专用
89	2311	代理买卖证券款	证券专用
90	2312	代理承销证券款	证券和银行共用
91	2313	代理兑付证券款	证券和银行共用
92	2314	代理业务负债	
93	2401	递延收益	
94	2501	长期借款	
95	2502	应付债券	
96	2601	未到期责任准备金	保险专用
97	2602	保险责任准备金	保险专用
98	2611	保户储金	保险专用
99	2621	独立账户负债	保险专用
100	2701	长期应付款	
101	2702	未确认融资费用	
102	2711	专项应付款	
103	2801	预计负债	
104	2901	递延所得税负债	
		三、共同类	
105	3001	清算资金往来	银行专用
106	3002	货币兑换	金融共用
107	3101	衍生工具	
108	3201	套期工具	

续表

顺序号	编号	会计科目名称	会计科目适用范围说明
109	3202	被套期项目	
		四、所有者权益类	
110	4001	实收资本	
111	4002	资本公积	
112	4101	盈余公积	
113	4102	一般风险准备	金融共用
114	4103	本年利润	
115	4104	利润分配	
116	4201	库存股	
		五、成本类	
117	5001	生产成本	
118	5101	制造费用	
119	5201	劳务成本	
120	5301	研发支出	
121	5401	工程施工	建造承包商专用
122	5402	工程结算	建造承包商专用
123	5403	机械作业	建造承包商专用
		六、损益类	
124	6001	主营业务收入	
125	6011	利息收入	金融共用
126	6021	手续费及佣金收入	金融共用
127	6031	保费收入	保险专用
128	6041	租赁收入	租赁专用
129	6051	其他业务收入	
130	6061	汇兑损益	金融专用
131	6101	公允价值变动损益	
132	6111	投资收益	
133	6201	摊回保险责任准备金	保险专用
134	6202	摊回赔付支出	保险专用
135	6203	摊回分保费用	保险专用
136	6301	营业外收入	
137	6401	主营业务成本	
138	6402	其他业务成本	
139	6403	营业税金及附加	
140	6411	利息支出	金融共用
141	6421	手续费及佣金支出	金融共用

续表

顺序号	编号	会计科目名称	会计科目适用范围说明
142	6501	提取未到期责任准备金	保险专用
143	6502	提取保险责任准备金	保险专用
144	6511	赔付支出	保险专用
145	6521	保单红利支出	保险专用
146	6531	退保金	保险专用
147	6541	分出保费	保险专用
148	6542	分保费用	保险专用
149	6601	销售费用	
150	6602	管理费用	
151	6603	财务费用	
152	6604	勘探费用	
153	6701	资产减值损失	
154	6711	营业外支出	
155	6801	所得税	
156	6901	以前年度损益调整	

3.4 账户

3.4.1 账户的概念

账户是根据会计科目设置的,具有一定的格式和结构,用以分类反映会计要素增减变动情况及其结果的载体。

会计科目是对会计对象的组成内容进行科学分类而规定的名称。但要全面、系统地记录和反映各项经济业务所引起的资金变动情况,还必须在分类的基础上借助于具体的形式和方法,这就是开设和运用账户。

3.4.2 账户的结构

账户作为记录和反映经济业务活动的一种形式,其基本功能是便于对各项经济业务所引起的企业资产、负债、所有者权益、成本、损益等的变动数额进行有条不紊的归类、汇总。要使账户发挥其功能,不仅要确定其名称和进行分类,还要使其具备相应的结构。账户的结构是指账户用来记录交易或事项时所必备的具体格式。所有经济业务的发生所引起的企业资产、负债、所有者权益等的变动,从数量上看,不外乎增加和减少两种情况。因此,账户的基本结构必须包括增加和减少两部分,相应地分为左、右两个方向,一方登记增加,另一方登记减少。同时,还要反映其增减变化的结果,即余额。所以,反映会计要素各项目的增加额、减少额和余额,构成了账户的基本结构。

1. 账户包括的内容与基本结构

企业实际使用账户时,是将账户依附于簿籍开设的,账户除了登记增加额、减少额和余额

外,每个账户还应包括下列内容:

(1)账户的名称(即会计科目);

(2)年、月、日(登记日期);

(3)凭证种类、编号(说明账户记录的来源和依据);

(4)摘要(概括说明经济业务的内容)。

账户的一般结构如表3-6所示。

表3-6 账户名称(会计科目)

年		凭证		摘要	增加金额	减少金额	余额
月	日	种类	编号				

为了教学方便,在教学过程中经常用简化格式“T”字形账户来说明账户的的基本结构,如图3-1所示。

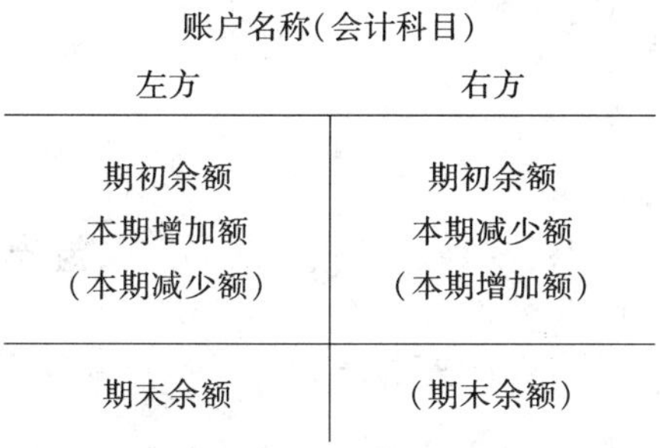

图3-1 “T”字形账户

2. 账户中记录的核算指标间的数量关系

在账户的左右两方,分别登记增加额和减少额,增减数额相抵后的差额,即为账户的余额。账户的余额按其表示的时间不同可分为期初余额和期末余额。通过账户记录的金额,有期初余额、本期增加发生额、本期减少发生额和期末余额。这四项金额的关系为:

期末余额=期初余额+本期增加发生额-本期减少发生额

期初余额,是指一定时期的期初账户余额,上期期末余额转入本期,即为本期期初余额。

本期增加额,也称本期增加发生额,是指一定时期(月、季、年)内账户所登记的增加金额的合计数。

本期减少额,也称本期减少发生额,是指一定时期(月、季、年)内账户所登记的减少金额的合计数。

期末余额,是指一定时期的期末账户余额,其数额应为期初余额加本期增加发生额减去本期减少发生额。

3.4.3 账户与会计科目的关系

账户与会计科目是会计学中两个密切相关的概念,两者之间既有联系又有区别。

账户与会计科目的联系是：账户与会计科目都是对会计对象具体内容的科学分类，两者口径一致，性质相同。账户是会计科目的具体运用。没有了会计科目，账户便失去了设置的依据；没有账户，就无法发挥会计科目的作用。

账户与会计科目的区别是：会计科目仅是对会计要素具体内容进行分类核算的项目，仅仅是账户的名称，不存在结构；而账户要连续、系统地记录会计要素具体内容的增减变动和结果，必须具有一定的格式和结构。

由于账户与会计科目关系密切，在实际工作中，对账户和会计科目往往不加以严格区分，而是相互通用。

【总结与回顾】

会计要素是对会计对象进行的基本分类，是会计核算对象的具体化。本章论述了资产、负债、所有者权益、收入、费用、利润等会计六要素的特征、分类，并通过实例验证了会计要素之间的关系以及经济业务发生后对会计等式中各个会计要素的影响。会计科目是对会计要素的具体内容进行分类核算的项目。账户是根据会计科目设置的，具有一定格式和结构，用于分类反映会计要素增减变动情况及其结果的载体。账户与会计科目是会计学中两个密切相关的概念，要求初学者必须正确掌握账户及会计科目的运用。

【复习思考】

1. 简述资产、负债、所有者权益、收入、费用、利润的定义与分类。
2. 会计要素的计量属性有哪些？它们的含义是什么？
3. 什么是会计等式？资产、负债、所有者权益存在怎样的关系？
4. 什么是会计科目？会计科目如何分类？
5. 什么是账户？它包括哪些内容？它的结构是怎样的？
6. 会计科目与账户的关系怎样？

【练习题】

一、单项选择题

1. 所有者权益在数量上等于（　　）。

A. 全部资产减去流动负债　　B. 流动资产减去流动负债

C. 流动资产减去全部负债　　D. 全部资产减去全部负债

2. 变现能力在一年或超过一年的一个营业周期以内的资产是（　　）。

A. 流动资产　　B. 固定资产　　C. 非流动资产　　D. 其他资产

3. 以下各项属于非流动负债的是（　　）。

A. 短期借款　　B. 长期借款　　C. 应付职工薪酬　　D. 应交税费

4. 下列经济业务中，影响会计等式总额发生变化的是（　　）。

A. 以银行存款 50 000 元购买材料　　B. 结转完工产品成本 40 000 元

C. 购买机器设备 20 000 元，货款未付 D. 收回客户所欠的货款 30 000 元

5. 账户按经济内容分类，“制造费用”账户属于（ ）。

A. 成本类账户 B. 损益类账户 C. 资产类账户 D. 负债类账户

6. 一项资产增加，不可能引起（ ）。

A. 另一项资产减少 B. 一项负债增加

C. 一项所有者权益增加 D. 所有者权益不变的情况下，一项负债减少

7. 收到某企业一项预付账款，存入银行，会引起的变化是（ ）。

A. 一项所有者权益增加，一项负债增加 B. 一项资产增加，另一项资产减少

C. 一项资产增加，一项负债增加 D. 一项资产减少，一项负债减少

8. 会计科目与账户之间的区别主要在于（ ）。

A. 反映的经济内容不同 B. 账户有结构而会计科目没有结构

C. 记录资产和权益的增减变动不同 D. 记录资产和权益的结果不同

9. 负债和所有者权益可统称为（ ）。

A. 所有者权益 B. 债权人权益 C. 权益 D. 实收资本

10. 下列属于会计信息内部使用者的是（ ）。

A. 董事会 B. 银行 C. 债权人 D. 税务部门

11. 下列引起所有者权益总额增加的情况是（ ）。

A. 资产增加，负债减少，增加金额大于减少金额

B. 资产与负债等额同增

C. 资产减少，负债增加，增加金额大于减少金额

D. 资产与负债等额同减

12. 重置成本多应用于（ ）的计量。

A. 购入的固定资产 B. 对外投资的固定资产

C. 盘亏的固定资产 D. 盘盈的固定资产

13. 公允价值主要应用于（ ）的计量。

A. 可供出售金融资产 B. 固定资产

C. 原材料 D. 专利权

二、多项选择题

1. 下列会计要素属于静态会计要素的有（ ）。

A. 资产 B. 负债 C. 所有者权益 D. 收入

E. 费用

2. 下列会计要素属于动态会计要素的有（ ）。

A. 资产 B. 负债 C. 收入 D. 费用

E. 利润

3. 下列资产属于流动资产的是（ ）。

A. 库存现金 B. 应收账款 C. 预付账款 D. 管理费用

E. 原材料

4. 收入按照企业经营的主次可分为（ ）。

A. 主营业务收入 B. 其他业务收入

C. 提供劳务收入　　D. 让渡资产使用权收入

E. 销售商品收入

5. 在工业企业中,计入产品成本的费用称为生产成本,下列各项属于生产成本的有(　　)。

A. 管理费用　　B. 直接材料　　C. 财务费用　　D. 直接人工

E. 制造费用

6. 在工业企业中,不计入产品成本的费用称为期间费用,下列各项属于期间费用的有(　　)。

A. 管理费用　　B. 直接材料　　C. 财务费用　　D. 销售费用

E. 制造费用

7. 根据现行企业会计准则的规定,会计要素金额的确定基础有(　　)。

A. 历史成本　　B. 重置成本　　C. 可变现净值　　D. 现值

E. 公允价值

8. 下列账户中,按经济内容分类,属于所有者权益类账户的是(　　)。

A. "实收资本"账户　　B. "本年利润"账户　　C. "资本公积"账户　　D. "利润分配"账户

E. "盈余公积"账户

9. 下列项目属于流动负债的是(　　)。

A. 短期借款　　B. 应付账款　　C. 预收账款　　D. 应交税费

E. 长期借款

10. 下列资产属于流动资产的有(　　)。

A. 无形资产　　B. 货币资金　　C. 应收及预付款项　　D. 固定资产

E. 存货

11. 所有者权益包括以下内容(　　)。

A. 投入资本　　B. 资本公积金　　C. 盈余公积金　　D. 未分配利润

E. 固定资产

12. 下列经济业务中,会引起会计等式左右两边同时发生增减变动的有(　　)。

A. 收到应收销货款存入银行　　B. 购进材料尚未付款

C. 用银行存款偿还长期借款　　D. 接受投资人追加投资

E. 资本公积转增资本

13. 下列会计科目属于成本类科目的是(　　)。

A. 生产成本　　B. 制造费用　　C. 管理费用　　D. 财务费用

E. 劳务成本

14. 下列会计科目属于损益类科目的有(　　)。

A. 主营业务收入　　B. 其他业务成本　　C. 营业外收入　　D. 营业外支出

E. 营业费用

15. 下列经济业务中,能够引起资产和负债同时增加的是(　　)。

A. 向银行借入款项　　B. 销售产品尚未收到货款

C. 预付购货款　　D. 预收销货款

E. 购买材料尚未付款

16. 账户的一般内容包括(　　)。

A. 账户的名称　　B. 凭证号数　　C. 日期和摘要　　D. 发生额

E. 余额

17. 会计科目按照提供信息的详细程度及其统御关系不同,分为(　　)。

A. 明细分类科目　　B. 资产类科目　　C. 负债类科目　　D. 损益类科目

E. 总分类科目

三、判断题

1. 企业预期在未来发生的交易或者事项不形成资产。(　　)

2. 根据资产的特征,融资租入资产不属于企业的资产。(　　)

3. 未来发生的交易或事项形成的义务,不属于现时义务,不应确认为负债。(　　)

4. 企业所有的利得都可以计入所有者权益。(　　)

5. 资产和权益在数量上的平衡关系,可以用资产 = 权益等式表示。(　　)

6. 任何经济业务的发生都不会引起会计恒等式两边金额的变化。(　　)

7. 三级科目是介于总分类科目和二级明细分类科目之间的科目。(　　)

8. 账户中的金额,其关系式为:期末余额 = 期初余额 + 本期增加发生额 - 本期减少发生额。(　　)

9. 资产可以是有形的,也可以是无形的。(　　)

10. 账户的余额总是与账户减少额的方向相一致。(　　)

11. 会计科目是根据账户设置的,因此,二者反映的经济内容是一致的。(　　)

12. 存放在企业的所有的经济资源都是企业的资产。(　　)

13. 会计要素中既有反映财务状况的要素,也有反映经营成果的要素。(　　)

【技能训练】

技能训练一

一、训练目的

掌握会计要素及会计科目的名称。

二、训练资料

(1)保险柜中的现金 1 000 元。(　　　　)(　　　　)

(2)车间的生产线一套 20 000 元。(　　　　)(　　　　)

(3)甲投资人投入的资本 15 000 元。(　　　　)(　　　　)

(4)向银行借入三个月期借款 10 000 元。(　　　　)(　　　　)

(5)专利权价值 30 000 元。(　　　　)(　　　　)

(6)仓库中存放的商品 25 000 元。(　　　　)(　　　　)

(7)销售商品取得的收入 45 000 元。(　　　　)(　　　　)

(8)厂部办公室人员的工资 5 000 元。(　　　　)(　　　　)

(9)欠利群公司购货款 6 000 元。(　　　　)(　　　　)

(10)职工预借差旅费 1 000 元。(　　　　)(　　　　)

(11)厂部购买办公用品 200 元。(　　　　)(　　　　)

(12)借款利息支出 1 500 元。 (　　)(　　)

(13)广告费 12 000 元。 (　　)(　　)

(14)企业留存的未分配的利润 150 000 元。 (　　)(　　)

三、训练要求

根据上述资料,分别确定所属会计要素及其会计科目的名称。(填入括号中)

技能训练二

一、训练目的

掌握经济业务的发生对会计等式的影响。

二、训练资料

某企业 20 × ×年 4 月发生如下经济业务:

(1)收回应收账款 20 000 元存入银行;

(2)用现金发放工资 125 000 元;

(3)向银行借入三年期借款 100 000 元;

(4)收到投资人投入的机器设备价值 150 000 元;

(5)用从银行借入的半年期借款偿还应付账款,金额 30 000 元;

(6)经批准,将长期借款 50 000 元转为实收资本;

(7)经批准,将盈余公积 20 000 元转为实收资本;

(8)经批准,向投资者分配利润 18 000 元;

(9)用银行存款 7 000 元偿还前欠货款;

(10)接受外商捐赠人民币 130 000 元。

三、训练要求

说明上述经济业务的发生对会计等式有何影响。

技能训练三

一、训练目的

区分总分类科目和明细分类科目。

二、训练资料

某企业设置的部分会计科目如下:原材料、固定资产、原料及主要材料、应交税费、基本生产成本、房屋及建筑物、燃料、应交增值税、生产成本、机器设备、应交所得税、辅助生产成本。

三、训练要求

将上述会计科目按下表填入对应的总分类科目和明细分类科目中。

表 3-7　总分类科目和明细分类科目表

总分类科目(一级科目)	明细分类科目

续表

总分类科目(一级科目)	明细分类科目

技能训练四

一、训练目的

熟悉账户结构特点,学习计算账户期末余额。

二、训练资料

某企业20××年5月部分账户发生额及余额如表3-8、表3-9所示。

表3-8　账户发生额及余额

20××年5月31日　　单位:元

会计科目	期初余额	本期发生额		期末余额
		增加额	减少额	
库存现金	1 900	90 200	90 000	(　)
固定资产	125 000	30 400	(　)	150 000

表3-9　账户发生额及余额

20××年5月31日　　单位:元

会计科目	期初余额	本期发生额		期末余额
		减少额	增加额	
短期借款	15 400	0	20 000	(　)
应付账款	30 000	13 400	(　)	117 000
实收资本	400 000	(　)	200 000	480 000

三、训练要求

根据表中资料,将表3-8、表3-9的有关内容补充完整。

4

复式记账——借贷记账法

【学习目标】

复式记账是会计的核算方法之一。本章主要阐述了复式记账——借贷记账法的记账原理。通过本章的学习,使学生理解和掌握复式记账的原理以及应用,着重掌握借贷记账法"借""贷"二字的含义、账户的结构、记账规则和试算平衡的方法,能较熟练地运用借贷记账法编写会计分录,为以后各章的学习打下基础。

【重点难点】

- 复式记账的概念
- 借贷记账法的基本原理
- 会计分录

【技能点】

- 正确登记"T"形账户
- 熟练进行简单业务会计分录的编制
- 根据简单业务编制试算平衡表

【学习内容】

4.1　复式记账原理

设置会计科目与账户,只是对会计要素进行了进一步的分类。经济业务的发生及所引起的会计要素的增减变动,除通过设置会计科目与账户外,还要采用一定的记账方法在会计账户中进行登记。从历史上看,会计记账方法有单式记账和复式记账两种。

4.1.1 单式记账

单式记账是指对发生的经济业务,只在一个账户中进行单方面记录的记账方法。它在记账时,重点考虑的是库存现金、银行存款以及债权债务方面发生的经济业务。具体说来有以下两种情况。①对于库存现金、银行存款的收付或人欠(应收款)、欠人(应付款)等经济业务,只在一个账户中反映。例如:用现金200元购进原材料,只记库存现金减少200元,而不记原材料增加200元;销售商品500元,未收款,只记应收款增加500元,而不记收入增加500元。②对于人欠、欠人的现金、银行存款收回或偿还时,同时在两个账户中反映。例如:收回购买单位所欠货款300元现金,记库存现金增加300元,应收款减少300元。

由此可见,单式记账手续简单,但不能完整、连续、系统地反映经济业务,数字之间没有必然的联系,不便于检查账户记录的正确性,无法进行试算平衡;由于不涉及资本、损益账户,无法进行损益的计算,它只能在简单经济条件下应用,因而不适用于现代化企业的会计核算。

4.1.2 复式记账

1. 复式记账的意义

复式记账法是指对每一项经济业务,以相等的金额在两个或两个以上相互联系的账户中进行记录的记账方法。复式记账法在会计发展史上有着划时代的意义,使会计从简单的记录计算方法发展成为一门科学,推动了现代会计方法体系的形成,它是会计核算方法的核心。

复式记账对于完整、连续、系统地反映各单位的经营过程和结果,建立严密的核算体系,有着重要的意义。①采用复式记账法,对每一项经济业务都必须在两个或两个以上相互联系的账户中进行记录,这样,既可以全面、清晰地反映经济业务的来龙去脉,又可以系统、完整地反映经营过程和结果。②复式记账法要求以相等的金额在有关账户中进行记录,使账户间在数字上形成了一种相互核对、相互平衡的关系,因而可进行试算平衡,以检查账户记录的正确性。③有完整的账户体系,可进行损益的计算。

2. 复式记账的内容

复式记账的内容,一般包括以下四个方面。

(1)记账符号。经济业务的发生,将会使有关账户发生数量上的增减,为了表示数量变化的方向,需要用一种抽象的符号来表示。例如:“借”“贷”“增”“减”“收”“付”,都是记账符号。

(2)设置账户。要详细地反映资金运动的情况,还需要对资金运动的具体内容进行分类,同时参考记账方法的需要设置不同的账户。

(3)记账规则。记账规则又称记账规律,是运用一种记账方法时所遵守的规律。

(4)试算平衡。试算平衡是为了保证账户记录的正确性,运用会计等式和复式记账原理检查账户记录是否正确完整的一种方法。

新中国成立以来,我国采用过三种复式记账法:借贷记账法、增减记账法、收付记账法。经过长期反复实践和研究得出,借贷记账法是最科学、最完善的复式记账法。我国会计准则规定:会计记账采用借贷记账法。

4.2 借贷记账法

4.2.1 借贷记账法的意义

当前世界各国普遍采用借贷复式记账法。借贷复式记账法是以“借”“贷”为记账符号,反映会计要素增减变化的一种复式记账方法。

“借”“贷”二字的含义,最初是从借贷资本家的角度来解释的。大约在公元 13 世纪,意大利是商品经济比较发达的国家,在意大利的佛罗伦萨市,出现了以经营货币借贷业务为主的银行业。借出款项,按借主列入上方,贷入款项,按贷主列入下方,在记录形式上,采用上下分开的文字叙述方式,当时的“借”“贷”二字,如实地反映了债权债务关系,这是最初产生的借贷记账法。公元 14 世纪左右,在意大利的热那亚,为适应商业记账的需要,出现了另一种借贷记账法的形式,即左方记借、右方记贷,记账范围由原来的债权债务扩大到商品物资,在记账形式上由原来的上下分开叙述式发展为左右两方相互对应的账户式,称之为“热那亚”式记账法。大约公元 15 世纪末,威尼斯商人在“热那亚”记账法的基础上,又进一步充实了有关账户,增设了损益、资本等账户,使所有的业务都能通过两个账户进行记录,并汇总其余额,进行试算平衡,这种方法叫“威尼斯”记账法。至此,已初步形成了借贷复式记账法,“借”“贷”二字就失去了原来的含义,而发展成为单纯的记账符号,即“左方”和“右方”的代名词。因此,现在记账中所使用的“借”“贷”二字,已经失去了原来的字面意义,只作为记账符号来使用,以表明记账的方向。

4.2.2 借贷记账法的基本原理

借贷记账法的基本原理主要包含以下四个方面的内容。

1. 记账符号

记账符号是复式记账的主要内容之一,是一种抽象的标记,用来记录会计要素的增减变动以及记账的方向。采用借贷记账法记账时,以“借”“贷”二字作为记账的符号。长期以来,人们习惯地把账户的左方称为“借方”,账户的右方称为“贷方”,借方和贷方既可以表示同性质账户的增减变化,也可以表示会计等式左右两方不同性质账户的同增和同减的变化。

2. 借贷记账法下账户的结构

在借贷记账法下,会计的对象即资金运动的情况有两种:增加、减少,运动的结果表现为余额;那么账户的哪一方记增加、哪一方记减少,余额在哪方,要根据账户的性质来判断,不同性质的账户,其记账结构也不同。

(1)资产类账户。资产类账户的结构为:资产的增加记借方,资产的减少记贷方,在一定时期内资产的借方增加额合计称之为借方发生额,贷方减少额合计称之为贷方发生额,二者的差为期末余额,会计上习惯地认为:本期的期末余额即为下期的期初余额,资产类账户的余额一般在借方。资产类账户的结构如图 4-1 所示。

资产类账户

借方	贷方
期初余额 本期增加额	本期减少额
期末余额	

图 4-1 资产类账户的结构

资产类账户期末余额计算公式如下:

资产类账户期末余额 = 期初借方余额 + 本期借方发生额 − 本期贷方发生额

(2)负债、所有者权益类账户的结构。负债、所有者权益类账户的结构与资产类账户结构正好相反。即负债、所有者权益类账户增加记贷方,减少记借方,余额一般在贷方。负债、所有者权益类账户结构如图 4-2 所示。

负债、所有者权益类账户

借方	贷方
本期减少额	期初余额 本期增加额
	期末余额

图4-2　负债、所有者权益类账户的结构

负债、所有者权益类账户期末余额计算公式如下：

负债、所有者权益类账户期末余额＝期初贷方余额＋本期贷方发生额－本期借方发生额

(3)成本类账户的结构。成本类账户的记账结构与资产类账户的记账结构基本相同，其记账结构如图4-3所示。

成本类账户

借方	贷方
期初余额 本期增加额	本期减少额
期末余额	

图4-3　成本类账户的结构

(4)损益类账户的结构。损益类账户又可划分为两大类：即损益收入类、损益费用类。企业在生产经营过程中，为实现利润，不断地取得收入，同时也发生相关的费用，从而产生利润，利润是所有者权益的一个组成内容。根据拓展的会计等式：资产＋费用＝负债＋所有者权益＋收入，可以得出，损益费用类账户的记账结构与资产类相同，借方记费用的增加，贷方记费用的减少(即转出额)，由于本期发生的费用一般要通过贷方转出，以计算利润，因此，费用类账户期末一般没有余额。同样，损益收入类的记账结构与负债、所有者权益类相同，收入的增加记在贷方，收入的减少(即转出额)记在借方，由于本期增加的收入一般要通过借方转出，以计算利润，因此，该类账户期末一般没有余额。损益类账户的结构如图4-4、图4-5所示。

损益收入类账户

借方	贷方
收入转出额	收入增加额
	期末一般无余额

图4-4　损益收入类账户的结构

损益费用类账户

借方	贷方
费用增加额	费用转出额
期末一般无余额	

图4-5　损益费用类账户的结构

综上所述，全部账户的结构可表述如图4-6。

账户的名称(会计科目)

借方	贷方
资产的增加 成本的增加 损益费用的增加 负债的减少 所有者权益的减少 损益收入的减少(结转)	资产的减少 成本的减少 损益收入的增加 负债的增加 所有者权益的增加 损益费用的减少(结转)
余额在借方，表示资产	余额在贷方，表示负债或所有者权益

图4-6　账户的结构

由此可以看出，全部账户的结构可分为两大类。资产类、成本类、损益费用类借增贷减，负

债类、所有者权益类、损益收入类借减贷增。

将账户的结构分为两大类，主要是便于初学者掌握。在实际工作中，为了减少账户的数量，往往设置双重性质的账户，既反映资产(债权)，又反映负债(债务)的双重性质的账户，期末根据账户余额的方向，判断其经济性质是资产还是负债，这也是借贷记账法优于其他复式记账法的一个方面，随着会计学习的深入，读者对双重性质的账户会有深入的理解和掌握。

3. 借贷记账法的记账规则

记账规则是运用一种记账方法时的记账规律。那么在借贷记账法下，其记账规律是什么呢?

根据复式记账原理，任何一项业务都必须以相等的金额在两个或两个以上相互联系的账户中进行记录，企业每天都发生着错综复杂的经济业务，但归纳起来不外乎以下几种情况。

(1)会计等式左右两方有关项目同时增加。例如:购入原材料 2 000 元，已入库，未付款。这项业务的发生，涉及资产和负债两个会计要素同时发生变化，一方面使资产类的“原材料”增加 2 000 元，另一方面使负债类的“应付账款”增加 2 000 元，根据借贷记账法下账户的结构，该项业务记录如下:

应付账款

借方	贷方
	2 000

原材料

借方	贷方
2 000	

(2)会计等式左右两方有关项目同时减少。例如:用银行存款偿还短期借款 50 000 元。这项业务的发生，涉及资产和负债两个要素同时发生变化，一方面使资产类的“银行存款”减少 50 000 元，另一方面使负债类的“短期借款”减少 50 000 元，根据复式记账原理和账户的结构，该项业务记录如下:

银行存款

借方	贷方
	50 000

短期借款

借方	贷方
50 000	

(3)会计等式左方有关项目有增有减。例如:从银行提现金 500 元。这项业务的发生，涉及资产类的两个项目同时发生变化，一方面使资产类的“库存现金”增加 500 元，另一方面使资产类的“银行存款”减少 500 元，根据复式记账原理和账户的结构，该项业务记录如下:

银行存款

借方	贷方
	500

库存现金

借方	贷方
500	

(4)会计等式右方有关项目有增有减。例如:向银行借入 3 个月期的款项 30 000 元，直接偿还前欠货款。这项业务的发生，涉及负债类两个项目同时发生变化，一方面使负债类的“短期借款”增加 30 000 元，另一方面使负债类的“应付账款”减少 30 000 元，根据复式记账原理和账户的结构，该项业务记录如下:

短期借款

借方	贷方
	30 000

应付账款

借方	贷方
30 000	

综上所述，在借贷记账法下，每一笔业务的发生，都要以相等的金额同时记入有关账户，一

个记借方,一个记贷方。由此我们可以从中总结归纳借贷记账法的记账规律:“有借必有贷,借贷必相等”。这一记账规则可用图4-7表示。

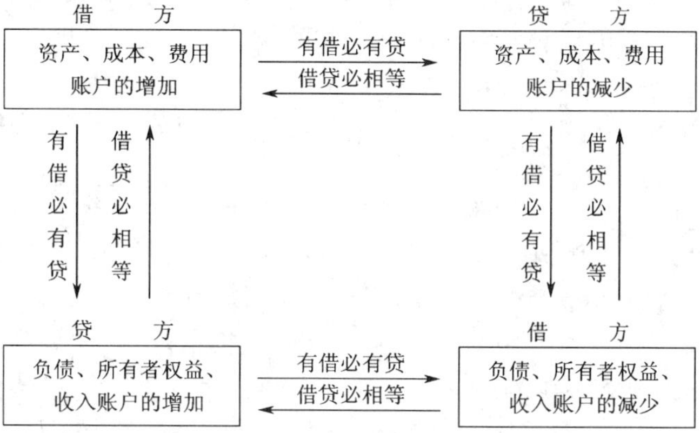

图4-7 借贷记账法的记账规则

运用借贷记账法进行记账时,在有关账户之间形成了应借、应贷关系,这种关系称为账户的对照关系。发生对照关系的账户称为对照账户。通过账户的对照关系,可以了解经济业务的内容,还可以发现对经济业务的处理是否合理合法。在日常工作中,为了保证账户对照关系的正确性,登记账簿之前应先根据经济业务所涉及账户及借贷方向和金额,编制会计分录,据以登账。会计分录,就是运用复式记账原理标明某项业务应借、应贷账户的名称以及金额的记录。会计分录的表示形式如下:

借:账户名称　　金额

　贷:账户名称　　金额

会计分录上下排列,借方科目在上,贷方科目在下,借方和贷方应错开一个字,如果借方或贷方涉及两个以上的科目,只需书写一个“借”字或“贷”字,相同方向的科目应对齐。例如:

借:管理费用　　367

　库存现金　　133

　贷:其他应收款　　500

正确编制会计分录,必须熟悉经济业务。一项业务发生后,首先分析这项业务所涉及的会计要素的性质是增加还是减少;其次根据会计科目表,分析所涉及会计科目的名称;再次根据账户的结构及记账规律,确定应记在账户的借方还是贷方;最后检查一下会计分录的要素是否齐全,编制是否正确。

例如:从银行提现金30 000元,会计分录为:

借:库存现金　　30 000

　贷:银行存款　　30 000

企业日常发生的经济业务有简单的,也有复杂的。反映经济业务的会计分录有两种:①简单会计分录;②复杂会计分录。

简单会计分录,是指一项业务只涉及两个账户的会计分录,即一借一贷的会计分录。例如:用支票支付水电费5 200元,这项业务只涉及“银行存”和“管理费用”两个账户发生变化,会计分录为:

借:管理费用　　5 200

贷:银行存款　　　　　　　　　　　　　　　　　　　　5 200

复杂会计分录亦称复合会计分录,是指一项业务涉及三个或三个以上账户的会计分录,即一借多贷、多借一贷的会计分录。例如:销售商品 100 000 元,其中 60 000 元收到一张转账支票,其余未收回(假如不考虑增值税)。这项业务的发生,涉及三个账户发生变化,会计分录为:

借:银行存款　　　　　　　　　　　　　　　60 000
　　应收账款　　　　　　　　　　　　　　　40 000
　　贷:主营业务收入　　　　　　　　　　　　　100 000

复杂会计分录从形式上看,它是由几个简单会计分录合并而成,一般可以分解为几个简单分录,如上例销售商品的会计分录,可以编制两个简单分录:

借:银行存款　　　60 000　　　　借:应收账款　　　40 000
　　贷:主营业务收入　　60 000　　　　贷:主营业务收入　　40 000

复杂分录可以集中、全面地反映经济业务,简化记账工作,提高工作效率。但是不可以把毫无关系的经济业务合并在一起,编制多借多贷的复杂分录,这样,不便于了解经济业务的来龙去脉,无法反映账户之间的对照关系。但是,这并不表明不能编制多借多贷的复杂分录,随着会计业务学习的深入,便可以掌握编制多借多贷的复杂分录的方法。

4. 借贷记账法的试算平衡

为了保证账户记录的正确性,需要在一定时期终了,根据会计等式和复式记账原理,对账户记录进行试算平衡。

试算平衡是根据会计要素间的平衡关系,来检查各类账户记录是否正确的一种方法。通常情况下,试算平衡是通过编制试算平衡表来进行的。

根据借贷记账法的记账规律,可以得知:企业发生的每一笔经济业务分别记入有关账户的借方和贷方,借方和贷方的数额一定相等;在一定时期内,企业发生的全部业务登记入账后,所有账户的借方发生额合计必定等于所有账户的贷方发生额合计。依次类推,所有账户的借方余额合计一定等于贷方余额合计,总的讲是借贷平衡。

借贷记账法下,试算平衡有两种方法。

(1)发生额试算平衡。对一定时期全部账户的发生额进行试算平衡,可依据发生额平衡公式,通过编制发生额试算平衡表来进行。发生额试算平衡公式如下:

全部账户的本期借方发生额合计 = 全部账户的本期贷方发生额合计

发生额试算平衡表如表 4-1 所示。

表 4-1　总分类账户本期发生额试算平衡表

会计科目	借方发生额	贷方发生额
合　　计		

(2)余额试算平衡。对一定时期全部账户的期末余额进行试算平衡,可依据期末余额试算平衡公式,通过编制期末余额试算平衡表来进行。期末余额平衡公式如下:

全部账户的借方期末余额合计 = 全部账户的贷方期末余额合计

余额试算平衡表如表 4-2 所示。

表 4-2 总分类账户期末余额试算平衡表

会计科目	借方余额	贷方余额
合 计		

根据账户期末余额的计算公式,又可将期末余额试算平衡公式表述为:

全部账户的借方期初余额 + 本期借方发生额合计 - 本期贷方发生额合计 = 全部账户的贷方期初余额 + 本期贷方发生额合计 - 本期借方发生额合计

这样,就可以将本期发生额试算平衡表和期末余额试算平衡表合在一起编制发生额及余额试算平衡表,如表 4-3 所示。

表 4-3 总分类账户本期发生额及余额试算平衡表

会计科目	期初余额		本期发生额		期末余额	
	借方	贷方	借方	贷方	借方	贷方
合 计						

借贷记账法下,运用试算平衡表来检查账户记录的正确性。如果借贷不平衡,说明账户的记录和计算一定是错误的,必须马上检查,进行更正。如果借贷平衡,也不能完全肯定记账没有错误,以下几种情况,通过试算平衡表不能发现其错误:

(1)重复记录某项业务;

(2)漏记某项业务;

(3)记错账户、金额或借贷方向颠倒;

(4)一项错误的记录正好抵消另一项错误的记录。

4.2.3 借贷记账法原理的简单应用

资料:

1. 某企业3月1日总分类账户期初余额如表4-4所示。

2. 该企业3月份发生部分经济业务如下。

(1)从银行提现金600元。

(2)购买原材料3 000元,货款未付。材料已验收入库。(不考虑增值税)

(3)用银行存款100 000元偿还短期借款。

(4)接受外商投资一台设备,价值50 000元。

(5)生产产品领用原材料1 200元。

(6)开出支票5 500元交纳税金。

(7)用支票5 000元支付本月电话费。

(8)销售商品18 000元,货款存入银行。(不考虑增值税)

表4-4 总分类账户期初余额表 单位:元

资　产	金　额	负债及所有者权益	金　额
库存现金	1 500	短期借款	200 000
银行存款	600 000	应付账款	15 000
原材料	3 600	应交税费	5 500
库存商品	3 000	实收资本	650 000
生产成本	2 000	资本公积	39 600
固定资产	300 000		
合　计	910 100	合　计	910 100

3. 根据上述经济业务编制会计分录。

(1)借:库存现金	600	
贷:银行存款		600
(2)借:原材料	3 000	
贷:应付账款		3 000
(3)借:短期借款	100 000	
贷:银行存款		100 000
(4)借:固定资产	50 000	
贷:实收资本		50 000
(5)借:生产成本	1 200	
贷:原材料		1 200
(6)借:应交税费	5 500	
贷:银行存款		5 500
(7)借:管理费用	5 000	
贷:银行存款		5 000
(8)借:银行存款	18 000	
贷:主营业务收入		18 000

4. 根据期初余额资料以及本期发生额，登记账户并计算账户的期末余额。

库存现金

借方	贷方
期初余额 1 500	
(1) 600	
本期发生额 600	本期发生额 —
期末余额 2 100	

银行存款

借方	贷方
期初余额 600 000	(1) 600
(8) 18 000	(3) 100 000
	(6) 5 500
	(7) 5 000
本期发生额 18 000	本期发生额 111 100
期末余额 506 900	

原材料

借方	贷方
期初余额 3 600	(5) 1 200
(2) 3 000	本期发生额 —
本期发生额 3 000	本期发生额 1 200
期末余额 5 400	

库存商品

借方	贷方
期初余额 3 000	
本期发生额 —	本期发生额 —
期末余额 3 000	

固定资产

借方	贷方
期初余额 300 000	
(4) 50 000	
本期发生额 50 000	本期发生额 —
期末余额 350 000	

生产成本

借方	贷方
期初余额 2 000	
(5) 1 200	
本期发生额 1 200	本期发生额 —
期末余额 3 200	

短期借款

借方	贷方
(3) 100 000	期初余额 200 000
本期发生额 100 000	本期发生额 —
	期末余额 100 000

应付账款

借方	贷方
	期初余额 15 000
	(2) 3 000
本期发生额 —	本期发生额 3 000
	期末余额 18 000

应交税费

借方	贷方
(6) 5 500	期初余额 5 500
本期发生额 5 500	本期发生额 —
	期末余额 0

实收资本

借方	贷方
	期初余额 650 000
	(4) 50 000
本期发生额 —	本期发生额 50 000
	期末余额 700 000

资本公积

借方	贷方
	期初余额 39 600
本期发生额 —	本期发生额 —
	期末余额 39 600

管理费用

借方	贷方
(7) 5 000	
本期发生额 5 000	本期发生额 —
期末余额 5 000	

主营业务收入

借方		贷方	
		(8)	18 000
本期发生额	—	本期发生额	18 000
		期末余额	18 000

5. 根据以上账户记录，编制总分类账户发生额、余额试算平衡表，如表4-5所示。

表4-5　总分类账户发生额、余额试算平衡表

单位：元

会计科目	期初余额		本期发生额		期末余额	
	借方	贷方	借方	贷方	借方	贷方
库存现金	1 500		600	—	2 100	
银行存款	600 000		18 000	111 100	506 900	
原 材 料	3 600		3 000	1 200	5 400	
库存商品	3 000		—	—	3 000	
生产成本	2 000		1 200	—	3 200	
固定资产	300 000		50 000	—	350 000	
短期借款		200 000	100 000	—		100 000
应付账款		15 000	—	3 000		18 000
应交税费		5 500	5 500	—		0
实收资本		650 000	—	50 000		700 000
资本公积		39 600	—	—		39 600
管理费用	—		5 000	—	5 000	
主营业务收入		—	—	18 000		18 000
合　计	910 100	910 100	183 300	183 300	875 600	875 600

【总结与回顾】

本章系统阐述了复式记账的含义以及借贷记账法的基本原理，详细介绍了借贷记账法下账户的结构、记账规则以及试算平衡的方法，在此基础上介绍了账户的对应关系以及会计分录的含义和书写方法。借贷记账法是会计核算的基础，是会计信息载体中不可缺少的内容，掌握它可以为以后各章节的学习打下基础。

【复习思考】

1. 什么是复式记账？其优点是什么？
2. 如何理解借贷记账法中“借”“贷”二字的含义？
3. 阐述借贷记账法下账户的结构、记账规则，以及试算平衡的方法。
4. 什么是会计分录？会计分录有哪几种形式？

【练习题】

一、单项选择题

1. 以下会计账户中借方用来登记减少的是(　　)。

A. 库存商品　B. 预收账款　C. 固定资产　D. 制造费用

2. 以下会计账户中属于资产类账户的是(　　)。

A. 应付票据　B. 预付账款　C. 预收账款　D. 营业外支出

3. 以下账户中与资产账户结构相同或类似的是(　　)。

A. 负债　B. 所有者权益　C. 收入　D. 费用

4. 下列属于所有者权益类账户的是(　　)。

A. 生产成本　B. 银行存款　C. 利润分配　D. 累计折旧

5. 借贷记账法下账户的哪一方登记增加数,哪一方登记减少数,是由(　　)决定的。

A. 账户的名称　B. 账户的余额的方向　C. 账户的结构　D. 账户的性质

6. 借贷记账法下,资产、负债和所有者权益账户在一定时期内借方发生额合计和贷方发生额合计应该(　　)。

A. 相等　B. 肯定不等　C. 一般不等　D. 无法确定

7. 采用借贷记账法记录经济业务时,会在有关账户中形成(　　)。

A. 隶属关系　B. 应借应贷关系　C. 平行关系　D. 统御与被统御关系

8. 下列会计分录中属于简单会计分录的是(　　)的会计分录。

A. 一借一贷　B. 一借多贷　C. 一贷多借　D. 多借多贷

9. 借贷记账法下,总分类账户的发生额试算平衡是依据(　　)确定的。

A. 会计恒等式　B. 借贷记账法的记账规则

C. 账户的性质　D. 经济业务的内容

10. 借贷记账法下,总分类账户的余额试算平衡公式的理论依据是(　　)。

A. 会计恒等式　B. 借贷记账法的记账规则

C. 账户的性质　D. 经济业务的内容

11. 复杂分录是指涉及(　　)的会计分录。

A. 一个账户　B. 两个账户

C. 任意账户　D. 三个或三个以上账户

12. 负债类账户的结构特点是(　　)。

A. 借方记增加,贷方记减少,余额一般在借方

B. 贷方记增加,借方记减少,余额一般在贷方

C. 借方记增加,贷方记减少,一般无余额

D. 贷方记增加,借方记减少,一般无余额

13. 以下账户中期末一般无余额的是(　　)。

A. 银行存款　B. 利润分配　C. 应付利息　D. 营业外收入

二、多项选择题

1. 下列账户中与“应收账款”账户结构相同的有(　　)。

A. 营业外收入　B. 应付账款　C. 实收资本　D. 库存商品

E. 固定资产

2. 下列账户中与负债类账户结构相同或类似的有(　　)。

A. 资产　B. 所有者权益　C. 收入　D. 成本

E. 费用

3. 下列账户中借方用来登记增加的有(　　)。

A. 营业外支出　B. 资本公积　C. 固定资产　D. 应付票据
E. 实收资本

4. 以下关于借贷记账法的表述正确的有(　　)。
A. 是一种复式记账法　B. 以“借”和“贷”为记账符号
C. 是一种单式记账法　D. 以“有借必有贷、借贷必相等”为记账规则
E. 可以通过试算平衡发现所有记账错误

5. 借贷记账法下总分类账户的试算平衡公式包括(　　)。
A. 全部账户期初借方余额合计 = 全部账户期初贷方余额合计
B. 期末借方余额 = 期初借方余额 + 本期借方发生额 - 本期贷方发生额
C. 期末贷方余额 = 期初贷方余额 + 本期贷方发生额 - 本期借方发生额
D. 全部账户本期借方发生额合计 = 全部账户本期贷方发生额合计
E. 全部账户期末借方余额合计 = 全部账户期末贷方余额合计

6. 下列记账错误中不能通过试算平衡发现的有(　　)。
A. 重复记录某项经济业务　B. 漏记某项经济业务
C. 会计科目记错　D. 会计分录借贷方向颠倒
E. 会计分录中借贷方同时多记相同金额

7. 借贷记账法中允许编制的会计分录有(　　)。
A. 一借一贷　B. 一借多贷　C. 一贷多借　D. 多借多贷
E. 只借不贷

8. 账户的借方可以记录的内容有(　　)。
A. 资产的增加　B. 资产的减少　C. 负债的增加　D. 负债的减少
E. 成本的增加

9. 下列账户中年末无余额的有(　　)。
A. 本年利润　B. 利润分配　C. 管理费用　D. 制造费用
E. 营业外收入

10. 下列属于会计分录要素的是(　　)。
A. 应记账户的名称　B. 应记账户的方向　C. 应记账户的金额　D. 应记账户的时间
E. 应记账户的人员

三、判断题

1. 一般来说,账户的余额应在其登记增加额的一方。(　　)
2. 在借贷记账法下,账户中登记增加的一方为借方,登记减少的一方为贷方。(　　)
3. 若会计期末总分类账户本期发生额和余额试算平衡,则说明账簿记录没有错误。(　　)
4. 在实际工作中,可以将多笔简单分录合并编制多借多贷的复杂分录。(　　)
5. 复式记账是指经济业务发生后以相等的金额在任意账户中进行登记。(　　)
6. 生产成本账户属于成本费用账户,月末一定无余额。(　　)
7. 本年利润账户月末一般没有余额。(　　)
8. 所有账户的借方均表示增加,贷方均表示减少。(　　)
9. 单式记账与复式记账没有关系。(　　)
10. 借贷记账法下可以设置双重性质的账户。(　　)

【技能训练】

一、训练目的

借贷记账法的简单应用。

二、训练资料

阳光公司2008年5月初有关账户的余额如表4-6所示。

表4-6 阳光公司5月初有关账户余额

单位:元

会计科目	金额	会计科目	金额
库存现金	45 000	短期借款	500 000
银行存款	2 500 000	应付账款	2 600 000
应收账款	6 320 000	应付职工薪酬	500 000
原 材 料	8 190 000	应交税费	20 000
生产成本	6 130 000	长期借款	20 000 000
库存商品	7 440 000	实收资本	44 500 000
固定资产	45 000 000	盈余公积	7 505 000
资产总计	75 625 000	负债及所有者权益总计	75 625 000

该公司5月发生以下经济业务。

(1)收到投资者投入资本500 000元,存入银行。

(2)经批准,将盈余公积300 000元转增资本。

(3)以银行存款支付产品广告费600 000元。

(4)以银行存款缴纳前期税款8 000元。

(5)购买一台设备,价值260 000元,通过银行付款。

(6)以银行存款偿还短期借款300 000元。

(7)收回前欠销货款150 000元,存入银行。

(8)职工出差借款8 000元,付现金。

(9)将10 000元库存现金存入银行。

(10)以银行存款支付职工工资500 000元。

三、训练要求

(1)根据上述资料,编制会计分录。

(2)开设"T"形账户,登记5月初余额资料。

(3)根据会计分录登录有关"T"形账户,并计算出5月份发生额和余额。

(4)编制总分类账户发生额、余额试算平衡表。

5

会计凭证

【学习目标】

会计凭证是会计资料的重要组成部分,编制会计凭证是会计核算工作的开始。通过本章的学习,要求学生深刻理解会计凭证在会计核算工作中的地位和作用,了解会计凭证传递、保管的基本要求,掌握会计凭证的种类和格式,重点掌握会计凭证的填制与审核。

【重点难点】

- 会计凭证在会计核算中的地位
- 会计凭证的分类
- 会计凭证的填制要求与审核要求
- 会计凭证的传递、整理

【技能点】

- 原始凭证的填制与审核
- 记账凭证的填制与审核
- 会计凭证装订

【学习内容】

5.1 认识会计凭证

5.1.1 会计凭证的含义

会计凭证是记录经济业务事项的发生和完成情况,明确经济责任,并作为记账依据的书面证明。在会计核算中,编制会计分录是一项重要的工作,为登记会计账簿提供依据。而会计凭证是以记录发生经济业务事项的原始凭证为依据,以编制记账凭证的形式来确定会计分录的。

会计工作最基本也是最重要的原则是真实性原则，即会计记录必须内容真实，数字正确。离开了真实性原则，会计资料也就成了一大堆毫无意义的虚假数字，会计的作用也就无从谈起。为了保证会计资料的真实性，处理任何经济业务都必须有凭有据。也就是说，任何会计主体，在办理每一项经济业务的时候，都必须要办理会计凭证手续，由经办该项业务的有关人员取得或者填制会计凭证，记录该项经济业务发生的日期、具体业务内容和数量金额，并在会计凭证上签名或者盖章，对经济业务的真实性、合法性、正确性负责。所有会计凭证都必须经过会计部门的审核。

5.1.2 会计凭证的意义

填制和审核会计凭证是会计核算工作的起点。认真填制和审核会计凭证对保证会计资料的真实性、完整性，完成会计工作任务，发挥会计的监督作用具有重要的意义。

1. 可以及时正确地反映经济业务的完成情况，为记账、算账提供原始依据

各会计主体日常发生的各项经济业务，如资金的筹集和运用、利润的取得和分配，都要通过会计凭证真实地记录下来，通过分类汇总审核，作为记账的依据。因此在"原始凭证—记账凭证—会计账簿—会计报表"的会计核算程序中，会计凭证是基础，会计凭证的正确与否，直接影响会计账簿记录的正确性，从而影响会计报表所提供信息的质量。

2. 明确经济责任，加强岗位责任制

会计凭证明确记录了经济业务的具体内容、发生的日期，并由经办部门和具体经办人员在凭证上签字盖章。这样一来，这些部门和人员就要对发生的经济业务的合法性、真实性负责，若出现问题，也便于查明责任。会计凭证促使各经办部门和人员加强责任感，在办理具体业务的时候，严格贯彻有关法令、政策的规定。各经办部门和人员之间通过会计凭证的传递，既相互联系又相互制约，形成严密的内部控制制度。

3. 便于会计检查和审计工作的开展

任何一项经济业务的发生，都要由具体办理该业务的部门或人员取得或填制相应的会计凭证，因此会计凭证上记录和反映了各项经济业务的具体内容。会计主管人员和内部稽核人员都可以从会计凭证入手，对经济业务进行监督检查，以防止不合理、不合法的错误和弊端的发生，及时发现和纠正经济管理中存在的问题，发挥会计的监督作用。审计人员通过对会计凭证的审查，可以确定经济业务是否合理、合法，会计处理是否公允，并检查会计核算的正确性和会计信息的质量。

填制和审核会计凭证是一项基础工作，对会计核算过程、会计信息质量等有重要的作用，做好这项工作，要求会计人员具有扎实的基本功、细致的工作作风和高度的责任心。

5.1.3 会计凭证的种类

经济业务的多样性决定了会计凭证的多样性，为了正确使用和填制会计凭证，必须对会计凭证进行分类。会计凭证按填制程序和用途，可分为原始凭证和记账凭证两大类。

1. 原始凭证

原始凭证，是在经济业务发生时取得或填制，载明经济业务具体内容和完成情况的书面证明。它是会计核算的原始资料和重要依据。会计主体办理各项会计事项，必须取得或填制原始凭证，并及时送交会计部门，以保证会计核算的顺利进行。凡不能证明经济业务发生或完成情况的有关凭证，不能作为原始凭证据以编制记账凭证并记账，如申购单、购销合同、银行对账

单等。

原始凭证按不同的分类标志可以分为不同的种类。

(1)原始凭证按其取得的途径与来源的不同,可分为自制原始凭证和外来原始凭证。

自制原始凭证,是由本单位内部经办业务的部门和个人,在执行或完成某种经济业务时自行填制的凭证,如领料单(表5-1)、借款单(表5-2)、折旧计算单(表5-3)等。

表5-1 领 料 单

领料单位: NO.00637

用途: 年 月 日 发料仓库:

类别编号	名称及规格	计量单位	数量		单价	金额	备注
			请领	实领			
合计		(大写)					

发料部门负责人: 发料人: 领料部门负责人: 领料人:

表5-2 借 款 单

借款人:李丽

所属部门:销售部门 2008年3月5日 编号:11

今借到人民币(大写)贰仟圆整 ¥2000.00

其中:现金 2000.00

支票________ 号码________

用途: 去上海开拓市场。

备注

单位负责人:李刚 财务负责人:王平 部门负责人:王康 借款人:李丽

表5-3 固定资产折旧表

年 月 日

项目			固定资产原值	折旧	
				月折旧率	月折旧额
制造费用	一车间	房屋及建筑物			
		机器设备			
		其他			
		小计			
	二车间	房屋及建筑物			
		机器设备			
		其他			
		小计			

项　目			固定资产原值	折　旧	
				月折旧率	月折旧额
管理费用	厂部	房屋及建筑物			
		机器设备			
		小　计			
合计		房屋及建筑物			
		机器设备			
		其他			
		总　计			

审核人：　　　　　　　　制表人：

外来原始凭证，是企业在发生经济业务时，从其他单位或个人那里取得的凭证。如企业购买材料、商品等从供货单位取得的发票、增值税专用发票，接受劳务从运输部门取得的运费收据，办理结算业务从银行取得的收款通知和支款通知等。外来原始凭证一般都是一次凭证，如银行付款通知单（表5-4）、增值税专用发票（表5-5）、运输费用发票（表5-6）等。

表5-4　贷款利息通知单（代付款通知）

20××年　3　月　20　日

贷款账户户名：北方纸箱厂　　　　账号:1256780003

利息计算日期：20××年 12月 21日 起 20××年 3月 20日 止	工商银行威海市营业部 20××.3.20. 结算章	左列贷款利息已从你单位账号1256780003 付出
计息积数共计：10,000,000　　利率：月 7.620‰		
利息金额（大写）　贰仟伍佰肆拾元整		开户银行盖章
附记：　　　　　￥2,540.00		
会计 2 号　事后监督 6 号　复核 8 号　制单 5 号		年　月　日

表5-5　增值税专用发票

山东省增值税专用发票

开票日期：　　　　2008年3月13日　　　　NO.007682

购货单位	名　称	南方车辆厂	纳税人登记号		57020051189																	
	地址、电话	广州路8号	开户银行及账号		工行市中办1079008251																	
货物或应税劳务名称		计量单位	数量	单价	金额 十	万	千	百	十	元	角	分	税率%	税金 十	万	千	百	十	元	角	分	
50mm钢…		米	10000	6.2		6	2	0	0	0	0	0	17		1	0	5	4	0	0	0	
合计						6	2	0	0	0	0	0	17		1	0	5	4	0	0	0	
价税合计（大写）		零佰零拾柒万贰仟伍佰肆拾零元零角零分											￥72,540.00									
销货单位	名　称	龙华试验机厂	纳税人登记号		57010068851																	
	地址、电话	开封路56号	开户银行及账号		建行经十支26100855																	

第四联　记账联　售货方记账

收款单位（未盖章无效）　　收款人：王敏　　结算方式

表 5-6　运输费用发票

山东省运输发票

付款单位：华药糖酒公司　　2008 年 3 月 12 日　　NO. 05638720

服务项目	数　量	单　位	单　价	金额 百	十	万	千	百	十	元	角	分
运甲商品	500	kg	2.00				1	0	0	0	0	0
运乙商品	500	kg	2.00				1	0	0	0	0	0
合　计（大写）贰仟元整						¥	2	0	0	0	0	0

第二联　发票

收款单位（盖章）　　收款人：王伟　　交款人：朱娟

(2)原始凭证按其填制手续不同,可分为一次原始凭证、累计原始凭证和汇总原始凭证。

一次凭证,是一次记录一项或同时记录若干项同类经济业务,填制手续一次完成的原始凭证。一次凭证只反映一笔业务或者几笔同类业务,使用灵活,但数量较多,保管核算比较麻烦。大多数原始凭证都是一次凭证,如自制领料单、外来发票和增值税专用发票等都是一次凭证。

累计凭证,是连续记载一定时期内不断重复发生的同类经济业务,填制手续在一张凭证中多次进行才能完成的凭证。使用累计凭证可以加强管理,简化手续,随时登记发生的业务,随时计算发生额累计数,便于同定额、计划预算数比较,达到控制费用支出,节约开支的目的。例如限额领料单(表 5-7)就是累计凭证。

表 5-7　限　额　领　料　单

领料单位:一车间　　编号:0005

用　途:甲产品　　20×× 年 4 月 2 日　　仓库:4 号库

材料编号	材料名称及规格	计量单位	领用限额	实际领用 数　量	单　价	金　额
11007	30 mm 圆钢	kg	4 000	3 600	2	7 200

生产计划部门负责人:xxx　　供应部门负责人:xxx

日期 月	日	请领 数　量	领料单位负责人签章	实领 数　量	发料人签章	领料人签章	退库 数　量	收料人签章	退料人签章	限额结余
4	1	1 000	周文	1 000	赵敏	吴欢				3 000
4	11	1 200	周文	1 200	赵敏	吴欢				1 800
4	21	1 400	周文	1 400	赵敏	吴欢				400
合　计		3 600		3 600						400

仓库负责人:李玫

汇总原始凭证,是对经济业务内容相同、数量较多的原始凭证进行汇总编制而成的原始凭证。实务中,为了简化记账凭证的填制工作,可以将一定时期内若干份记录同类经济业务的原始凭证汇总编制成一张原始凭证汇总表,用来集中反映某项经济业务的总括情况。汇总原始凭证不同于累计凭证,它不是业务发生的原始依据,必须附有其他原始凭证,并在汇总原始凭证上注明汇总的日期、所附原始凭证的数量等内容。例如收料凭证汇总表、工资结算汇总表（表5-8）、发料凭证汇总表（表5-9）、销售汇总表等。

表5-8 工资结算汇总表

20××年4月30日

人员		标准工资	奖金	津贴	事病假工资	应付工资	代扣款项	实发工资
生产工人	甲产品生产工人							
	乙产品生产工人							
	合计							
车间管理人员								
厂部管理人员								
合计								

财务负责人： 主管会计： 出纳：

表5-9 发料凭证汇总表

编号：00678

应借科目 应贷科目		生产成本	制造费用	管理费用	在建工程	营业费用	其他业务支出	合计
材料	原料及主要材料							
	辅助材料							
	外购半成品							
	外购动力							
	外购燃料							
	小计							
包装物								
低值易耗品								
合计								

制表人： 审核人：

2. 记账凭证

记账凭证，是根据原始凭证进行归类、整理并编制会计分录的凭证，它是登记账簿的直接依据。会计人员必须根据审核无误的原始凭证编制记账凭证。

日常业务中，原始凭证来自不同的单位，种类繁多，数量庞大，直接根据原始凭证记账容易发生错误，因此要先根据审核无误的原始凭证编制记账凭证，在记账凭证中确定会计分录，再根据记账凭证记账。这样，原始凭证就作为记账凭证的附件和原始依据，而记账凭证成为登记账簿的直接依据。还有一些会计事项，如错账更正、期末结账等，无法取得原始凭证，由会计人员根据账簿资料直接编制记账凭证。通过记账凭证，既便于记账，又可以防止差错，保证账簿记录准确无误，提高记账工作的质量。

记账凭证按不同的分类标志可以分为不同的种类。

(1)记账凭证按用途分为专用记账凭证和通用记账凭证。

专用记账凭证,是指分类反映经济业务的记账凭证。具体又分为收款凭证、付款凭证和转账凭证。收款凭证,是用来记录现金、银行存款收款业务的记账凭证,是根据现金、银行存款收款业务的原始凭证填制的,一般格式见表5-10所示。付款凭证,是用来记录现金、银行存款付款业务的记账凭证,是根据现金、银行存款付款业务的原始凭证填制的,一般格式见表5-11所示。转账凭证,用来记录与现金、银行存款的收、付无关的转账业务的凭证。转账业务不涉及货币资金的增减,比如领取原材料、产成品入库、费用分配等,一般格式见表5-12所示。

通用记账凭证,是指用来反映所有经济业务的记账凭证,其一般格式见表5-13所示。

表5-10 收款凭证

借方科目　　　　年　月　日　　　　总字　号
收字　号

摘要	贷方科目		金额									记账
	总账科目	明细科目	百	十	万	千	百	十	元	角	分	
合计金额												

附件　张

会计主管:　　记账:　　稽核:　　出纳:　　制单:

表5-11 付款凭证

贷方科目　　　　年　月　日　　　　总字　号
付字　号

摘要	借方科目		金额									记账
	总账科目	明细科目	百	十	万	千	百	十	元	角	分	
合计金额												

附件　张

会计主管:　　记账:　　稽核:　　出纳:　　制单:

表 5-12 转 账 凭 证

总字 号

转字 号

年 月 日

摘要	总账科目	明细科目	借方金额									贷方金额									记账
			百	十	万	千	百	十	元	角	分	百	十	万	千	百	十	元	角	分	
合计金额																					

附件 张

会计主管： 记账： 稽核： 出纳： 制单：

表 5-13 记 账 凭 证

总字 号

记字 号

年 月 日

摘要	总账科目	明细科目	借方金额									贷方金额									记账
			百	十	万	千	百	十	元	角	分	百	十	万	千	百	十	元	角	分	
合计金额																					

附件 张

会计主管： 记账： 稽核： 出纳： 制单：

(2)记账凭证按其填列会计科目的数目不同可分为单式记账凭证和复式记账凭证。

单式记账凭证，是指按一项经济业务所涉及的各个会计科目分别填制的记账凭证。一笔经济业务涉及几个会计科目就需要填制几张记账凭证。例如，一项经济业务涉及两个会计科目，就需要填制两张记账凭证，涉及三个会计科目就需要填制三张记账凭证。填列借方科目的叫做借项记账凭证（格式见表 5-14），填列贷方科目的叫做贷项记账凭证（格式见表 5-15），用编号把它们联系起来，以便于查对。单式记账凭证便于科目汇总，便于贯彻内部控制制度，加强岗位责任制，便于分工记账；但是编制记账凭证的工作量大，在一张凭证上反映不出经济业务的全貌，出现差错不便于查找。

表 5-14 借项记账凭证

年 月 日

字 号

摘 要	总账科目	明细科目	账页	金 额									记账
				百	十	万	千	百	十	元	角	分	
合 计 金 额													

附件 张

会计主管： 记账： 稽核： 出纳： 制单：

表 5-15 贷项记账凭证

年 月 日

字 号

摘 要	总账科目	明细科目	账页	金 额									记账
				百	十	万	千	百	十	元	角	分	
合 计 金 额													

附件 张

会计主管： 记账： 稽核： 出纳： 制单：

复式记账凭证，是指把一项经济业务所涉及的全部会计科目，集中在一张记账凭证上反映。上述专用记账凭证和通用记账凭证都是复式记账凭证。复式记账凭证的优点是便于了解经济业务的全貌，便于查账，减少编制记账凭证的工作量。其缺点是不便于分工记账和汇总。

(3)记账凭证按其包括的内容不同可分为单一记账凭证、汇总记账凭证、科目汇总表。

单一记账凭证，是指只包括一笔会计分录的记账凭证。汇总记账凭证，是指根据一定时期内同类单一记账凭证定期加以汇总重新编制的记账凭证，其目的是为了简化总账的登记手续。汇总记账凭证可以分为汇总收款凭证、汇总付款凭证、汇总转账凭证。其格式和用法在第 10 章会计核算形式中讲述。科目汇总表，是指根据一定时期内所有的记账凭证定期加以汇总而重新编制的记账凭证，其目的也是为了简化总账的登记手续。

会计凭证分类如图 5-1 所示。

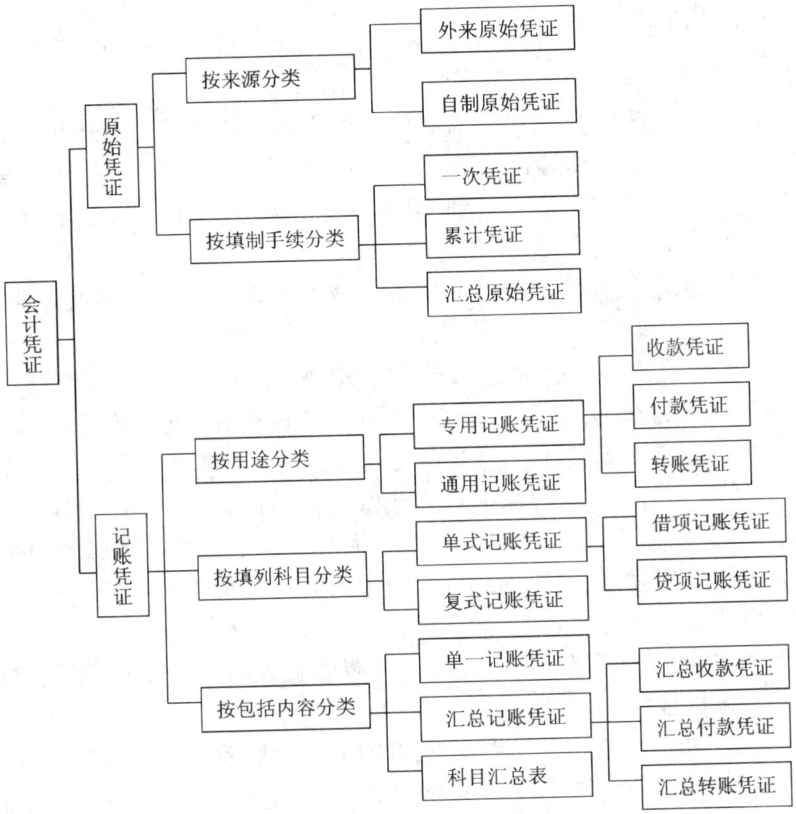

图 5-1 会计凭证分类示意图

5.2 原始凭证

5.2.1 原始凭证的内容

1. 基本内容

在会计实务中,经济业务的内容是多种多样的,记录经济业务的原始凭证的内容也是多种多样的,每种原始凭证的名称、格式也不完全一样。但是无论哪一种原始凭证,都必须如实地反映经济业务的发生和完成情况,都必须明确有关人员的责任。所以,各种原始凭证都必须具备下列基本内容:

(1)原始凭证的名称;

(2)填制凭证的日期和凭证编号;

(3)接受凭证的单位名称;

(4)经济业务内容;

(5)经济业务的数量、单价和金额;

(6)填制凭证的单位名称或者填制人姓名;

(7)经办人员的签名或盖章。

2. 其他内容要求

对于一些特殊情况的原始凭证,除应具备原始凭证的上述内容以外,还应符合一定的附加条件。具体要求有以下几点。

(1)从外单位取得的原始凭证,必须盖有填制单位的公章;同样,对外开出的原始凭证,必须加盖本单位的公章;从个人取得的原始凭证,必须有填制人员的签名或者盖章。所谓"公章",应是具有法律效力和规定用途,能够证明单位身份和性质的印鉴,如单位业务公章、财务专用章、发票专用章、收款专用章、结算专用章等。

(2)自制原始凭证,必须有经办单位的负责人或者指定的人员签名或者盖章。凡填有大小写金额的原始凭证,大写与小写的金额必须相符。

(3)购买实物的原始凭证,必须有验收证明。实物购入以后,要按规定办理验收手续,这有利于明确经济责任,保证账实相符,防止盲目采购,避免物资短缺和流失。实物验收工作应由有关人员负责办理,会计人员通过有关的原始凭证进行监督检查。需要入库的实物,必须填写入库验收单,由仓库保管人员按照采购计划或供货合同验证后,在入库验收单上如实填写数量金额,并签名盖章。不需要入库的实物,由经办人员在凭证上签名或盖章以后,必须交由保管人员或实物使用人员在凭证上签字或盖章,经过购买人以外第三者查证核实后,会计人员才能据以报销付款并作进一步会计处理。

(4)支付款项的原始凭证,必须有收款单位或者收款人的收款证明,不能仅以支付款项的有关凭证和银行汇款凭证代替。

(5)发生销货退回时,必须填制退货发票,并附有退货验收证明;退还货款时,必须取得对方的收款收据,不得以退货发票代替。如果情况特殊,可先用银行的有关凭证,如电汇汇单等,作为临时收据,待收到单位的收款证明以后,再将其附在原付款凭证之后,作为正式原始凭证。

(6)职工公出借款凭据,必须附在记账凭证之后;收回借款时,应该另开收据或者退还借据副本,不得将原借款凭据退还借款人。

(7)经上级有关部门批准的经济业务,应当将批准文件作为原始凭证附件。如果批准文件需要单独归档,应在凭证上注明批准机关名称、日期和文件字号,以便确认经济业务的审批情况和查阅。

5.2.2 原始凭证的填制要求

原始凭证是进行会计核算的原始依据,原始凭证的填制有两种类型,一是根据实际发生或完成的经济业务,由经办人员直接填制,如"入库单""收料单""增值税专用发票"等。大部分原始凭证填制属于这种类型。二是根据账簿记录,把某一类经济业务加以归类、整理而重新编制的,如月末计提折旧编制的"固定资产折旧计算表",是根据固定资产明细账的记录汇总编制的;计算制造成本时编制的"制造费用分配表",是根据制造费用明细账的记录数字编制的,这种根据账簿记录编制的原始凭证的格式因内容不同而异。

无论是由各单位业务经办人员填制的,还是由会计人员填制的,为了真实、完整、正确、及时地反映和记录各项经济业务,原始凭证在具体填制时要符合以下要求。

1. 记录真实

原始凭证上填制的日期、经济业务内容和有关数字必须与实际情况相符,不得弄虚作假,不得以匡算数或者估计数填入。对于实物的数量、质量和金额,要经过严格的审核、验收,确保凭证内容真实可靠。

2. 填制及时

原始凭证应在经济业务发生或完成时及时填制，并按照规定的程序传递审核，以便如实准确地反映经济业务，及时填制记账凭证，及时登记入账。否则，时过境迁，补填凭证容易出现差错。

3. 内容完整

原始凭证中的基本内容和补充内容都要填写齐全，不可缺漏。涉及名称的要用规范全称，涉及数量、单价的要填列完整，以便于验收。需要填写一式几联的原始凭证，必须连续编号，用复写纸套写，各联填写的内容应完全相同，并注明每一联的用途，只能以一联作为报销凭证。作废时加盖“作废”戳记，各联次连同存根一起保存，不得撕毁。原始凭证的经办人必须在原始凭证的指定位置上签名或盖章，以明确经济责任。内容填列不全的原始凭证，不能作为经济业务的合法证明，也不能作为有效的会计凭证。

4. 书写规范

原始凭证上的文字和数字，要以严肃的态度认真填写。要求字迹清晰，易于辨认，不得随意使用简化字。具体要符合以下要求。

(1)阿拉伯数字要一个一个地写，不得连笔写。阿拉伯数字前要冠以人民币符号“￥”；用外币计价、结算的凭证，金额前要注明外币符号，如“HK ＄”“US ＄”等。币值符号与阿拉伯数字之间不得留有空白。凡阿拉伯数字前注明货币币种符号的，数字后面不再写货币单位。

(2)所有以元为单位的阿拉伯数字，除表示单价等情况外，一律填写到角分；无角分的，角位和分位可以写“00”，或者符号“—”；有角无分的，分位应该写“0”，不得以符号“—”代替。

(3)汉字大写数字金额如零、壹、贰、叁、肆、伍、陆、柒、捌、玖、拾、佰、仟、万、亿等，一律用正楷或行书体书写，不得用○、一、二、三、四、五、六、七、八、九、十等简化字代替，不得自造简化字。大写金额到元或到角为止的，在“元”或者“角”字之后应当写“整”或者“正”字。

(4)阿拉伯数字中间有“0”时，大写金额要写“零”字，比如￥2605.00，大写金额应写作“人民币贰仟陆佰零伍元正”。阿拉伯数字中间连续有几个“0”时，汉字大写金额可以只写一个“零”字，比如￥1003.26，大写金额应写作“人民币壹仟零叁元贰角陆分”。阿拉伯数字万位或元位是“0”时，或者前面几位连续有几个“0”，万位和元位也是“0”，而千位不是“0”，可以只写一个“零”字，也可以不写“零”字。例如￥1007254.54，可写作“人民币壹佰万柒仟贰佰伍拾肆元伍角肆分”，也可以写作“人民币壹佰万零柒仟贰佰伍拾肆元伍角肆分”。

(5)大写金额数字前未印有货币名称的，应当添加货币名称，货币名称与大写金额数字之间不得留有空白。

(6)原始凭证所记录经济业务的数量、单价和金额的计算必须正确，大小写金额一致。

5. 原始凭证的遗失

从外单位取得的原始凭证如有丢失，应取得原签发单位盖有“财务专用章”的证明，在凭证上注明原凭证的号码、日期、金额等内容，由经办单位负责人批准后，可代作原始凭证。对于确实无法取得证明的，如火车票、船票等，可由当事人写出详细情况，由经办单位负责人批准后，代作原始凭证。

6. 原始凭证不得涂改、挖补

发现原始凭证有错误的，应由开出单位更正或者重开。如果是文字错误可以更正，更正处要加盖原出具凭证单位的公章；如果是数字错误，不得在原始凭证上更正，必须由出具单位重开,不得在原始凭证上涂改、挖补。

5.2.3 原始凭证的审核

1. 原始凭证的审核内容

为了保证会计核算资料的真实、合法、正确,充分发挥会计监督的作用,一切外来和自制原始凭证都必须经过会计部门指定人员的严格审核,才能作为编制记账凭证的依据。原始凭证的审核主要有以下内容。

(1)审核原始凭证的填制是否符合规定。审核原始凭证是否具备作为合法凭证所必需的基本内容,各项目填列是否齐全,有关人员是否已签字盖章,书写是否清晰,大小写金额是否一致;检查小计、合计是否正确,有无刮擦、挖补、涂改和伪造凭证的情况。

(2)审核原始凭证所反映的经济业务是否真实、合理、合法。检查原始凭证所反映的经济业务是否符合国家的法律、法规、政策的规定,是否符合企业制定的制度、计划、预算、合同等;检查经济业务是否在本单位生产经营范围以内,是否为正常情况下所应该发生的,是否符合审批权限和手续;费用开支标准是否符合规定;有无盲目采购造成积压资金的现象,有无不讲经济效果,甚至贪污、舞弊等不法行为。

2. 实务中对原始凭证审核的重点

在实际工作中,财务人员把对原始凭证的审核总结为“八审八看”,具体内容如下:

(1)审原始凭证的“经济业务”,看是否符合财务制度和开支标准;

(2)审原始凭证的“抬头”,看是否与本单位名称或经办人姓名相符;

(3)审原始凭证的“日期”,看是否与报账日期相近;

(4)审原始凭证的“财务专用章”,看是否与出具原始凭证的企业名称相符;

(5)审原始凭证的“用途”,看是否为“发票”联,或者“收据”联;

(6)审原始凭证的“金额”,看是否等于数量乘以单价;

(7)审原始凭证的“大写”,看是否与小写金额一致;

(8)审原始凭证的“脸面”,看是否有涂改、刀刮、纸贴等现象。

3. 对原始凭证审核结果的处理

在原始凭证的审核过程中,审核人员要根据不同情况,区分问题的性质,进行不同的处理。如果发现内容手续不全、数字金额有误的原始凭证,应该退回有关部门或者经办人员,请其补充内容、补办手续或者更正;如果发现伪造公章、涂改单据、虚报冒领等弄虚作假,甚至是严重违法的原始凭证,应该拒绝受理,并及时报告单位负责人,请求查明原因,追究当事人的责任。

4. 对原始凭证审核人员的要求

原始凭证审核是一项严肃而细致的工作,会计人员要做好原始凭证的审核工作,发挥会计的监督职能,必须具备较高的政策理论水平和丰富的业务知识,还要有认真、细致、负责任的工作态度。会计人员既要熟悉与各项经济业务有关的政策、法令和计划预算的规定,又要全面了解本单位的业务经营情况。这样,才能正确判断哪些经济业务是合理合法的,哪些经济业务是不合理、不合法的,才能发现问题,明辨是非,讲清道理,促使经办人员自觉地执行政策,遵守制度规定,合理使用资金,保护财产的安全完整,发挥会计的监督职能。

日常工作中,会计人员要经常向单位负责人反映情况,还要经常向职工宣传有关的财经政策和制度,依靠职工进行广泛的群众监督。原始凭证中所记录的经济业务,大部分是由本单位职工所完成的,而这些原始凭证又是由具体经办人员填制的。因此,让职工了解有关政策、制度的内容和要求,可以使原始凭证在填制的时候,减少差错,符合原始凭证填制的要求。

5.3 记账凭证

5.3.1 记账凭证的基本内容

记账凭证的种类和格式在各会计主体中虽然并不完全一致,但是记账凭证的作用是一样的,都是对原始凭证进行归类、整理,确定会计科目,编制会计分录,作为登记账簿的直接依据。各种记账凭证都有以下的共同内容:

(1)记账凭证的名称;

(2)记账凭证的日期和编号;

(3)经济业务的内容摘要;

(4)会计科目、记账符号和金额;

(5)所附原始凭证张数;

(6)有关人员签字或盖章,包括填制人员、复核人员、记账人员、会计主管人员。

注意:收款凭证和付款凭证还要由出纳人员签字或盖章。

5.3.2 记账凭证的填制

1. 记账凭证填制的基本要求

(1)记账凭证必须根据审核无误的原始凭证填制。

(2)记账凭证的内容必须填列完整,有关人员必须要签名或盖章。

(3)记账凭证的日期填列要正确。收款凭证和付款凭证的日期与所附收付款原始凭证上的日期要一致;转账凭证的日期原则上可以按收到原始凭证的日期填列,月终时,有些转账业务到下月方可填制转账凭证的,可以按当月月末的日期填写。

(4)记账凭证的编号要连续。这有利于分清会计事项处理的先后顺序,便于记账凭证与会计账簿之间的核对,确保记账凭证完整无缺。记账凭证的编号方法有多种,可以按收、付、转业务三类分别编号,也可以按现金收、付,银行收、付,转账业务五类分别编号。各单位应该根据本单位的业务繁简程度、人员多寡和分工情况来选择适当的编号方法。但无论采用哪种编号方法,都应该按月按顺序编号,即每月都从 1 号编起,顺序编至月末。如果一笔经济业务需要编制两张或两张以上记账凭证的,可以采用分数编号法编号。例如第 8 号会计事项,分录需要填制三张记账凭证,可以编成 8 - 1/3、8 - 2/3、8 - 3/3,8 表示经济业务顺序,分母 3 表示需要编制的凭证张数,分子 1、2、3 表示三张凭证的第一张、第二张、第三张。

(5)记账凭证的摘要栏,要简明扼要地说明经济业务的内容,要与原始凭证记录的内容一致。阅读人通过摘要就可以了解该项经济业务的性质特征,判断出会计分录的正确与否,审核人可以对记账凭证和原始凭证记录的内容进行核对。

(6)正确编制会计分录。记账凭证可以根据一张原始凭证编制,也可以根据若干张同类原始凭证汇总填制,但不得将不同内容和类别的原始凭证汇总在一张记账凭证上,要保证对应关系清楚。在编制复合分录时,原则上应该一“借”多“贷”,或者一“贷”多“借”,一般不编制多“借”多“贷”的会计分录。

(7)正确填制金额。金额数字要与原始凭证金额相符,记账凭证填制完经济业务后,如还有空行,应当自最后一笔金额数字下的空行处至合计数字的空行处画线注销,合计金额数字前加“ ¥ ”,目的是堵塞漏洞,严密会计核算手续。

(8)填制附件张数。除结账和错账更正外,记账凭证必须附有原始凭证,并注明原始凭证的张数。如果一张原始凭证涉及几张记账凭证,可以把原始凭证附在主要的记账凭证后面,并在未附原始凭证的记账凭证后面注明“附件 × × 张,见 × × 号记账凭证”,或者附原始凭证的复印件。一张原始凭证所列的支出需要几个单位共同负担的,应该依据其他单位负担的部分,开给其原始凭证分割单,进行结算。

(9)机制记账凭证的要求。实行会计电算化的单位,其机制记账凭证应当符合记账凭证的一般要求。打印出来的机制记账凭证要加盖有关人员印章或签字,以加强审核,明确责任。

2. 专用记账凭证的填制

1)收款凭证的填制

收款凭证是根据现金、银行存款收款业务的原始凭证填制的。凡涉及库存现金、银行存款账户金额增加的业务,都必须要填制收款凭证。收款凭证左上方的“借方科目”,应填写“库存现金”或者“银行存款”;右上方填凭证编号,收款凭证的编号一般按“现收 × 号”与“银收 × 号”分类,如果单位业务不多,也可以按业务发生的先后统一编号,如“收字 × 号”。“摘要”栏填写经济业务简要内容。“贷方科目”栏填写与“库存现金”“银行存款”科目对应的总账科目和明细科目。“金额”栏内填写实际收到的现金或银行存款数。“记账”栏用来作标记,表示该项金额已登记入账,以免重复。出纳人员对于已经收讫的收款凭证及其所附原始凭证,要加盖“收讫”章,以免重收。收款凭证的填制见表 5-16 所示。

表 5-16 收 款 凭 证

总字 号

借方科目:银行存款　　2008 年 2 月 10 日　　收字 1 号

摘要	贷方科目		金额									记账
	总账科目	明细科目	百	十	万	千	百	十	元	角	分	
收回前欠款	应收账款	黄河公司		1	0	0	1	0	0	0	0	√
合计金额			¥	1	0	0	1	0	0	0	0	

附件 1 张

会计主管:王娜　记账:刘宁　稽核:　出纳:胡明　制单:胡明

2)付款凭证的填制

付款凭证是根据现金、银行存款付款业务的原始凭证填制的。凡涉及库存现金、银行存款账户金额减少的业务,都必须要填制付款凭证。付款凭证与收款凭证的填制方法和要求基本一样,不同的是付款凭证左上方应填列“贷方科目”,付款凭证的对应科目应填列“借方科目”,反映与库存现金、银行存款支出业务对应的总账科目和明细科目。

对于只涉及“库存现金”与“银行存款”两个账户的业务,即现金存入银行和从银行提取现金,只编制付款凭证,不编制收款凭证,以免重复。出纳人员对于已经付讫的付款凭证及其所附原始凭证,要加盖“付讫”章,以免重付。付款凭证的填制见表 5-17 所示。

表 5-17 付 款 凭 证

总字 号

贷方科目：库存现金 2008 年 2 月 25 日 付字 4 号

摘要	借方科目		金额									记账
	总账科目	明细科目	百	十	万	千	百	十	元	角	分	
预借差旅费	其他应收款	张强				4	0	0	0	0	0	√
合计金额					¥	4	0	0	0	0	0	

附件 1 张

会计主管：王娜 记账：刘宁 稽核： 出纳：胡明 制单：胡明

3）转账凭证的填制

转账凭证是根据不涉及现金、银行存款收付款的转账业务的原始凭证填制的，也有根据账簿记录填制的，根据账簿记录编制的转账凭证一般没有原始凭证。凡是不涉及库存现金、银行存款金额增加或减少的业务，都必须填制转账凭证。转账凭证没有固定的账户对应关系，因此转账凭证中，是按照“借方科目”和“贷方科目”分别填列有关总账科目和明细科目的。转账凭证的填制见表 5-18 所示。

表 5-18 转 账 凭 证

总字 号

2008 年 2 月 28 日 转字 1 号

摘要	总帐科目	明细科目	借方金额									贷方金额									记帐
			百	十	万	千	百	十	元	角	分	百	十	万	千	百	十	元	角	分	
结转本年利润	主营业务收入				2	8	6	0	0	0	0										√
	本年利润													2	8	6	0	0	0	0	√
合计金额				¥	2	8	6	0	0	0	0		¥	2	8	6	0	0	0	0	

附件 张

会计主管：肖斌 记账：王芳 稽核：李璐 出纳：黄华 制单：张良

3. 记账凭证的审核

记账凭证是登记账簿的直接依据，为了保证账簿记录的正确，以及整个会计信息的质量，记账前除了编制记账凭证的人员应该认真负责、正确填制、加强自审外，还应该建立专人审核制度。审核的主要内容有以下几方面。

（1）记账凭证是否附有原始凭证，所附原始凭证是否齐全，与记账凭证中“附件张数”是否相符；记账凭证的经济业务内容与所附原始凭证的经济业务内容是否相符，金额是否一致。

（2）记账凭证中会计科目的使用是否正确，二级科目或者明细科目是否齐全，其核算内容是否符合会计制度的规定，账户对应关系是否清晰，金额计算是否准确。

（3）记账凭证中有关项目填列是否完整，有关人员是否签名盖章。

在审核中如果发现记账凭证填制有误，应查明原因，重新填制或者按规定的方法及时更正。只有经过审核无误的记账凭证,才能据以登记账簿。已登记入账的记账凭证有误,应按照规定的方法订正后,再登记入账。

5.4　会计凭证的传递、整理、装订和保管

5.4.1　会计凭证的传递

会计凭证的传递,是指会计凭证从填制或取得时起,经过审核、记账到整理装订归档为止,在有关部门之间按规定时间、路线传递和处理的过程。它主要包括三方面的内容:传递时间、传递路线和处理手续。会计凭证的传递,是会计制度的一个重要组成部分,明确规定凭证传递的程序和时间,不仅可以及时地反映和监督经济业务的完成情况,而且可以促使经办业务的部门和有关人员及时正确地完成经济业务和办理凭证手续,提高管理效率。因此,各单位要根据本单位会计业务需要设计科学、合理的会计凭证传递制度,通常应考虑以下几个问题。

1. 确定传递时间

根据各环节工作内容和工作量,以及在正常情况下完成工作所需的时间,明确规定各种凭证在每个部门和业务环节停留的最长时间,由专人负责按规定的时间和顺序监督凭证传递,保证凭证传递畅通无阻,及时提供会计信息。需要注意的是,一切会计凭证的传递和处理必须在报告期内完成,不允许跨期。

2. 规定传递路线

根据经济业务特点以及本单位经济管理的需要,本着既保证会计凭证经过必要的环节进行处理和审核,又尽量避免会计凭证经过不必要环节的原则,恰当地规定各种会计凭证的联数和所流经的必要环节,使各有关部门和人员既能按照规定手续进行业务处理,又能充分利用凭证资料掌握情况。

3. 建立凭证交接的签收制度

会计凭证的传递需要经过不同的业务部门,为了保证会计凭证的安全完整,在各个环节都应指定专人负责会计凭证的签收、交接手续,做到责任明确,手续完备。

5.4.2　会计凭证的整理、装订和保管

1. 会计凭证的整理

会计部门在登记账簿以后,应该定期(一般为一月)将会计凭证加以整理。把会计凭证及其所附原始凭证,按记账凭证的编号顺序排列,在确保记账凭证及其所附原始凭证完整无缺后,按凭证封面大小将其折叠整齐,加上封面、封底,装订成册,以防散失和任意拆装撤换。对于那些数量过多或随时需要查阅的原始凭证,可以单独装订保管,在封面上注明记账凭证的日期、编号、种类,同时在记账凭证上注明“附件另订”。各种经济合同和重要的涉外文件等凭证,应另编目录,单独登记保管,并在有关记账凭证和原始凭证上注明。

2. 会计凭证的装订

会计凭证装订就是将一札一札的会计凭证装订成册,从而方便保管和利用,这是会计人员的一项经常性工作。对于经济业务较少的企业,会计凭证数量不多,每月装订成一册就可以了;对于经济业务较多的企业,会计凭证比较多,装订的册数也比较多,这就需要在装订之前设

计一下,看究竟需要订成几册,每册的厚度应该基本一样,但要注意,几张一份的记账凭证不能分订在两册中。具体装订工作需要注意以下几方面问题。

(1)会计凭证装订之前,还要再次检查一遍,看记账凭证是否按编号顺序排列、是否完整,所附原始凭证是否都已按要求折叠、整理完毕,要做到既折叠整齐,又方便查阅。

(2)所有会计凭证都要加具封面,封面内容包括单位名称,所属年度、月份,册数,记账凭证的种类、起讫号,有关人员签章等。会计凭证的封面格式见表5-19所示。

表5-19 会 计 凭 证 封 面

年 月 日 字 号

单位名称(盖章) 年 月份 共 册 本册为 第 册 本册自 月 日起至 月 日止 凭证自 收/付/转 字第 号 至第 号 共 张	
会计主管(盖章)	装订人(盖章)
附原始凭证共 张	

(3)手工装订方法和步骤:①加封面,叠整齐,用铁夹夹紧;②用笔在记账凭证封面的左上角画一分角线,见图5-2所示;③在分角线上取两个点,打孔作为装订线眼,两个点的位置不能太靠上,也不能太靠下,两点之间也不能靠太近,可在距离左上角的顶端2~4厘米的位置取点,见图5-2所示;④用线绳沿垂直于封面边缘的黑线方向穿绕几次,扎紧,见图5-2所示;⑤用一条宽约6厘米的牛皮纸条包角,先从背面开始包,再从正面折叠,最后在背面粘牢,具体程序如图5-3、图5-4所示;⑥装订人需要在包角封签位置上盖章,如图5-5所示。

3. 会计凭证的保管、借阅与销毁

(1)会计凭证的保管。会计凭证保管从时间上分,包括装订成册以前的保管和装订成册以后的保管。记账凭证在装订成册以前,原始凭证一般是用大头针、曲别针固定在记账凭证后面,在这段时间内,凡是使用记账凭证的会计人员都有责任保管好原始凭证和记账凭证,防止其在传递过程中散失。装订成册的会计凭证,由会计部门指定专门人员负责保管。保管期满一年后,移交单位档案部门登记归档,统一保管。

(2)会计凭证的借阅。会计凭证原则上不得外借,其他单位如因特殊原因需要使用原始凭证时,经本单位负责人批准,可以复制。向外单位提供的原始凭证复印件,应当在专设的登记簿上登记,并由提供人员和收取人员共同签名或盖章。

(3)会计凭证的销毁。会计凭证的保管期限一般为15年,具体保管期限和销毁,要严格

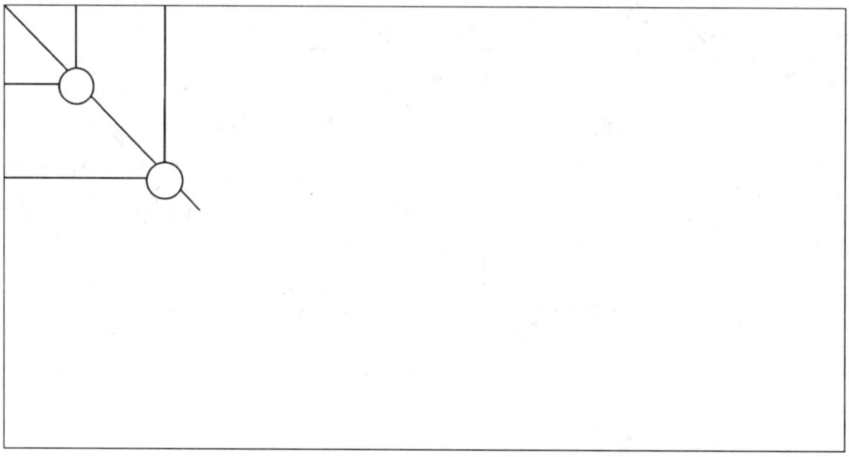

图 5-2　画分角线、打孔和穿线

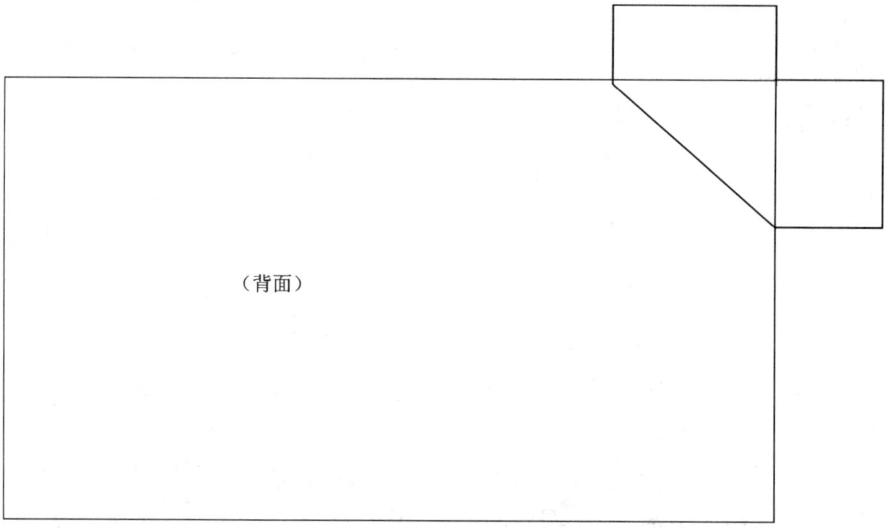

图 5-3　包角(从背面)

按照《会计档案管理办法》的有关规定执行。保管期未满的会计凭证,任何人不得销毁,保管期满销毁时,必须填列销毁清单,报经批准后,由档案部门和会计部门共同派人监销。监销人员在会计凭证销毁前,要认真清点核对;会计凭证销毁后,要在销毁清单上签名或盖章,并将监销情况向本单位负责人汇报。

图 5-4 包角(从正面)

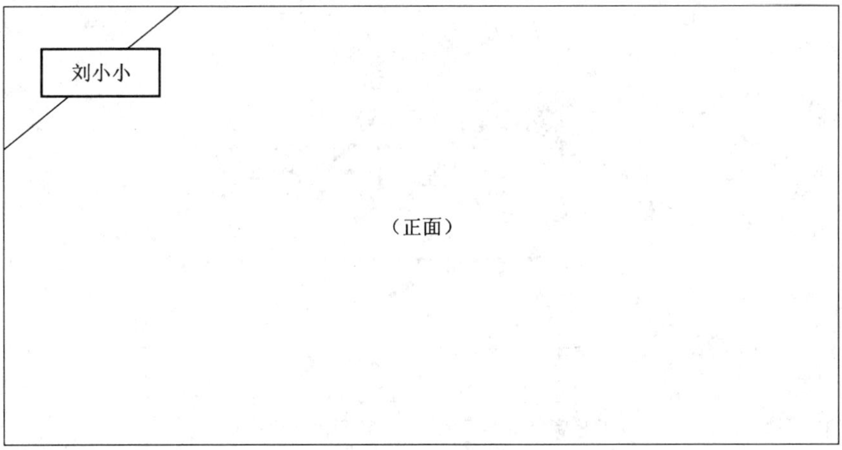

图 5-5 在包角封签位置上盖章

5.5 会计凭证填制实例

威海鹏达集团公司 2008 年 6 月份发生以下业务，会计人员按照要求一一作了会计处理，具体情况如下。

1. 6月1日提取现金5 000元

付 款 凭 证

总字　　号

贷方科目：银行存款　　2008年6月1日　　付字1号

摘要	借方科目：总账科目	借方科目：明细科目	金额（百十万千百十元角分）	记账
提取现金	库存现金		500000	√
合计金额			¥500000	

附件1张

会计主管：王娜　记账：刘宁　稽核：　出纳：胡明　制单：胡明

中国工商银行现金支票存根

支票号码　**1000324**

科　目____________

对方科目

出票日期 *2008* 年 *6* 月 *1* 日

收款人:	本单位
金　额:	*5000.00*
用　途:	备用金
备　注:	

单位主管:　　会计:

2. 6月1日采购员王敏出差借款1 000元

付 款 凭 证

总字　　号

贷方科目：库存现金　　2008年6月1日　　付字2号

摘要	借方科目：总账科目	借方科目：明细科目	金额（百十万千百十元角分）	记账
预借差旅费	其他应收款	王敏	100000	√
合计金额			¥100000	

附件1张

会计主管：王娜　记账：刘宁　稽核：　出纳：胡明　制单：胡明

借款单

借款人:王敏

所属部门:采购部门　　2008年6月1日　　编号:11005

今借到人民币(大写)壹仟圆整	¥1000.00
其中:现金 1000.00	
支票　　　　号码	
用途:去济南采购原材料。	
备注	

单位负责人:龙万涛　　财务负责人:王娜　　部门负责人:李宁　　借款人:王敏

3. 王敏报销差旅费900元,退回多余款100元

收款凭证

总字　号

借方科目:库存现金　　2008年6月10日　　收字1号

摘要	贷方科目 总账科目	明细科目	金额	记账
王敏退回多余款	其他应收款	王敏	10000	√
合计金额			¥10000	

附件1张

会计主管:王娜　记账:刘宁　稽核:　　出纳:胡明　制单:胡明

收据

2008年6月10日　　No.5567002

今收到:王敏			
人民币 壹佰圆整 ¥100.00			
事由:退出差借款余额		现金	
		支票第　　号	
收款单位	财务主管 王娜	收款人	胡明

(印章:××鹏达集团公司 财务专章)

第二联记帐凭证

转 账 凭 证

总字 号

2008年 6月 10 日 转字 1 号

摘要	总帐科目	明细科目	借方金额（百十万千百十元角分）	贷方金额（百十万千百十元角分）	记帐
王敏报销差旅费	管理费用	差旅费	90000		√
	其他应收款	王敏		90000	√
合计金额			¥90000	¥90000	

附件 1 张

会计主管：王娜 记账：刘宁 稽核： 出纳：胡明 制单：胡明

差 旅 费 报 销 单

部门：采购部 2008 年 6 月 10 日 附件 5 张

<table>
<tr><td colspan="2">姓名</td><td colspan="3">王敏</td><td colspan="4">出差地点</td><td colspan="4">济南</td><td>出差事由</td><td colspan="3">采购原材料</td></tr>
<tr><td colspan="5">起点</td><td colspan="4">终点</td><td rowspan="2">卧票</td><td rowspan="2">张数</td><td rowspan="2">天数</td><td rowspan="2">金额</td><td>报销项目</td><td>单据张数</td><td>金额</td><td>备注</td></tr>
<tr><td>地点</td><td>月</td><td>日</td><td>时</td><td>车次</td><td>地点</td><td>月</td><td>日</td><td>时</td><td>车船票</td><td>2</td><td>410</td><td></td></tr>
<tr><td></td><td></td><td></td><td></td><td></td><td></td><td></td><td></td><td></td><td></td><td></td><td></td><td></td><td>飞机票</td><td></td><td></td><td></td></tr>
<tr><td></td><td></td><td></td><td></td><td></td><td></td><td></td><td></td><td></td><td></td><td></td><td></td><td></td><td>长途汽车</td><td>2</td><td>210</td><td></td></tr>
<tr><td></td><td></td><td></td><td></td><td></td><td></td><td></td><td></td><td></td><td></td><td></td><td></td><td></td><td>市内汽车</td><td></td><td></td><td></td></tr>
<tr><td></td><td></td><td></td><td></td><td></td><td></td><td></td><td></td><td></td><td></td><td></td><td></td><td></td><td>住宿费</td><td>1</td><td>220</td><td></td></tr>
<tr><td></td><td></td><td></td><td></td><td></td><td></td><td></td><td></td><td></td><td></td><td></td><td></td><td></td><td>其 他</td><td></td><td></td><td></td></tr>
<tr><td></td><td></td><td></td><td></td><td></td><td></td><td></td><td></td><td></td><td></td><td></td><td></td><td></td><td>住勤补助</td><td></td><td>60</td><td></td></tr>
<tr><td colspan="9">合 计</td><td></td><td></td><td></td><td></td><td>合 计</td><td></td><td>900</td><td></td></tr>
<tr><td colspan="8">总计总额(大写)</td><td colspan="9">玖佰圆整</td></tr>
</table>

单位负责人:龙万涛 财务负责人:王娜 部门负责人:李宁 报销人:王敏

4.6 月 10 日购圆珠笔 160 元

付 款 凭 证

总字 号

贷方科目：库存现金 2008 年 6 月 10 日 付字 5号

摘要	借方科目 总账科目	借方科目 明细科目	金额（百十万千百十元角分）	记账
购圆珠笔	管理费用	办公费用	16000	√
合计金额			¥16000	

附件 1 张

会计主管：王娜 记账：刘宁 稽核： 出纳：胡明 制单：胡明

威海市企业统一发票 （2008）

购货单位 威海鹏达集团公司 2008 年 6 月 10 日 商零字 100255 号

货号	名称	规格	等级	单位	数量	单价	千	百	十	万	千	百	十	元	角	分
				金	10	16.00						1	6	0	0	0
合计金额（大写）：壹佰陆拾圆整											¥	1	6	0	0	0

（金额栏上方为“金额”）第二联 发票联

单位盖章： 收款人：郭威 制票人：王英

（印章：威海百货大楼 财务专用章；全国统一发票监制章 税务局监制）

5.6 月 12 日购支票 2 本，40 元

付 款 凭 证

总字 号

贷方科目：银行存款 2008 年 6 月 12 日 付字 4 号

摘要	借方科目：总账科目	借方科目：明细科目	百	十	万	千	百	十	元	角	分	记账
购支票	财务费用	金融机构手续费						4	0	0	0	√
合计金额							¥	4	0	0	0	

附件 1 张

会计主管：王娜 记账：刘宁 稽核： 出纳：胡明 制单：胡明

工商银行 空白凭证购买单 （代缴费回单）

2008 年 6 月 12 日 No.024566

户名：威海鹏达有限公司 账号：1003700008718

凭证种类：名称	凭证种类：起讫号码	单位	数量	单价	工本费：百	十	元	角	分	手续费：百	十	元	角	分	合计金额：千	百	十	元	角	分
现金支票	0024626-0024650	本	1	20			5	0	0		1	5	0	0			2	0	0	0
转账支票	0057801-0057825	本		20			5	0	0		1	5	0	0			2	0	0	0
购买单位						1	0	0	0		3	0	0			¥	4	0	0	0
会计 出纳 记账		人民币（大写）肆拾圆整																		
（付款单位盖章）		记账 复核 银行																		

（印章：工商银行威海市营业部 2008.6.12. 会计结算章）

6.6月15日收到滨海公司前欠款200 000元,已入账

收　款　凭　证

总字　号

借方科目：银行存款　　2008年6月15日　　收字2号

摘要	贷方科目		金额									记账
	总账科目	明细科目	百	十	万	千	百	十	元	角	分	
收滨海公司欠货款	应收账款	滨海公司		2	0	0	0	0	0	0	0	√
合计金额			¥	2	0	0	0	0	0	0	0	

附件1张

会计主管：王娜　记账：刘宁　稽核：　出纳：胡明　制单：胡明

收　　据

2008年6月15日　　No. 5567102

今收到：济南滨海公司			
人民币（大写）：贰拾万元整　¥200000.00			
事　由：归还前欠款		现金	
		支票第　号	
收款单位	财务主管　王娜	收款人	胡明

威海鹏达集团公司 财务专章

工商银行电子汇兑系统转账收款通知

业务序号 200806140010023

发起行	行号	80330	发报 2008 年 06 月 14 日	收报行	行号	52022	发报 2008 年 06 月 15 日
	行名	建行千佛山分行			行名	工行市中分理处	
付款人	名称	济南滨海公司		收款人	名称	威海鹏达集团公司	
	账号	803302610040082			账号	5202222600183	
	开户行	建行千佛山分行			开户行	工行市分行	
金额人民币（大写）贰拾万圆整				¥ 20 0000			
用途摘要：货款							
备注：业务种类：汇兑				银行签章			
复核		经办	核押				

工商银行威海市 营业部 2008.6.15. 结算章

【总结与回顾】

会计凭证是具有一定格式,记录经济业务,明确经济责任的书面证明,是登记会计账簿的依据。填制和取得会计凭证是会计核算工作的起点,会计凭证分为原始凭证和记账凭证。根据不同分类标准原始凭证可以分为不同种类,无论哪种原始凭证在填制时必须符合原始凭证

所具备的内容要素。记账凭证是由会计部门根据审核无误的原始凭证加以归类整理而填制的，要学会如何填制和审核记账凭证。会计凭证的填制和审核是会计核算的重要内容，是会计工作的起点。只有规范化的会计凭证，才能保证账户记录和报表数字的真实、完整。

【复习思考】

1. 什么是会计凭证？它有哪些分类？
2. 原始凭证应具备哪些内容？
3. 原始凭证填制应遵循哪些要求？
4. 如何审核原始凭证？
5. 记账凭证应具备哪些内容？
6. 记账凭证填制应遵循哪些要求？
7. 如何审核记账凭证？
8. 什么是会计凭证传递？会计凭证传递应注意哪些问题？
9. 整理和保管会计凭证有哪些要求？

【练习题】

一、单项选择题

1. 会计凭证按(　　)分类，分为原始凭证和记账凭证。

A. 用途和填制程序　B. 取得来源　C. 经济内容　D. 填制方式

2. 下列原始凭证中，属于外来原始凭证的是(　　)。

A. 销货发票　B. 发出材料汇总表　C. 购货发票　D. 领料单

3. 将同类经济业务汇总编制的原始凭证是(　　)。

A. 一次凭证　B. 累计凭证　C. 科目汇总表　D. 汇总原始凭证

4. 根据连续反映某一时期内不断重复发生而分次进行的特定业务编制的原始凭证是(　　)。

A. 一次凭证　B. 累计凭证　C. 汇总收款凭证　D. 汇总原始凭证

5. 记账凭证的填制是由(　　)完成的。

A. 出纳人员　B. 会计人员　C. 经办人员　D. 主管人员

6. 记账凭证是根据(　　)填制的。

A. 会计报表　B. 原始凭证　C. 账簿记录　D. 审核后的原始凭证

7. "把现金 500 元存入银行"，这项业务应编制的记账凭证是(　　)。

A. 收款凭证　B. 付款凭证　C. 转账凭证　D. 原始凭证

8. 不涉及"现金"和"银行存款"收付业务应编制的记账凭证是(　　)。

A. 收款凭证　B. 付款凭证　C. 转账凭证　D. 原始凭证

9. 用转账支票支付前欠货款，应填制(　　)。

A. 转账凭证　B. 收款凭证　C. 付款凭证　D. 原始凭证

10. 下列凭证中，不能作为编制记账凭证依据的是(　　)。

A. 收货单　B. 发票　C. 发货单　D. 购销合同

11. 收到支票一张偿还前欠销售货款,其原始凭证应为(　　)。

A. 支票　B. 支票存根　C. 银行进账单回单　D. 发票

12. 对外来原始凭证的审核内容不包括(　　)。

A. 经济业务的内容是否真实　B. 填制单位公章和填制人员签章是否齐全

C. 填制凭证的日期是否真实　D. 是否有本单位公章和经办人签章

二、多项选择题

1. 会计凭证可以用来(　　)。

A. 记录经济业务　B. 明确经济责任　C. 登记账簿　D. 编制报表

E. 财产清查

2. 填制和审核会计凭证具有下列作用(　　)。

A. 提供经济信息和会计信息　B. 监督经济活动

C. 提供记账依据　D. 控制经济活动

E. 加强经济责任制

3. 原始凭证的基本要素包括(　　)。

A. 凭证名称　B. 经济业务内容　C. 填制凭证日期　D. 数量、单价和金额

E. 经办人员的签名和盖章

4. 下列属于一次原始凭证的有(　　)。

A. 限额领料单　B. 领料单　C. 领料登记表　D. 购货发票

E. 销货发票

5. 下列单据中,可作会计核算的原始凭证有(　　)。

A. 购销发票　B. 出差车票　C. 购销合同　D. 现金支票存根

E. 医药费报销单

6. 付款凭证的贷方科目可能是(　　)。

A. 库存现金　B. 银行存款　C. 应付账款　D. 主营业务收入

E. 制造费用

7. 收款凭证中允许编制的分录形式为(　　)。

A. 一借一贷　B. 一借多贷　C. 一贷多借　D. 多借多贷

E. 只借不贷

8. 付款凭证左上角的贷方科目可能是下列科目中的(　　)。

A. 期间费用　B. 应付账款　C. 应收账款　D. 库存现金

E. 银行存款

9. 下列原始凭证中,属于汇总原始凭证的是(　　)。

A. 限额领料单　B. 差旅费报销单　C. 科目汇总表　D. 工资汇总表

E. 发出材料汇总表

10. 对原始凭证的审核内容包括(　　)。

A. 真实性　B. 合规性　C. 完整性　D. 正确性

E. 及时性

三、判断题

1. 记账凭证是登记明细分类账的唯一依据。 ( )

2. 原始凭证是由会计人员在经济业务发生或完成时填制或取得的,用于证明经济业务的发生、明确经济责任、作为记账依据的书面证明。 ( )

3. 记账凭证的日期应与原始凭证的日期一致。 ( )

4. 外来原始凭证都是一次凭证。 ( )

5. 原始凭证都是以实际发生或完成的经济业务为依据而填制的。 ( )

6. 从银行提取现金,既可以编制银行存款付款凭证,又可以编制现金收款凭证。 ( )

7. 转账凭证只登记与货币资金收付无关的经济业务。 ( )

8. "¥12.40"的大写金额可写为"人民币拾贰元肆角整"。 ( )

9. 对"企业购买材料一批,部分款项已付,部分暂欠"的业务应编制一张转账凭证和一张付款凭证,两张凭证中的编号总号相同,分号以示联系,如"20-1/2、20-2/2"。 ( )

10. 各种会计凭证的填制,都应由会计人员完成,以保证会计凭证填写的正确性。 ( )

11. 对于不真实、不合法的原始凭证,会计人员应退回给有关经办人员,由其更正后,方可办理正式会计手续。 ( )

12. 各种凭证要连续编号,以便查找。对于事先印制了编号的重要凭证,如填错作废时,应加盖"作废"戳记,全部联次完整保管,不得撕毁。 ( )

13. 出纳员在办理收款或付款业务后,应在会计凭证上加盖"收讫"或"付讫"的戳记,以免重收或重付。 ( )

14. 累计凭证是指在一定时期内连续记载若干项同类经济业务,其填制手续是随着经济业务发生而分次完成的凭证,如"限额领料单"。 ( )

15. 记账凭证都是根据账簿记录填制的。 ( )

【技能训练】

一、训练目的

掌握常用原始凭证的填制以及记账凭证的填制。

二、训练资料

1. 威海华龙有限公司的有关资料如下。

公司地址:威海市文化中路26号

开户银行及账号:

工商银行高区支行,账号23890120984;中国银行威海支行,账号40876459120

纳税人识别号:938464940327292

电话号码:(0631)5891345

2. 华龙有限公司2008年7月发生的部分经济业务如下。

(1)7月2日,开出支票从工商银行高区支行账户提取现金15 000元。

(2)7月5日,供应科刘丽借差旅费8 000元,出纳以现金付讫。

(3)7月12日,销售给威海市科日贸易有限责任公司芯片1 000件,单价80元,增值税率为17%,收到转账支票一张,存入工商银行高区支行账户(科日贸易公司地址:威海市海滨路

68 号;电话号码:0631—5233998;税务人识别号:876548900625563;开户银行及账号:中国银行环翠支行 40865892748)。

(4)7 月 15 日,刘丽出差济南报销差旅费如下。

出差时间:7 月 5 日至 7 月 15 日,来回火车硬卧票价为 110 元 ×2,出差期间市内交通补助为 30 元/天,住宿补贴为 100 元/天,伙食补贴为 60 元/天,另交纳会务费 3 000 元。

(5)7 月 18 日生产车间领用电容 6 000 个,单价 0.5 元,其中生产模块耗用 3 000 个,生产转换器耗用 2 000 个,生产车间一般耗用 1 000 个。

三、训练要求

1. 根据以上经济业务填制原始凭证

1)现金支票的填制

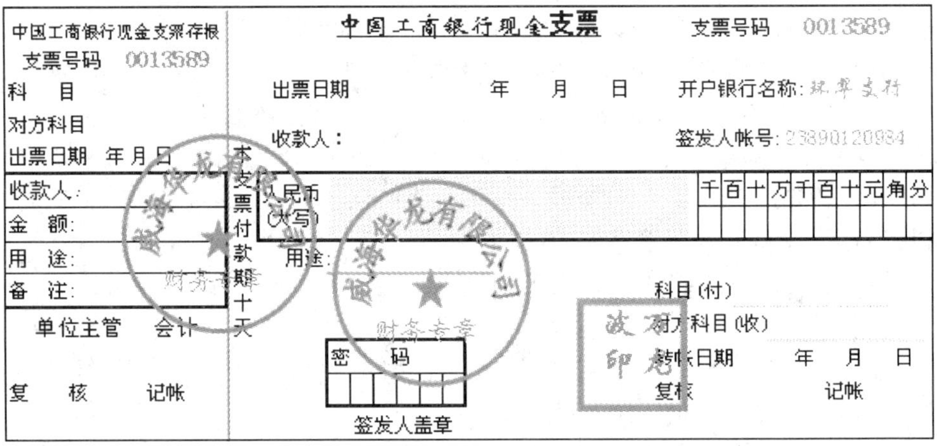
中国工商银行现金支票存根
支票号码 0013589
科　目
对方科目
出票日期　年 月 日
收款人:
金　额:
用　途:
备　注:
单位主管　会计
复　核　记帐

本支票付款期十天

中国工商银行现金支票　支票号码 0013589
出票日期　年　月　日　开户银行名称:环翠支行
收款人:　签发人帐号:23890120984
人民币(大写)　千 百 十 万 千 百 十 元 角 分
用途:
科目(付)
对方科目(收)
转帐日期　年　月　日
复核　记帐
密　码
签发人盖章

2)借据的填制

借　款　单

借款人:

所属部门:　　20　年　月　日　　编号:11899

今借到人民币(大写)　　小写 ¥

其中:

支票＿＿＿＿＿＿＿＿

号码＿＿＿＿＿＿＿＿

用途:　　估计返回日期:

备注:　　结算日期:

单位负责人:xxx　　财务负责人:xxx　　部门负责人:xxx　　借款人:xxx

3）增值税发票、转账支票、进账单的填制

山东省增值税专用发票

开票日期： 年 月 日 № 0037625

购货单位	名称				纳税人登记号		
	地址、电话				开户银行及账号		
货物或应税劳务名称	计量单位	数量	单价	金额 百 十 万 千 百 十 元 角 分	税率%	税金 百 十 万 千 百 十 元 角 分	
价税合计（大写）	佰 拾 万 仟 佰 拾 元 角 分				¥		
销货单位	名称				纳税人登记号		
	地址、电话				开户银行及账号		

收款人： 开票单位：（未盖章无效） 结算方式：

第二联 发票联 购货方记账

威海华龙有限公司 财务专章

中国银行转账支票存根	中国银行转账支票
支票号码 0013398	支票号码 0013398
科目	出票日期 年 月 日 开户银行名称：环翠支行
对方科目	收款人： 签发人账号：40865892748
出票日期 年 月 日	本支票付款期十天
收款人：	人民币（大写） 千 百 十 万 千 百 十 元 角 分
金额：	用途：
用途：	科目（付）
备注：	对方科目（收）
单位主管 会计	密码 付讫日期 年 月 日
复核 记账	签发人盖章 复核 记账

威海市科日贸易公司 财务专章

工商银行 进 账 单（收款通知）

年 月 日

付款人	名称		收款人	名称	
	账号			账号	
	开户行			开户行	
金额	人民币（大写）			十 亿 千 百 十 万 千 百 十 元 角 分	
票据种类：			银行签章		
张数					
复核 经办 核押					

4)差旅费报销单、收款收据的填制

差 旅 费 报 销 单

部门：　　　　　　　　　　年　　月　　日

姓名					出差地点								出差事由			
起　点					终　点				卧票	张数	天数	金额	报销项目	单据张数	金　额	备　注
地点	月	日	时	车次	地点	月	日	时					车船票			
													市内汽车			
													住宿费			
													其　他			
													住勤补助			
合　　计													合　计			
总计总额(大写)																

附件　张

单位负责人：　　　　　　财务负责人：　　　　　　部门负责人：

收 款 收 据

年　月　日　　　　No.5566777

今收到：				
人民币				
事　由：			现金	
			支票第　　　　号	
收款单位		财务主管		收款人

第二联记账凭证

2.根据以上填制的原始凭证编制记账凭证

收 款 凭 证

总字　号

借方科目：　　　　　　　　年　　月　　日　　　　收字　号

摘　要	贷方科目		金　额								记账
	总账科目	明细科目	百	十	万	千	百	十	元	角	分	
合　计　金　额												

附件　张

会计主管：　　　记账：　　　稽核：　　　出纳：　　　制单：

收 款 凭 证

总字 号

借方科目： 年 月 日 收字 号

摘 要	贷 方 科 目		金 额									记账
	总账科目	明细科目	百	十	万	千	百	十	元	角	分	
合 计 金 额												

附件 张

会计主管： 记账： 稽核： 出纳： 制单：

付 款 凭 证

总字 号

贷方科目： 年 月 日 付字 号

摘 要	借 方 科 目		金 额									记账
	总账科目	明细科目	百	十	万	千	百	十	元	角	分	
合 计 金 额												

附件 张

会计主管： 记账： 稽核： 出纳： 制单：

付 款 凭 证

总字 号

贷方科目： 年 月 日 付字 号

摘 要	借 方 科 目		金 额									记账
	总账科目	明细科目	百	十	万	千	百	十	元	角	分	
合 计 金 额												

附件 张

会计主管： 记账： 稽核： 出纳： 制单：

转 账 凭 证

总字 号

年 月 日 转字 号

摘 要	总账科目	明细科目	借方金额									贷方金额									记账
			百	十	万	千	百	十	元	角	分	百	十	万	千	百	十	元	角	分	
合 计 金 额																					

附件 张

会计主管： 记账： 稽核： 出纳： 制单：

转 账 凭 证

总字 号

年 月 日 转字 号

摘 要	总账科目	明细科目	借方金额									贷方金额									记账
			百	十	万	千	百	十	元	角	分	百	十	万	千	百	十	元	角	分	
合 计 金 额																					

附件 张

会计主管： 记账： 稽核： 出纳： 制单：

6 借贷记账法在实践中的应用

【学习目标】

本章以制造业为例，通过制造业经济业务的核算，详细地阐述了借贷记账法在实践中的应用。通过本章的学习，使学生初步了解制造业主要经济业务所涉及的原始凭证，掌握如何根据原始凭证编制记账凭证，从而对复式记账以及会计凭证章节的内容进行深入全面的理解和掌握。

【重点难点】

- 供应过程的核算
- 生产过程的核算
- 销售过程的核算
- 财务成果的核算

【技能点】

- 识别制造业主要经营过程核算所涉及的原始凭证
- 能根据原始凭证编制记账凭证(以会计分录替代)

【学习内容】

6.1　资金筹集业务的核算

企业要进行生产经营，必须持有一定数量的资金，作为从事生产经营的物质基础。因此，资金的筹集是企业设立时的主要经营业务。企业资金可以从多种渠道采取多种方式来筹集。目前我国企业筹集资金的渠道主要分为两大类：一是企业的所有者提供；二是企业的债权人提供。在一个企业中，所有者投资是企业经营资金的主要来源，从企业的所有者处筹集的资金称为“实收资本”；还有一部分资金需要由企业的债权人提供，这部分资金属于企业的负债，如“短期借款”“长期借款”“应付债券”等。

6.1.1　资金筹集业务核算的主要内容

基础会计中关于资金的筹集主要讲述两个方面的内容。一是收到所有者投入资本。投入资本是投资者实际投入企业的各种财产物资的货币表现,是企业所有者权益的主要组成部分。所有者投入的资本按投资主体的不同,可分为国家投入资本、法人投入资本、个人投入资本、外商投入资本等;按照投入资本的形态不同,可分为货币投资、实物投资、无形资产投资等。投资者无论以何种形式投入资本,在企业存续期间,原则上不能抽回。二是向银行借款。企业为满足自身经营资金的需要,往往向银行等金融机构借入资金,偿还期在一年以下的各种借款称为短期借款;偿还期在一年以上的各种借款称为长期借款。企业借入的资金要按照规定的用途使用,除到期偿还本金外,还要按照规定利率按期支付借款利息。

6.1.2　资金筹集业务核算应设置的主要账户

1.“实收资本”账户

该账户是所有者权益类账户,用来核算企业接受投资者投入的实收资本。企业收到投资者出资超过其在注册资本或股本中所占份额的部分,不在本账户核算。该账户的贷方登记投入资本的增加,借方登记按法定程序报经批准减少的注册资本或合作期满归还投资者的投资,期末余额在贷方,表示企业实收资本或股本的总额。该账户可按照投资者设置明细账户,进行明细核算。

2.“短期借款”账户

该账户是负债类账户,用来核算企业向银行或其他金融机构借入的期限在一年以下(含一年)的各种借款。该账户的贷方登记企业借入的各种短期借款,借方登记归还的短期借款,期末余额在贷方,表示企业尚未偿还的短期借款。该账户可按借款种类、贷款人和币种设置明细账户,进行明细核算。

6.1.3　资金筹集业务核算的账务处理

【例 6-1】　企业收到国家投入资本 600 000 元,存入银行。原始凭证见表 6-1、6-2。

表 6-1　进账凭证

中国工商银行　　进账单(收账通知)

08 年 12 月 3 日

出票人	全称	威海市财政局	收款人	全称	红太阳集团公司
	账号	8164379785131		账号	00845000780855500056
	开户银行	工行威海支行		开户银行	工行威海支行
金额	人民币(大写)	陆拾万元整		亿千百十万千百十元角分	¥60000000
票据种类	1	票据张数	转账支票		
票据号码	000054646				
复核　记账				收款人开户银行签章	中国工商银行 威海支行 2008.12.03 收讫

此联是收款人开户银行交给收款人的收账通知

表6-2　收　款　收　据

2008 年 12 月 03 日　　　　第 12 号

今收到　市财政局国家投入资本					
人民币（大写）陆拾万元整			￥600，000.00		
事由：　国家投入资本			现金		
			支票第　000054646　号		
收款单位	红太阳集团公司	财务主管	方亮	收款人	黄菊

第三联　记账联

这项经济业务的发生，涉及“银行存款”和“实收资本”两个账户，一方面使“银行存款”账户增加600 000元，另一方面使“实收资本”账户增加600 000元；银行存款的增加是资产的增加，记入“银行存款”账户的借方，实收资本的增加是所有者权益的增加，记入“实收资本”账户的贷方，该项经济业务所作记账凭证如下（以会计分录替代）：

借：银行存款　　　　600 000

　贷：实收资本　　　　600 000　　（收款凭证）

【例6-2】　企业收到华光公司投入的专利权，双方协商价值300 000元。原始凭证见表6-3。

这项经济业务的发生，涉及“无形资产”和“实收资本”两个账户，一方面使“无形资产”账户增加300 000元，另一方面使“实收资本”账户增加300 000元；无形资产的增加是资产的增加，应记入“无形资产”账户的借方，实收资本的增加是所有者权益的增加，应记入“实收资本”账户的贷方，该项经济业务所作记账凭证如下（以会计分录替代）：

借：无形资产　　　　300 000

　贷：实收资本　　　　300 000　　（转账凭证）

表6-3　接受投资收据

NO：18003

2008 年 12 月 5 日　　　　字第　　号

投资单位：华光集团公司		投资日期：2008.12.05		
投资项目（名称）	原值	评估价值	投资期限	备注
专利权		300 000.00	10年	
投资金额合计人民币（大写）叁拾万元整			￥300 000.00	

接受投资单位（盖章）　　负责人：　　制单：王

第二联　财务作账

【例6-3】　企业收到外商投资一台不需安装的新设备，价值为500 000元。原始凭证见表6-4。

这项经济业务的发生，涉及“固定资产”和“实收资本”两个账户，一方面使“固定资产”账户增加500 000元,另一方面使“实收资本”账户增加500 000元;固定资产的增加是资产的增加,应记入“固定资产”账户的借方,实收资本的增加是所有者权益的增加,应记入“实收资本”账户的贷方,该项经济业务所作记账凭证如下(以会计分录替代):

借:固定资产　　　　500 000

　贷:实收资本　　　　500 000　　(转账凭证)

表6-4　接受投资收据

NO：18015

2008 年 12 月 5 日　　　　字第　号

投资单位：***株式会社		投资日期：2008.12.05		
投资项目（名称）	原值	评估价值	投资期限	备注
GRQ设备		500 000.00	20年	
投资金额合计（人民币大写）伍拾万元整			¥500 000.00	

第二联 财务作账

接受投资单位（盖章）　　负责人：　　制单：王

【例6-4】　企业向银行借入期限为6个月、年利率9%的款项100 000元,存入银行。原始凭证见表6-5。

这项经济业务的发生,涉及“银行存款”和“短期借款”两个账户,一方面使“银行存款”账户增加100 000元,另一方面使“短期借款”账户增加100 000元;银行存款的增加是资产的增加,应记入“银行存款”账户的借方,短期借款的增加是负债的增加,应记入“短期借款”账户的贷方,该项经济业务所作记账凭证如下(以会计分录替代):

借:银行存款　　　　100 000

　贷:短期借款　　　　100 000　　(收款凭证)

表6-5　借款借据(入账通知)

单位编号　　借款日期　2008 年　1月　6　日　　借据编号　9724

收款单位	名　称	红太阳集团公司	借款单位	名　称	中国工商银行威海支行
	开户账号	00845000780855500056		放款户账号	469276067120
	开户银行	工行威海支行		开户银行	

		万	千	百	十	万	千	百	十	元	角	分
借款金额	壹拾万元整			¥	1	0	0	0	0	0	0	0

借款原因及用途	补充流动资金不足	借款指标计划	

借款期限			
期次	计划还款日期	✓	计划还款金额
		□	
		□	
		□	

备注：借款期限为6个月，年利率9%。

你单位上列借款，已转入你单位结算户内，借款到期的由我行按期自你单位结算转还。

此致

借款单位

（银行盖章）

此联由银行退借款单位作入账通知

向银行借款涉及借款利息的处理。短期借款的利息处理方式根据付息的时间不同,处理方式也不同。按照权责发生制的会计核算基础,无论利息什么时间支付,都要按月确认利息费用。利息费用应计入“财务费用”账户,如果合同约定短期借款利息按月支付,应贷记“银行存款”账户;如果合同约定短期借款利息按季或到期一次支付,应贷记“应付利息”账户。具体核算将会在生产过程核算一节中讲述。

企业通过“长期借款”账户来核算向金融机构借入的一年以上期限的款项。该账户是负债类账户,其核算与短期借款有所不同,详细内容在后续章节加以介绍。

6.2 固定资产业务的核算

企业通过不同途径筹集到资金后,需要一定的厂房、设备、运输工具等,为生产产品、提供劳务、出租或经营管理持有或使用。在固定资产业务中,单位可以通过外购、自行建造、投资者投入、非货币性交换、债务重组和融资租赁等方式取得固定资产,不同的取得方式,固定资产的成本构成内容和确定方法也不尽相同。

企业应当按月对所有的固定资产计提折旧,但是,已提足折旧仍继续使用的固定资产、单独计价的土地除外。当月增加的固定资产,当月不提折旧,从下月开始计提折旧;当月减少的固定资产,当月照提折旧,从下月开始不再提取折旧。

6.2.1 固定资产业务核算的主要内容

本节固定资产业务核算主要讲解外购固定资产的核算,固定资产折旧的核算会在本章6.4生产业务中加以讲解,其他形式取得固定资产的核算会在后续的专业会计课程中讲解。外购固定资产分为外购不需安装固定资产以及需要安装固定资产。外购固定资产的成本,包括购买价格、相关税费(关于增值税的相关知识,在本章最后进行介绍)、使固定资产达到预计可使用状态前所发生的可归属于该资产的运输费、装卸费、安装费等。

6.2.2 固定资产核算业务应设置的主要账户

为了加强对固定资产的核算与管理,如实反映固定资产的取得情况,在固定资产核算业务中应设置以下几个主要账户。

1.“在建工程”账户

“在建工程”账户属于资产类账户,用来核算企业外购需要安装的固定资产、企业自行建造、更新改造等在建工程发生的支出。该账户的借方登记各项在建工程的实际成本,贷方登记工程达到预定可使用状态时转出的成本等。期末余额在借方,反映企业期末尚未达到预定可使用状态的在建工程的成本。

2.“固定资产”账户

“固定资产”账户属于资产类账户,用来核算企业持有的固定资产原始价值。该账户的借方登记固定资产原价的增加,贷方登记固定资产原价的减少。期末余额在借方,反映企业期末固定资产的原价。

3.“应交税费”账户

“应交税费”账户属于负债类账户,用来核算企业按照规定应交纳的各种税费。该账户的贷方登记应交的各种税金,借方登记实际缴纳的税费,期末余额若在贷方,表示欠交的税费,若在借方，表示多交的税费。该账户可按照应交的税费项目进行明细核算。期中，“应交税费—应交增值税”账户用来反映增值税交纳单位应交和实交增值税结算情况的账户。该账户的借方登记企业购入生产设备、原材料等实际交纳的增值税进项税额，贷方登记企业销售商品时向购买单位收取的销项税额。

6.2.3　固定资产业务核算的账务处理

【例 6-5】　12 月 5 日，企业购入一台不需要安装的设备，取得的增值税发票上标明：买价 50 000 元，增值税额 8 500 元，全部款项已通过银行支付。

该项业务的发生，涉及“固定资产”“应交税费—应交增值税（进项税额）”“银行存款”三个账户。固定资产增加，计入“固定资产”账户的借方，支付的进项税额计入“应交税费—应交增值税（进项税额）”账户的借方，银行存款减少计入“银行存款”账户的贷方。该项经济业务所做记账凭证如下（以会计分录代替）：

借：固定资产	500 000		
应交税费——应交增值税（进项税额）	8 500		
贷：银行存款		58 500	（付款凭证）

【例 6-6】　12 月 7 日，购入需要安装的机器设备一台，买价 70 000 元，增值税额 11 900 元，全部款项已通过银行支付。

该项业务的发生，涉及“在建工程”“应交税费—应交增值税（进项税额）”“银行存款”三个账户。需要安装设备增加，计入“在建工程”账户的借方，支付的进项税额计入“应交税费—应交增值税（进项税额）”账户的借方，银行存款减少计入“银行存款”账户的贷方。该项经济业务所做记账凭证如下（以会计分录代替）：

借：在建工程	700 000		
应交税费——应交增值税（进项税额）	11 900		
贷：银行存款		81 900	（付款凭证）

【例 6-7】　12 月 9 日，上述购买的设备安装完毕，发生安装费 560 元，以现金支付，设备交付使用。

该项业务的发生，涉及“在建工程”“库存现金”“固定资产“三个账户。发生的安装费，计入“在建工程”账户的借方，支付的现金计入“库存现金”账户的贷方；安装完毕，将“在建工程”账户借方发生额通过贷方全部转入“固定资产”账户的借方。该项经济业务所做记账凭证如下（以会计分录代替）：

借：在建工程	560		
贷：库存现金		560	（付款凭证）
借：固定资产	70 560		
贷：在建工程		70 560	（转账凭证）

6.3　供应过程业务的核算

制造业为进行产品生产，必须要准备一定品种、一定数量的原材料，作为生产储备。在供应过程中，企业从供应单位购进原材料，支付有关的采购费用，同时涉及“增值税”这一流转税，关于增值税方面的知识，在本章最后将作一简单介绍。企业与供应单位进行货款结算，会有不同的结算方式,原材料货款的结算方式、采购费用的支付、采购成本的计算,以及原材料的验收入库等,构成了供应过程的主要经济业务。

6.3.1 供应过程业务核算的主要内容

制造业的供应过程是从采购原材料开始,到原材料验收入库的整个过程。在原材料的采购过程中,一方面企业从供应单位购入各种生产用材料物资,另一方面企业要与供应单位或其他单位办理货款的结算,支付材料的价款和各种采购费用,包括运输费、装卸费、保险费及运输途中的合理损耗和入库前的挑选整理费用等。这些采购费用连同原材料的买价,共同构成了原材料的采购成本。原材料价款的结算、采购费用的支付、采购成本的计算、原材料的验收入库等共同构成了供应过程业务核算的主要内容。

6.3.2 供应过程业务核算应设置的主要账户

为了加强对材料采购过程的核算和管理,如实反映库存原材料的增减变动及结存情况,为了弄清因采购原材料而与供应单位发生的不同货款结算方式和税金等有关情况,在供应过程中应设置以下几个主要账户。

1.“在途物资”账户

该账户是资产类账户,用来核算企业外购原材料的买价和采购费用,计算确定原材料的实际采购成本。该账户的借方登记外购原材料的买价和采购费用,贷方登记已验收入库原材料的采购成本。对已验收入库的原材料,在确定了其采购成本后,按其实际成本从“在途物资”账户的贷方转入“原材料”账户的借方;因而,“在途物资”账户期末一般无余额;若有余额,通常在借方,表示尚未到达或已到达但尚未验收入库的在途物资的实际成本。“在途物资”账户可按购入材料物资的类别或品种,设置明细账户,进行明细核算。

2.“原材料”账户

该账户是资产类账户,用来核算企业库存的各种原材料,包括主要原料和主要材料、辅助材料、外购半成品、修理用备件、包装材料、燃料等。实际成本计价下,该账户的借方登记已验收入库原材料的实际成本,贷方登记出库原材料的实际成本,期末余额在借方,表示库存原材料的实际成本。“原材料”账户可按仓库地点和材料的类别、品种、规格等设置明细账户,进行明细核算。

3.“应付账款”账户

该账户是负债类账户,用来核算企业因采购材料、商品和接受劳务供应等而应付给供应单位的款项。该账户的贷方登记应付给供应单位的款项,借方登记已偿还供应单位的款项,期末余额在贷方,表示尚未偿还给供应单位的款项。“应付账款”账户可按债权人设置明细账户,进行明细核算。

4.“应付票据”账户

该账户是负债类账户,是在商业汇票结算方式下设置的,用来核算企业因购买原材料、商品和接受劳务供应而开出、承兑的商业汇票,包括商业承兑汇票和银行承兑汇票。该账户的贷方登记企业开出、承兑的商业汇票,借方登记实际支付的票据款,期末余额在贷方,表示应付未付的尚未到期的票据款。“应付票据”账户可按债权人设置明细账户,进行明细核算。同时,“应付票据”还应设置“应付票据备查簿”,进行详细记录。

5.“预付账款”账户

该账户是资产类账户,用来核算企业按照购货合同的规定预付给供应单位的款项。该账户的借方登记因购货而预付给供应单位的款项，贷方登记收到所购货物时冲销的预付款，期末如有余额，通常在借方，表示已预付但尚未结算的预付款。“预付账款”账户可按供应单位设置明细账户，进行明细核算。

6.3.3 供应过程业务核算的账务处理

【例 6-8】 12 月 8 日，企业向 K 公司购入甲材料 20 000 公斤，单价 3 元，计 60 000 元，进项税额 10 200 元，材料尚未入库，全部款项已通过银行付款。原始凭证见表 6-6、表 6-7。

表 6-6 原始凭证(增值税专用发票)

3700062685　　山东增值税专用发票　　№ 06088430

发票联

开票日期：2008年12月08日

校验码 04398738273792433204

购货单位	名　　称：红太阳集团公司 纳税人识别号：568438714741456 地 址、电 话：威海市经技区皇冠东路22号5983654 开户行及账号：工行00845000780855500056	密码区	-8 / 〉 〉 / 〈 6/66*033 *-28++ 7535926 〈 078 + 593 - / 7/6 3755926 〈 078 + 593 - / 7/61 〉 * 8719 〈16655568/0 〉 〉 8*
加密版本:01	3700062685	06088430	

货物或应税劳务名称	规格型号	单位	数量	单　价	金　额	税率	税　额
甲材料		公斤	20000	3	60 000.00	17%	10 200.00
合　计					60 000.00		10 200.00
价税合计（大写）	⊗ 柒万零贰佰元整				（小写）￥70 200.00		

销货单位	名　　称：K电子有限公司 纳税人识别号：37100274839269 地 址、电 话：威海市海滨北路8-3号　3663686 开户行及账号：交行00600001800004622l	备注	K电子有限公司 发票专用章

收款人：　　复合：　　开票人：张彩霞　　销货单位（章）

这项经济业务的发生，涉及“在途物资”“应交税费——应交增值税(进项税额)”“银行存款”三个账户。原材料的采购成本增加记入“在途物资”账户的借方，支付的进项税额记入“应交税费——应交增值税(进项税额)”账户的借方，银行存款的减少记入“银行存款”账户的贷方。该项经济业务所作记账凭证如下(以会计分录替代)：

借：在途物资——甲材料　　60 000

　　应交税费——应交增值税(进项税额)　　10 200

　贷：银行存款　　70 200　　(付款凭证)

表 6-7　原始凭证(支票存根)

中国工商银行支票存根
XVI00235669

附加信息

出票日期 2008 年12月08日

收款人：K电子有限公司
金　额：70 200.00
用　途：购材料

单位主管　　会计

【例 6-9】 12 月 11 日，企业向华光公司购进甲材料 12 000 公斤，单价 3 元，计 36 000 元，进项税额 6 120 元，材料尚未验收入库，材料的价款、税金尚未支付。原始凭证见表 6-8。

表 6-8　原始凭证(增值税专用发票)

3700062851　　山东增值税专用发票　　№ 03088648

山东 发票联

开票日期：2008年12月11日

校验码 03827379243420356987

购货单位	名　称：红太阳集团公司 纳税人识别号：568438714741456 地 址、电 话：威海市经技区皇冠东路22号5983654 开户行及账号：工行00845000780855500056			密码区	675710258 * 9 - *19- - +BE0 > / < 6/66*033 *-29++BC149 7535926 < 078 + 593 - / 7/61 > * 8719 <16655568/0 > > 8*		加密版本:01 3700062851 03088648
货物或应税劳务名称	规格型号	单位	数量	单　价	金　额	税率	税　额
甲材料		kg	12000	3	36 000.00	17%	6 120.00
合　计					36 000.00		6 120.00
价税合计（大写）	⊗ 肆万贰仟壹佰贰拾元整				（小写）￥42 120.00		
销货单位	名　称：华光钢业有限公司 纳税人识别号：274371002269748 39 地 址、电 话：青岛市海滨北路25号　3663369 开户行及账号：工行00600000462210001 8			备注	华光钢业有限公司 发票专用章		

收款人：　　复合：　　开票人：王华荣　　销货单位：（章）

这项经济业务的发生，涉及“在途物资”“应交税费——应交增值税(进项税额)”“应付账款”三个账户。原材料采购成本的增加，应记入“在途物资”账户的借方；进项税额应记入“应交税费——应交增值税(进项税额)”账户的借方；应付的价款和进项税额记入“应付账款”账户的贷方。该项经济业务所作记账凭证如下(以会计分录替代)：

借：在途物资——甲材料　　36 000

　　应交税费——应交增值税(进项税额)　　6 120

　　贷：应付账款　　42 120　　(转账凭证)

【例 6-10】 12 月 15 日,企业用银行存款支付购买甲材料的运费 600 元。原始凭证见表 6-9、表 6-10。

表 6-9　原始凭证(电汇凭证)

中国工商银行　INDUSTRIAL AND COMMERCIAL BANK OF CHINA

电汇凭证 (回　单)　A00244587

□普通　□加急　委托日期 2008 年 12 月 15 日

汇款人	全　称	红太阳集团公司	收款人	全　称	华光钢业运输公司
	账　号	00845000780855500056		账　号	006000004622100365
	汇出地点	山东 省 威海 市/县		汇入地点	山东 省 青岛 市/县
汇出行名称		中国工商银行威海支行	汇入行名称		中国工商银行青岛支行
金额	人民币(大写)	陆佰元整	亿千百十万千百十元角分		¥60000
汇出行签章			支付密码		BC342
			附加信息及用途:材料运费		
			复核		记账

(印章:中国工商银行 威海支行 2008.12.15 付讫)

表 6-10　原始凭证(运费发票)

公路、运河货物运输业统一发票

(印章:山东 发票监制章 国家税务总局监制)

开票日期:2008.12.15　发票代码:10497369　发票号码:0039401

机打代码	277594339	税控码	675710258 * 9 - *19- - +BE1
机打号码	74949362		> * 8719 <16655568/0 > > 8*
机器编号	06		535926 < 078 + 593 - / 7/6
收货人及纳税人识别号	红太阳集团公司 568438714741456	承运人及纳税人识别号	华光钢业运输公司 086748839
发货人及纳税人识别号	华光钢业有限公司 27437100226974839	主管税务机关及代码	青岛李沧区地税局 008643
运输项目及金额	货物名称 甲材料 数/重量 12t 单位运价 50.00 计费金额 600.00	其他项目及金额	装卸费 ¥0 仓储费 ¥0 保险费 ¥0 印花税 ¥0 其他 ¥0 备注:起运地:青岛 到达地:威海
运费小计	¥600.00	其他费用小计	¥0
合计(大写)	陆佰元整		(小写)¥600.00

承运人盖章　(印章:华光钢业运输公司 086748839 发票专用章)　开票人　金晓峰

第二联　发票联　付款方记账凭证　手写无效

这项经济业务的发生,涉及“在途物资”和“银行存款”两个账户。原材料采购成本的增加,应记入“在途物资”账户的借方,银行存款的减少,应记入“银行存款”账户的贷方。该项经济业务所作记账凭证如下(以会计分录替代):

借:在途物资——甲材料　　600

　贷:银行存款　　600　　(付款凭证)

【例 6-11】 12 月 18 日,企业从威海长江铝制品厂购进乙材料 10 吨,单价 1 500 元,计

15 000 元,进项税额 2 550 元,全部货款采用商业汇票结算方式,企业开出承兑期限为 6 个月的银行承兑汇票一张,材料尚未到达。原始凭证见表 6-11、表 6-12。

表 6-11 原始凭证(增值税专用发票)

3700062843　　山东增值税专用发票　　№ 06088431

发票联

开票日期:2008年12月18日

校验码 05698738273792434203

购货单位	名　　称:红太阳集团公司 纳税人识别号:568438714741456 地 址、电 话:威海市经技区皇冠东路22号5983654 开户行及账号:工行00845000780855500056				密码区	+4-16710258 * 9 - *19- -12 -9 / > > / < 6/66 *-28++B91 7535926 < 078 + 593 - / 7/61 > * 8719 <16655568/0 > > 8*		加密版本:01 3700062843 06088430
货物或应税劳务名称	规格型号	单位	数量	单　价	金　额		税率	税　额
乙材料		T	10	1 500.00	15 000.00		17%	2 550.00
合　计					15 000.00			2 550.00
价税合计(大写)	⊗壹万柒仟伍佰伍拾元整						(小写)¥17 550.00	
销货单位	名　　称:威海长江铝制品厂 纳税人识别号:92693710027483 地 址、电 话:威海市环海路3号　5268456 开户行及账号:交行800004622100600001				备注	威海长江铝制品厂 销发票专用章		

收款人:　　复合:　　开票人:郭峰

表 6-12 原始凭证(银行承兑汇票)

银行承兑汇票

出票日期 贰零零捌年壹拾贰月壹拾捌日　　BB 02151165 01

(大写)　　第 03 号

出票人全称	红太阳集团公司			收款人	全　称	威海长江铝制品厂	
出票人账号	00845000780855500056				账　号	800004622100600001	
付款行全称	工行威海支行	行号	085		开户行	交行威海支行	行号 321
汇票金额	人民币(大写) 壹万柒仟伍佰伍拾元整					千 百 十 万 千 百 十 元 角 分	¥ 1 7 5 5 0 0 0
汇票到期日	贰零零玖年零陆月壹拾捌日		本汇票已经承兑,到期日由本行付款。			承兑协议编号	CGZ8701
交易合同号码	KOY3542					科目(借)	
本汇票请你行承兑于期无条件付款。 出票人签章　2008.12.19 年　月　日			承兑行签章 承兑日期　年　月　日 备注:			对方科目(贷) 转账　年　月　日 复核　　记账	

此联收款人开户行随

这项经济业务涉及“在途物资”“应交税费——应交增值税(进项税额)”“应付票据”三个账户。原材料采购成本的增加记入“在途物资”账户的借方;进项税额记入“应交税费——应交增值税(进项税额)”账户的借方;应付票据款增加记入“应付票据”账户的贷方。该项经济业务所作记账凭证如下(以会计分录替代):

借:在途物资——乙材料　　　　15 000

应交税费——应交增值税(进项税额)　　　　　　2 550

贷:应付票据　　　　　　　　　　　　　　　　17 550　　　　(转账凭证)

【例 6-12】 12 月 19 日,企业以银行存款 20 000 元向 LGR 复合材料有限公司预付购买乙材料款。原始凭证见表 6-13。

表 6-13　原始凭证(电汇凭证)

中国工商银行 INDUSTRIAL AND COMMERCIAL BANK OF CHINA

电汇凭证 (回　单)　　A00244587

☐ 普通　☐ 加急　　委托日期　贰零零捌年壹拾贰月壹拾玖日

汇款人	全　称	红太阳集团公司	收款人	全　称	LGR复合材料有限公司
	账　号	00845000780855500056		账　号	0542344631541
	汇出地点	山东 省 威海 市/县		汇入地点	山东 省 济南 市/县
汇出行名称		工行威海支行	汇入行名称		工行济南支行
金额	人民币(大写)	贰万元整	亿千百十万千百十元角分		¥2000000
中国工商银行威海支行 2008.12.19 付讫		汇出行签章	支付密码	3542	
			附加信息及用途:		
			复核	记账	

此联汇出行给汇款人的回单

这项经济业务的发生,涉及“银行存款”和“预付账款”两个账户。银行存款减少应记入“银行存款”账户的贷方,预付账款的增加应记入“预付账款”账户的借方。该项经济业务所作记账凭证如下(以会计分录替代):

借:预付账款　　　　　　　　　　　　　　　20 000

贷:银行存款　　　　　　　　　　　　　　　20 000　　　　(付款凭证)

【例 6-13】 12 月 20 日,企业收到 LGR 复合材料有限公司发来乙材料,账单上列明乙材料价款 20 000 元,进项税额 3 400 元,运费 500 元,材料未入库。原始凭证见表 6-14、表 6-15。

这项经济业务由于采用预付款结算,所以该笔经济业务的发生,涉及“在途物资”“应交税费——应交增值税(进项税额)”“预付账款”三个账户。原材料成本的增加记入“在途物资”账户的借方,进项税额记入“应交税费——应交增值税(进项税额)”账户的借方,预付账款的减少记入“预付账款”账户的贷方。该项经济业务所作记账凭证如下(以会计分录替代):

借:在途物资——乙材料　　　　　　　　　　20 500

应交税费——应交增值税(进项税额)　　　　3 400

贷:预付账款　　　　　　　　　　　　　　　23 900　　　　(转账凭证)

表 6-14 原始凭证(增值税专用发票)

山东增值税专用发票

2600062037　　　　　　　　　　　　　　　　　　№ 06088523

发票联

开票日期：2008年12月20日

校验码 05698738242037379243

购货单位	名　称：红太阳集团公司 纳税人识别号：568438714741456 地 址、电 话：威海市经技区皇冠东路22号5983654 开户行及账号：工行00845000780855500056			密码区	〉＊8719〈16655568/0 〉〉8＊ +4-16710258 ＊ 9 - ＊19- - + 7535926〈 078 + 593 - / 7/61 -9 / 〉〉/〈 6/66＊033 ＊-28++		加密版本:01 2600062037 06088523
货物或应税劳务名称	规格型号	单位	数量	单价	金额	税率	税额
乙材料		T	10	2 000.00	20 000.00	17%	3 400.00
合　计					20 000.00	17%	3 400.00
价税合计（大写）	⊗贰万叁仟肆佰元整					（小写）￥23 400.00	
销货单位	名　称：LGR复合材料有限公司 纳税人识别号：392693710027 48 地 址、电 话：济南市经十路32号　7518763 开户行及账号：工行054234463154l			备注			

收款人：　　　复合：　　　开票人：李玲玉　　　销货单位：（章）

发票专用章

表 6-15 原始凭证(运费发票)

公路、运河货物运输业统一发票

发票联

开票日期：2008.12.20　　　　　　　　　　　发票代码：10497369
发票号码：0039401

机打代码	64165456	税控码	9 - ＊19- - +BE1675710258 ＊ 655568/0 〉〉8＊〉＊8719〈16 26〈 078 + 593 - / 7/65359	
机打号码	19889562			
机器编号	A-265			
收货人及纳税人识别号	红太阳集团公司 568438714741456	承运人及纳税人识别号	昌顺货运一公司 083986748	
发货人及纳税人识别号	LGR复合材料有限公司 39269371002748	主管税务机关及代码	威海市环翠区地税局 0048132	
运输项目及金额	货物名称　乙材料 数/重量　10t 单位运价　50.00 计费金额　500.00	其他项目及金额	装卸费　￥0 仓储费　￥0 保险费　￥0 印花税　￥0 其他　￥0	备注： 起运地：文登 到大地：威海
运费小计	￥500	其他费用小计	￥0	
合计（大写）	伍佰元整		（小写）￥500.00	

第二联　发票联　付款方记账凭证　手写无效

承运人盖章　　　　　开票人　朴世娜

发票专用章 083986748

【例 6-14】 12 月 25 日,通过银行将购买乙材料的不足部分款项 3 900 元汇给 LGR 复合材料有限公司。原始凭证见表 6-16。

这项经济业务的发生,涉及“预付账款”和“银行存款”两个账户。预付款的增加应记入“预付账款”账户的借方,银行存款的减少应计入“银行存款”账户的贷方。该项经济业务所作

记账凭证如下(以会计分录替代):

借:预付账款	3 900		
贷:银行存款		3 900	(付款凭证)

表 6-16　原始凭证(电汇凭证)

中国工商银行
INDUSTRIAL AND COMMERCIAL BANK FO CHINA

电汇凭证　(回　单)　　A00244600

☐ 普通　☐ 加急　　委托日期　贰零零捌年壹拾贰月贰拾伍日

汇款人	全　称	红太阳集团公司	收款人	全　称	LGR复合材料有限公司
	账　号	00845000780855500056		账　号	0542344631541
	汇出地点	山东　省　威海　市/县		汇入地点	山东　省　济南　市/县
汇出行名称		工行威海支行	汇入行名称		工行济南支行
金额	人民币(大写)	叁仟玖佰元整		亿千百十万千百十元角分	¥390000
中国工商银行 威海支行 2008.12.25 付讫　汇出行签章			支付密码		
			附加信息及用途: 复核　记账		

此联汇出行给汇款人的回单

【例 6-15】　12 月 28 日,企业计算并结转验收入库所购甲、乙两种材料的采购成本。

甲材料的采购成本 = 60 000 + 36 000 + 600 = 96 600(元)

乙材料的采购成本 = 15 000 + 20 500 = 35 500(元)

这项经济业务的发生,涉及"原材料"和"在途物资"两个账户。原材料增加应记入"原材料"账户的借方,结转采购成本应记入"在途物资"账户的贷方。该项经济业务所作记账凭证如下(以会计分录替代):

借:原材料——甲材料	96 600		
——乙材料	35 500		
贷:在途物资——甲材料		96 600	
——乙材料		35 500	(转账凭证)

6.4　生产过程业务的核算

制造业的主要经营活动是生产出符合社会需要的商品,主要指产成品。在产成品的制造过程中,会发生各种耗费,例如原材料费用、固定资产折旧费用、职工薪酬费用等。这些费用可归集为生产费用和期间费用。凡是为生产产品而发生的原材料、人工、折旧等费用,一般记入产品成本费用;凡是为组织和管理生产而发生的费用,一般记入期间费用。生产过程结束,生产的产品完工并验收入库,产品的生产成本也会随之结转,而在各会计期间发生的期间费用,直接计入当期损益。原材料的消耗、固定资产的磨损、职工薪酬的分配与发放、有关费用的归集与分配以及产品成本的形成与结转等,构成了制造业生产过程的主要经济业务。

6.4.1　生产过程业务核算的主要内容

制造业购入了一定数量和品种的原材料,其目的主要是为生产产品做储备。从原材料投入生产到产品的完工入库,这一过程称为生产过程。在生产过程中,企业会发生各种耗费,这些耗费可分为两部分,一部分称为生产费用,另一部分称为期间费用。

生产费用主要是为生产产品而发生的耗费。生产费用有不同的分类标准,其按经济用途分类时称为成本项目,包括直接材料、直接人工、制造费用和其他直接费用。直接材料是指企业在生产过程中直接用于产品生产,并构成产品实体的原材料;直接人工是指直接从事产品生产的工人薪酬费用;制造费用又称为间接费用,是指企业各个生产车间为组织和管理生产而发生的各项费用,包括生产车间管理人员薪酬费、生产车间固定资产的折旧费、办公费、水电费、劳动保护费、差旅费等,这些费用在发生时记入制造费用,在一定的会计期末,需要采取一定的分配方法在有关产品之间进行分配,记入有关产品的成本。其他直接费用是指其他可直接计入产品成本的费用。

期间费用包括管理费用、财务费用、销售费用。管理费用是指企业为组织和管理生产经营所发生的费用,包括企业在筹建期间发生的开办费、董事会费和行政管理部门在企业的经营管理中发生的或由企业统一负担的公司经费(包括行政管理部门职工工资及福利费、物料消耗、低值易耗品摊销、办公费和差旅费等)、工会经费、聘请中介机构费、咨询费、诉讼费、业务招待费、房产税、车船使用税、土地使用税、印花税、技术转让费、矿产资源补偿费、研究费用、排污费等;财务费用是指企业为筹集生产经营所需资金等而发生的筹资费用,包括利息支出(减利息收入)、汇兑损益以及相关的手续费、企业发生的现金折扣或收到的现金折扣等;销售费用是指企业在销售商品和材料、提供劳务的过程中发生的各种费用,包括保险费、包装费、展览费和广告费、商品维修费、预计产品质量保障损失、运输费、装卸费等以及为销售本企业商品而专设的销售机构的职工薪酬、业务费、折旧费等经营费用。期间费用必须于发生当期直接记入当期损益。

由此可见,企业在生产过程中费用的发生、归集和分配以及产品成本的形成和结转,构成了生产过程业务核算的主要内容。

6.4.2 生产过程业务核算应设置的主要账户

为了对各项生产费用进行合理的归集和分配,及时计算完工产品的成本,同时也为了正确核算期间费用,在生产过程中应设置"生产成本""制造费用""应付职工薪酬""累计折旧""管理费用""财务费用""库存商品"等账户。

1."生产成本"账户

该账户为成本类账户,用来核算企业进行工业性生产而发生的各项生产成本。该账户的借方登记为生产产品而发生的材料费、人工费、其他直接成本费用和分配的制造费用,贷方登记转出的已完工入库产品的实际生产成本,期末余额在借方,表示尚未完工的在产品的实际成本。该账户可按基本生产成本和辅助生产成本设置明细账户,进行明细核算。基本生产成本应当分别按照基本生产车间和成本核算对象(产品的品种、类别、订单、批别等)设置明细账户,进行明细核算。

2."制造费用"账户

该账户为成本类账户,用来核算企业生产车间为生产产品和提供劳务而发生的各项间接费用。该账户的借方登记生产车间发生的一切费用,贷方登记分别记入有关产品成本的制造费用。该账户月末一般没有余额。为了详细核算制造费用,可按费用项目设置明细专栏,进行明细核算。

3.“累计折旧”账户

该账户是固定资产的备抵调整账户,用来核算固定资产的磨损情况。由于固定资产在使用过程中会发生磨损,从而使固定资产的价值减少,但因为管理的需要,“固定资产”账户只能反映企业固定资产的原始价值,其磨损而发生的减少额应通过“累计折旧”账户来反映,其记账结构与“固定资产”账户的记账结构相反。贷方登记提取固定资产折旧的增加额,借方登记已提固定资产折旧的减少额,余额通常在贷方,表示企业现有固定资产已计提的累计折旧额。该账户可按固定资产的类别或项目设置明细账户,进行明细核算。

4.“应付职工薪酬”账户

该账户是负债类账户,用来核算企业根据有关规定应付给职工的各种薪酬。该账户的贷方登记月度终了企业应付职工薪酬,借方登记实际支付的职工薪酬,该账户期末贷方余额,反映企业应付未付的职工薪酬。该账户可按“工资”“职工福利”“住房公积金”“社会保险费”“工会经费”“职工教育经费”“非货币性福利”“辞退福利”“股份支付”等设置明细账户,进行明细核算。

5.“库存商品”账户

该账户是资产类账户,用来核算企业库存的各种商品的实际成本。该账户的借方登记完工入库产品的实际生产成本,贷方登记发出产成品的实际生产成本,月末余额在借方,表示库存商品的实际成本。该账户可按库存商品的种类、品种和规格设置明细账户,进行明细核算。

6.“管理费用”账户

该账户是损益类账户,用来核算企业为组织和管理生产经营而发生的管理费用。该账户的借方登记发生的各项管理费用,贷方登记期末全部转入“本年利润”账户的数额,期末结转后本账户无余额。该账户可按费用项目设置明细账户,进行明细核算。

7.“财务费用”账户

该账户为损益类账户,用来核算企业为筹集生产经营所需资金而发生的筹资费用。该账户的借方登记企业发生的各项财务费用,贷方登记期末转入“本年利润”账户的数额,期末结转后本账户无余额。该账户可按费用项目设置明细账户,进行明细核算。

6.4.3 生产过程业务核算的账务处理

1. 生产费用的归集和期间费用的发生

假设企业生产 A、B 两种产品,本月发生以下产品的生产业务。

【例 6-16】 仓库发出材料及用途如表 6-17 所示。

表 6-17 材料耗用汇总表

单位:元

项目	甲材料	乙材料	丙材料	合计
生产产品耗用	40 000	20 000	12 000	72 000
其中:A 产品	26 000	13 000	8 000	47 000
B 产品	14 000	7 000	4 000	25 000
车间一般耗用			600	600
行政管理部门耗用		300	100	400
合计	40 000	20 300	12 700	73 000

这项经济业务的发生,涉及“原材料”“生产成本”“制造费用”“管理费用”四个账户。产品耗用材料,使产品的材料成本增加,应记入“生产成本”账户的借方;车间耗用材料,使制造费用增加,应记入“制造费用”账户的借方;管理部门耗用材料,使管理费用增加,应记入“管理费用”账户的借方;仓库发出原材料,表示原材料的减少,应记入“原材料”账户的贷方。该项经济业务所作记账凭证如下(以会计分录替代):

借:生产成本——A 产品 47 000
——B 产品 25 000
制造费用 600
管理费用 400
贷:原材料 73 000 (转账凭证)

【例 6-17】 分配本月应付职工工资:其中生产 A 产品的工人工资 24 000 元,生产 B 产品的工人工资 18 000 元,车间管理人员工资 2 000 元,行政人员工资 16 000 元。原始凭证见表 6-18。

这项经济业务的发生,涉及“应付职工薪酬”“生产成本”“制造费用”“管理费用”四个账户。生产工人的工资属于直接成本费用,应记入“生产成本”账户的借方;车间管理人员工资属于制造费用,应记入“制造费用”账户的借方;行政人员工资属于管理费用,应记入“管理费用”账户的借方;本月应付给职工的工资增加,表示负债增加,应记入“应付职工薪酬”账户的贷方。该项经济业务所作记账凭证如下(以会计分录替代):

借:生产成本——A 产品 24 000
——B 产品 18 000
制造费用 2 000
管理费用 16 000
贷:应付职工薪酬——工资 60 000 (转账凭证)

表 6-18 工资费用分配表

2008 年 12 月 29 日

单位:元

应借账户			成本项目或费用项目	分配金额
总账账户	二级账户	明细账户		
生产成本	基本生产成本	A 产品	直接工资	24 000.00
		B 产品	直接工资	18 000.00
		小计		42 000.00
制造费用		一车间	工资	2 000.00
管理费用			工资	16 000.00
合 计				60 000.00

【例 6-18】 按工资总额的 36% 计提职工福利费及五险一金。原始凭证见表 6-19。

这项业务的发生,与分配工资的业务相似,也涉及“应付职工薪酬”“生产成本”“制造费用”“管理费用”四个账户。生产工人的福利费,表示生产成本的增加,应记入“生产成本”账户的借方;车间管理人员的福利费表示制造费用的增加,应记入“制造费用”账户的借方;行政人员的福利费表示管理费用的增加,应记入“管理费用”账户的借方;提取的福利费表示企业的负债增加,应记入“应付职工薪酬”账户的贷方。该项经济业务所作记账凭证如下(以会计分录替代):

借:生产成本——A 产品　　24 000 × 36% = 8 640
　　　　　　——B 产品　　18 000 × 36% = 6 480
　　制造费用　　2 000 × 36% = 720
　　管理费用　　16 000 × 36% = 5 760
　　贷:应付职工薪酬——职工福利　　60 000 × 36% = 21 600　　(转账凭证)

表 6-19　福利费用计提分配表

2008 年 12 月 29 日

单位:元

应借账户			成本项目或费用项目	工资总额	计提比率	分配金额
总账账户	二级账户	明细账户				
生产成本	基本生产成本	A 产品	直接工资	24 000.00	36%	8 640.00
		B 产品	直接工资	18 000.00	36%	6 480.00
		小计		42 000.00	36%	15 120.00
制造费用		一车间	工资	2 000.00	36%	720.00
管理费用			工资	16 000.00	36%	5 760.00
合　计				60 000.00	36%	21 600.00

【例 6-19】　计提本月固定资产折旧:其中车间设备折旧 41 200 元,行政办公用固定资产折旧 5 800 元。原始凭证见表 6-20。

表 6-20　固定资产折旧计提明细表

2008 年 12 月 28 日

单位:元

设备序号	部门	设备型号	设备名称	设备原价	购进日期	预计净残值率	预计使用年限	开始计提时间	年折旧额	月折旧额
1	生产车间	JFWID16K	AH102 机床	130 000	2006.08.01	5%	10	2006.09	12 350.00	1 029.17
2		JIEDSJA43	AH103 机床	135 000	2007.01.03	5%	10	2007.02	12 825.00	1 068.75
3		388AJJFL	AH104 机床	143 000	2007.11.28	5%	10	2007.12	13 585.00	1 132.08
4		JAUO33	BR 钻铣床	200 000	2007.04.16	5%	10	2007.05	19 000.00	1 583.33
5		JDA142	MP1 数控车床	150 000	2006.05.11	5%	10	2006.06	14 250.00	1 187.50
6		SFIJEI22	MP2 数控车床	156 000	2006.05.11	5%	10	2006.06	14 820.00	1 235.00
7		…	…	…	…	…	…	…	…	…
		小　计								41 200.00

设备序号	部门	设备型号	设备名称	设备原价	购进日期	预计净残值率	预计使用年限	开始计提时间	年折旧额	月折旧额
26	行政部门		海尔 RI 空调	8000	2007.03.25	5%	5	2007.04	760.000	63.33
27			清华同方电脑	6800	2007.12.28	5%	5	2008.01	646.00	53.83
28		…	…	…	…	…	…	…	…	…
		小计								5 800.00
合计										47 000.00

这项经济业务的发生,涉及"制造费用""管理费用""累计折旧"三个账户。车间固定资产折旧,表示制造费用的增加,应记入"制造费用"账户的借方;行政办公用固定资产折旧,表示管理费用的增加,应记入"管理费用"账户的借方;计提固定资产折旧表示固定资产价值的减少,即累计折旧增加,应记入"累计折旧"账户的贷方。该项经济业务所作记账凭证如下(以会计分录替代):

借:制造费用　　41 200

　管理费用　　5 800

　贷:累计折旧　　47 000　　(转账凭证)

【例 6-20】 用银行存款付车间电费 62 800 元。原始凭证见表 6-21、6-22。

这项经济业务的发生,涉及"银行存款"和"制造费用"两个账户。车间电费表示制造费用的增加,应记入"制造费用"账户的借方;银行存款减少应记入"银行存款"账户的贷方。该项经济业务所作记账凭证如下(以会计分录替代):

借:制造费用　　62 800

　贷:银行存款　　62 800　　(付款凭证)

表 6-21 原始凭证(电费发票)

山东省电费[illegible]发票

发 票 联 (503)

发票代码:0013015643346

发票号码:78618156

开票日期: 2008 年 12 月 29 日

用户名	红太阳集团公司	用户编号	86472	抄表	6342
地 址	威海市经技区皇冠东路22号				
开户行账号	工行0542344631541				
动力电	15000度	3.80	57 000.00	0235000-0250000度	
照明电	1933度	3.00	5 800.00	0013000-0014933度	
金额合计(大写)	陆万贰仟捌佰元整			¥62 800.00	

② 发票联

威海市电力公司 收费专用章

单位(盖章)　　开票人:　　收款人: 黄鑫

表 6-22　原始凭证(支票存根)

中国工商银行支票存根
XVI00235672

附加信息

出票日期 2008 年12月08日

收款人：	威海市电力公司
金　额：	62 800.00
用　途：	支付电费

单位主管　　会计

【例 6-21】 通过银行支付本月短期借款利息 1 000 元。原始凭证见表 6-23。

这项经济业务的发生,涉及"财务费用"和"银行存款"两个账户。本月负担的利息费用增加,应记入"财务费用"账户的借方;银行存款的减少是资产的减少,应记入"银行存款"账户的贷方。该项经济业务所作记账凭证如下(以会计分录替代):

借:财务费用　　1 000

　贷:银行存款　　1 000　　(付款凭证)

表 6-23　贷款利息通知单(代付款通知)

2008 年 12 月 28 日

贷款账户户名：红太阳集团公司　　账号：00845000780855500056

利息计算日期	2008 2008	年	11 12	月	28 28	日	起 止	左列贷款[illegible]单位账号付
计息积数共计：3 937 007.00					利率：月 7.620‰			营业部 2008.12.28. 结算章
利息金额（大写）	壹仟元整							开户银行盖章
附记：					¥1 000.00			年　月　日

会计 2 号　　事后监督 6 号　　复核 8 号　　制单 5 号

【例 6-22】 用银行存款支付本月电话费 8 200 元。原始凭证见表 6-24、表 6-25。

表 6-24 原始凭证(支票存根)

中国工商银行支票存根

XVI00235674

附加信息

出票日期 2008 年12月28日

收款人：高技区营业部

金 额：8 200.00

用 途：支付电话费

单位主管 会计

表 6-25 原始凭证(电话费发票)

CNC 中国网通

中国网通（集团）有限公司山东省分公司专用发票

发 票 联

受理编号：654503997 合同号：631……020772 发票代码：237100742101

发票号码：04501129

客户名称	红太阳集团公司	电话号码	5762145等
基本月租费	90.00		登陆威海信息港一网通专区"网上查费"，轻轻松松查话费，详询10060。
区内通话费	1 568.55		
国内长途费	4 548.75		
国际长途费	1 532.80		
新业务	200.00		
短信业务费	260.00		
上次余额	0.50		
本次余额	0.40		
本次应收	8 200.00	中国网通山东威海 2008.12.28 高技区营收1	
实收金额	（大写）捌仟贰佰元整		（小写）￥8 200.00

第二联 发票联

本次费用统计从：2008/11/25—2008/12/25 收款日期：2008.12.28 工号：26510135

请您每月6日至当月底在各收费点交纳各项通信费用，逾期不交纳的，从此月6日起按所欠费用每日加收3‰的违约金。

这项经济业务的发生，涉及"管理费用"和"银行存款"两个账户。电话费的增加，应记入"管理费用"账户的借方；银行存款减少，应记入"银行存款"账户的贷方。该项经济业务所作记账凭证如下（以会计分录替代）：

借：管理费用 8 200

  贷：银行存款 8 200 （付款凭证）

【例 6-23】 计提本月短期借款利息 1 200 元。

这项经济业务的发生，涉及"财务费用"和"应付利息"两个账户。计提本月利息表示利息费用增加，应记入"财务费用"账户的借方；该利息尚未支付，应记入"应付利息"账户的贷方。该项经济业务所作记账凭证如下（以会计分录替代）：

借：财务费用 1 200

  贷：应付利息 1 200 （转账凭证）

2. 制造费用的分配与结转

企业当月发生的制造费用通过“制造费用”账户归集后，可按各受益对象，采取一定的分配标准，在有关产品之间进行分配，以计算完工产品和在产品的制造成本。制造费用的分配标准有很多，例如：生产工时、生产工人的工资、设备工时等。具体分配步骤如下。

(1)计算分配率

$$分配率=\frac{制造费用总额}{各种产品分配标准总额}$$

分配率的含义：每小时或每一员生产工人的工资应分配多少制造费用。

(2)计算各种产品应负担的制造费用

某种产品应负担的制造费用 = 该种产品的分配标准 × 分配率

(3)制造费用的结转

制造费用是为生产产品而发生的间接成本费用，最终要记入有关产品的成本。因此，制造费用的结转是将制造费用转入生产成本。

【例 6-24】 根据例 6-13 至例 6-20，本月共发生制造费用 107 320 元；月末，将本月发生的制造费用按照生产工人的工资比例进行分配。(生产 A 产品的工人工资 24 000 元，生产 B 产品的工人工资 18 000 元)原始凭证如下表 6-26 所示。

表 6-26 制造费用分配表

单位：元

产品名称	分配标准(生产工人工资)	分配率	分配金额
A 产品	24 000		61 320
B 产品	18 000		46 000
合计	42 000	2. 555	107 320

这项经济业务的发生，涉及“生产成本”和“制造费用”两个账户。各种产品应负担的制造费用表示该种产品成本的增加，记入“生产成本”账户的借方；结转制造费用表示制造费用的分配，应记入“制造费用”账户的贷方。结转制造费用所作记账凭证如下(以会计分录替代)：

借：生产成本——A 产品 61 320

——B 产品 46 000

贷：制造费用 107 320 (转账凭证)

3. 完工产品成本的计算与结转

产品的生产费用通过前述的方法进行归集和分配后，产品的成本最终都归集到了“生产成本”账户上，如果月末某种产品全部完工，该种产品成本明细账上所归集的费用总额即为该种完工产品的总成本，除以该种产品的总数量，即为该种产品的单位成本；如果月末该种产品全部没有完工，则该种产品成本明细账上所归集的费用总额，就是该种产品在产品的总成本；如果月末某种产品只有部分完工，这时，产品成本明细账上所归集的费用总额，还要采取一定的分配方法在完工产品和在产品之间进行分配，计算出完工产品和在产品的总成本和单位成本，这是成本计算中一个既重要又复杂的问题，有关这方面的问题，将在后续章节中进行详细的阐述。

【例 6-25】 假定上述生产的 A 产品 100 件全部完工，B 产品 200 件全部没有完工，计算

A、B产品的成本并结转完工A产品的成本。

计算A、B产品的成本,需要通过A、B产品生产成本明细账来进行。完工产品的成本需要通过产品成本计算单来进行。原始凭证见表6-27、表6-28、表6-29所示。

表6-27　A产品生产成本明细账

产品名称:A产品　　单位:元

日期	凭证号数	摘　要	借方	贷方	借或贷	余额
略	略	期初余额				0
		A产品耗用材料	47 000		借	47 000
		A产品的工人工资	24 000		借	71 000
		A产品的工人福利费	8 640		借	79 640
		A产品分配的制造费用	61 320		借	140 960
		结转完工产品的成本		140 960	平	0
合计		完工产品的总成本	140 960	140 960		0

表6-28　B产品生产成本明细账

产品名称:B产品　　单位:元

日期	凭证号数	摘　要	借方	贷方	借或贷	余额
略	略	期初余额				0
		B产品耗用原材料	25 000		借	25 000
		B产品的工人工资	18 000		借	43 000
		B产品的工人福利费	6 480		借	49 480
		B产品分配的制造费用	46 000		借	95 480
		在产品成本	95 480			95 480

表6-29　A产品成本计算单

完工数量:100件,在产品数量:0件　　单位:元

成本项目	A产品	
	总成本	单位成本
直接材料	47 000	470
直接人工	32 640	326.40
制造费用	61 320	613.20
生产成本	140 960	1 409.60

经计算确定本月完工产品的成本,要从“生产成本”账户的贷方转入“库存商品”账户的借方,因此结转完工产品成本的会计业务涉及“生产成本”和“库存商品”两个账户。所作记账凭证如下(以会计分录替代):

借:库存商品——A产品　　140 960

　贷:生产成本——A产品　　140 960　　(转账凭证)

6.5 销售过程业务的核算

制造业经过生产过程制造出产成品,其目的是为了进行销售。销售过程是产品的价值和使用价值的实现过程。在这个过程中,企业将产成品销售给购买单位,与购买单位办理货款的结算,并确认销售收入;结转为取得销售收入而发生的销售成本。此外,企业为了推销自己的产品,会发生广告宣传费、运输包装费等销售费用,这些费用与当期销售有关,作为期间费用,直接记入当期损益。企业在取得销售收入的同时,按照国家税法的有关规定,计算与销售有关的税金。销售收入的确认、货款的结算、销售成本的结转、销售费用的发生、销售税金的计算等构成了制造业销售过程的主要经济业务。

6.5.1 销售过程业务核算的主要内容

销售过程是产品价值的实现过程。在这一过程中,一方面企业要将产品及时地销售给购买单位,另一方面,企业要按照售价向购买单位收取货款,完成资金的循环和周转。在销售过程中,企业要确认收入的实现,企业销售商品的收入在满足以下条件时才予以确认:

(1)企业已将商品所有权上的主要风险和报酬转移给购货方;

(2)企业既没有保留通常与所有权相联系的继续管理权,也没有对已售出的商品实施控制;

(3)与交易相关的经济利益能够流入企业;

(4)相关的收入和成本能够可靠地计量。

在销售过程中,通过以上标准确认收入,与购货单位办理结算,收回货款;计算结转销售成本;支付销售费用;计算并交纳销售税金,最后确定销售损益。上述各项业务,构成了销售过程业务核算的主要内容。

6.5.2 销售过程业务核算应设置的主要账户

为了正确核算企业在销售过程中发生的有关业务,应设置“主营业务收入”“主营业务成本”“其他业务收入”“其他业务成本”“营业税金及附加”“销售费用”“应收账款”“应收票据”“预收账款”等账户。

1.“主营业务收入”账户

该账户是损益类账户,用来核算企业在销售商品或提供劳务时所实现的收入。该账户的贷方登记企业实现的主营业务收入,借方登记销货退回和期末转入“本年利润”账户的数额,期末结转后,该账户无余额。“主营业务收入”可按主营业务种类设置明细账户,进行明细核算。

2.“主营业务成本”账户

该账户是损益类账户,用来核算企业因销售商品、提供劳务等主营业务收入时应结转的成本。该账户的借方登记销售商品、提供劳务的实际成本,贷方登记应冲减的销售成本和期末转入“本年利润”账户的数额,期末结转后,该账户无余额。“主营业务成本”可按主营业务的种类设置明细账户,进行明细核算。

3.“其他业务收入”账户

该账户是损益类账户,用来核算企业确认的除主营业务活动以外其他经营活动所实现的收入,包括出租固定资产、出租无形资产、出租包装物和商品、销售原材料等实现的收入。该账户的贷方登记企业实现的其他业务收入,借方登记期末转入“本年利润”账户的数额,期末结转后,该账户无余额。“其他业务收入”可按其他业务收入种类设置明细账户,进行明细核算。

4.“其他业务成本”账户

该账户是损益类账户,用来核算企业确认的除主营业务活动以外其他经营活动所发生的支出,包括销售材料的成本、出租固定资产的折旧额、出租无形资产的摊销额、出租包装物的成本等。该账户的借方登记发生的其他业务成本,贷方登记期末转入“本年利润”账户的数额,期末结转后,该账户无余额。“其他业务成本”可按其他业务成本的种类设置明细账户,进行明细核算。

5.“营业税金及附加”账户

该账户是损益类账户,用来核算企业经营活动发生的营业税、消费税、城市维护建设税、资源税和教育费附加等相关税费。该账户的借方登记企业按规定计算确定的与经营活动相关的税费,贷方登记期末转入“本年利润”账户的数额。期末结转后,该账户无余额。

6.“销售费用”账户

该账户是损益类账户,用来核算企业在销售商品和材料、提供劳务的过程中发生的各种费用,包括保险费、包装费、展览费和广告费、商品维修费、预计产品质量保障损失、运输费、装卸费等以及为销售本企业商品而专设的销售机构的职工薪酬、业务费、折旧费等经营费用。该账户的借方登记企业在销售商品过程中发生的销售费用,贷方登记期末转入“本年利润”账户的数额,期末结转后,该账户无余额。“销售费用”可按费用项目设置明细账户,进行明细核算。

7.“应收账款”账户

该账户是资产类账户,用来核算企业因销售商品、提供劳务等应向购货单位或接受劳务单位收取的款项。该账户的借方登记企业销售商品时应收的账款,贷方登记收回的应收账款,期末余额在借方,表示尚未收回的应收账款。“应收账款”账户可按债务人设置明细账,进行明细核算。

8.“应收票据”账户

该账户是资产类账户,用来核算企业因销售商品、提供劳务等而收到的商业汇票,包括银行承兑汇票和商业承兑汇票。该账户的借方登记企业因销售商品等而收到的商业汇票,贷方登记票据到期收回的票据款,期末余额在借方,表示企业持有的商业汇票。企业应设置应收票据备查簿,进行详细登记。“应收票据”账户可按开出、承兑商业汇票的单位设置明细账,进行明细核算。

9.“预收账款”账户

该账户是负债类账户,用来核算企业按合同规定向购货单位预收的款项。该账户的贷方登记企业向购货单位预收的款项以及销售实现时购货方补付的货款,借方登记产品销售的货款数,期末若有贷方余额,表示企业预收的款项,若有借方余额,表示企业应向购货单位补付的款项。“预收账款”账户可按购货单位设置明细账户,进行明细核算。

6.5.3 销售过程业务核算的账务处理

【例6-26】 企业向中海数控有限公司销售A产品50件,每件售价1 300元,价款计65 000元,销项税额为11 050元,全部款项已收存银行。原始凭证见表6-30、表6-31。

表 6-30　原始凭证(增值税专用发票)

3700062971　　山东增值税专用发票　　№ 06089652

开票日期：2008年12月26日

校验码 05698742033827379243

购货单位	名　称：中海数控有限公司 纳税人识别号：147414565684387 地址、电话：威海市高技区沈阳路16号5324678 开户行及账号：工行00800056450007808555			密码区	>*8719<16655568/0>>8* +4-16710258*9-*19--+ 7535926<078+593-/7/61 -9/>>/<6/66*033*-28++		加密版本:01 3700062971 06089652
货物或应税劳务名称	规格型号	单位	数量	单价	金额	税率	税额
A产品		件	50	1 300.00	65 000.00	17%	11 050.00
合　计					65 000.00		11 050.00
价税合计(大写)	⊗柒万陆仟零伍拾圆整					(小写)	¥76 050.00
销货单位	名　称：红太阳集团公司 纳税人识别号：568438714741456 地址、电话：威海市经技区皇冠东路22号5983654 开户行及账号：工行00845000780855500056			备注	红太阳集团公司 发票专用章		

收款人：　　复合：　　开票人：张华彩　　销货单位：(章)

这项经济业务的发生,涉及“银行存款”“主营业务收入”“应交税费——应交增值税(销项税额)”三个账户。银行存款增加记入“银行存款”账户的借方;收入增加记入“主营业务收入”账户的贷方;向购方收取的销项税额应记入“应交税费——应交增值税(销项税额)”的贷方。该项经济业务所作记账凭证如下(以会计分录替代):

借:银行存款　　76 050

　贷:主营业务收入　　65 000

　　应交税费——应交增值税(销项税额)　　11 050　　(收款凭证)

表 6-31　原始凭证(进账单)

中国工商银行　INDUSTRIAL AND COMMERCIAL BANK OF CHINA　　进账单(收账通知)

贰零零捌年　壹拾贰 月　贰拾陆 日

出票人	全　称	中海数控有限公司	收款人	全　称	红太阳集团公司
	账　号	00800056450007808555		账　号	00845000780855500056
	开户银行	工行威海支行		开户银行	工行威海支行
金额	人民币(大写)	柒万陆仟零伍拾圆整		亿千百十万千百十元角分	¥7605000
票据种类	转账支票	票据张数 1			
票据号码	00018649133344			中国工商银行 威海支行 2008.12.26 转讫	
复核　记账				收款人开户银行签章	

此联是收款人开户银行交给收款人的收账通知

【例 6-27】　企业向威海三通批发公司销售 B 产品 30 台,每台售价 400 元,计 12 000 元,销项税额 2 040 元,价款及销项税额收到一张 60 天期的商业汇票。原始凭证见表 6-32、表 6-33。

表 6-32 原始凭证(增值税专用发票)

3700066341　　山东增值税专用发票　　№ 06084852

开票日期:2008年12月26日

校验码 09243420356987382737

购货单位	名　　称:威海三通批发公司 纳税人识别号:387147414565684 地 址、电 话:威海市经技区东海路2号3654598 开户行及账号:工行08555000560084500078			密码区	7535926 < 078 + 593 - / 7/61 +4-16710258 * 9 - *19- - + -9 / > > / < 6/66*033 *-28++ > * 8719 <16655568/0 > > 8*		加密版本:01 3700066341 06084852
货物或应税劳务名称	规格型号	单位	数量	单　价	金　额	税率	税　额
B产品		台	30	400.00	12 000.00		2 040.00
合　计					12 000.00		2 040.00
价税合计(大写)	⊗ 壹万肆仟零肆拾元整				(小写)¥14 040.00		
销货单位	名　　称:红太阳集团公司 纳税人识别号:568438714741456 地 址、电 话:威海市经技区皇冠东路22号5983654 开户行及账号:工行00845000780855500056			备注	红太阳集团公司 发票专用章		

收款人:　　复合:　　开票人:张华彩　　销货单位:(章)

这项经济业务的发生,涉及“应收票据”“主营业务收入”“应交税费——应交增值税(销项税额)”三个账户。收到商业汇票应记入“应收票据”账户的借方;收入增加应记入“主营业务收入”账户的贷方,销项税额应记入“应交税费——应交增值税(销项税额)”账户的贷方。该项经济业务所作记账凭证如下(以会计分录替代):

借:应收票据　　14 040

　贷:主营业务收入　　12 000

　　应交税费——应交增值税(销项税额)　　2 040　　(转账凭证)

表 6-33　原始凭证（银行承兑汇票）

银行承兑汇票

$\frac{BB}{01}$ 02151165

出票日期（大写）　贰零零捌 年 壹拾贰 月 贰拾陆 日　　　　第　　号

出票人全称	威海三通批发公司	收款人	全　称	红太阳集团公司	
出票人账号	8555000560084500126		账　号	0084500780855500056	
付款行全称	工行威海支行　行号 631		开户行	工行威海支行　行号 631	
汇 票 金 额	人民币（大写）壹万肆仟零肆拾元整			千百十万千百十元角分	¥1 4 0 4 0 0 0
汇票到期日	二零零玖年零陆月贰拾陆日	本汇票已经承兑，到期日由本行付款。		承兑协议编号	
交易合同号码	3-781			科目（借）	
本汇票请你行承兑，到期无条件付款。 中国工商银行 威海支行 2008.12.26 业务受理章 出票人签章 年　月　日		承兑行签章 承兑日期　年　月　日		对方科目（贷） 转账　年　月　日	
		备注：		复核　　记账	

此联收款人开户行随

【例 6-28】　企业收到红光电子有限公司预付 B 产品货款 10 000 元，存入银行。原始凭证见表 6-34、表 6-35。

表 6-34　原始凭证（进账单）

中国工商银行 INDUSTRIAL AND COMMERCIAL BANK OF CHINA　　　**进 账 单**（收账通知）

2008 年 12 月 27 日

出票人	全　称	红光电子有限公司	收款人	全　称	红太阳集团公司
	账　号	267461356432		账　号	0084500780855500056
	开户银行	商业银行威海支行		开户银行	工商银行威海支行
金额	人民币（大写）	壹万元整		亿千百十万千百十元角分	¥1 0 0 0 0 0 0
票据种类	支票	票据张数 1			
票据号码	00001246				
复核　　记账			中国工商银行 威海支行 2008.12.27 转讫 收款人开户银行签章		

此联是收款人开户银行交给收款人的收账通知

表 6-35 收 款 收 据

2008 年 12 月 27 日　　　　第 0046 号

今收到　红光电子有限公司				
人民币（大写）　壹万元整		￥ 10 000.00		
事由：　预付款		现金		
		支票第　00001246　号		
收款单位　红太阳集团公司	财务主管	郑红生	收款人	张玲

第三联　收据

（印章：红太阳集团公司 财务专用章）

这项经济业务的发生，涉及“银行存款”和“预收账款”两个账户。银行存款增加应记入“银行存款”账户的借方；预收产品的货款增加应记入“预收账款”账户的贷方。该项经济业务所作记账凭证如下（以会计分录替代）：

借：银行存款　　　　10 000

　贷：预收账款　　　　10 000　　（收款凭证）

【例 6-29】　向威海星通电子有限公司销售 A 产品 20 件，每件售价 1 300 元，计 26 000 元，销项税额 4 420 元，全部款项未收回。原始凭证见表 6-36。

表 6-36 原始凭证（增值税专用发票）

3700062620　　山东增值税专用发票　　№ 06088432

（印章：山东 发票联）

开票日期：2008年12月28日

校验码 05698738273792434203

购货单位	名　称：威海星通电子有限公司 纳税人识别号：568438714741456 地 址、电 话：威海市经枝区皇冠东路22号5983654 开户行及账号：工行00845000780855500056			密码区	-9 /)) / < 6/66*033 *-28++ +4-16710258 * 9 - *19- - + 7535926 < 078 + 593 - / 7/61) * 8719 <16655568/0)) 8*		加密版本:01 3700062620 **06088430**
货物或应税劳务名称	规格型号	单位	数量	单　价	金　额	税率	税　额
A产品		件	20	1 300.00	26 000.00	17%	4 420.00
合　计					26 000.00	17%	4 420.00
价税合计（大写）	⊗ 叁万零肆佰贰拾圆整				（小写）￥30 420.00		
销货单位	名　称：红太阳集团公司 纳税人识别号：568438714741456 地 址、电 话：威海市经枝区皇冠东路22号5983654 开户行及账号：工行00845000780855500056			备注			

收款人：　　复合：　　开票人：　张彩霞　　销货单位：（章）

（印章：红太阳集团公司 发票专用章）

这项经济业务的发生，涉及“应收账款”“主营业务收入”“应交税费——应交增值税（销项税额）”三个账户。款项未收表示应收账款增加应记入“应收账款”账户的借方；收入增加应记入“主营业务收入”账户的贷方；销项税额应记入“应交税费——应交增值税（销项税额）”账户的贷方。该项经济业务所作记账凭证如下（以会计分录替代）：

借：应收账款　　　　30 420

贷:主营业务收入　　26 000

　　应交税费——应交增值税(销项税额)　　4 420　　(转账凭证)

【例 6-30】　企业向红光电子有限公司发出 B 产品 40 台,每台售价 400 元,计 16 000 元,销项税额为 2 720 元。原始凭证见表 6-37。

表 6-37　原始凭证(增值税专用发票)

3700062621　　山东增值税专用发票　　№ 06088434

开票日期:2008年12月28日

校验码 05698738273792434203

购货单位	名　　称:红光电子有限公司 纳税人识别号:568438714741456 地 址、电 话:威海市高区沈阳路8号3659838 开户行及账号:商业银行267461356432			密码区	17535926 (078 + 593 - / 7/6 +4-16710258 * 9 - *19- - + -9 /)) / < 6/66*033 *-28++) * 8719 <16655568/0)) 8*		加密版本:01 3700062621 **06088431**
货物或应税劳务名称	规格型号	单位	数量	单　价	金　额	税率	税　额
B产品		台	40	400.00	16 000.00	17%	2 720.00
合　计					16 000.00	17%	2 720.00
价税合计(大写)	⊗壹万捌仟柒佰贰拾元整				(小写)¥18 720.00		
销货单位	名　　称:红太阳集团公司 纳税人识别号:568438714741456 地 址、电 话:威海市经枝区皇冠东路22号5983654 开户行及账号:工行00845000780855500056			备注			

收款人:　　复合:　　开票人:张彩霞　　销货单位:(章)

这项经济业务的发生,涉及“预收账款”“主营业务收入”“应交税费——应交增值税(销项税额)”三个账户。冲销预收款表示预收账款的减少,应记入“预收账款”账户 的借方;收入的增加应记入“主营业务收入”账户的贷方;销项税额应记入“应交税费——应交增值税(销项税额)”账户的贷方。该项经济业务所作记账凭证如下(以会计分录替代):

借:预收账款　　18 720

　贷:主营业务收入　　16 000

　　应交税费——应交增值税(销项税额)　　2 720

【例 6-31】　红光电子有限公司购买 B 产品不足部分款项 8 720 元已打来转账支票存入我单位账户。原始凭证见表 6-38、6-39。

这项经济业务的发生,涉及“预收账款”“银行存款”两个账户。银行存款增加应记入“银行存款”账户的借方;预收产品的货款增加应记入“预收账款”账户的贷方。该项经济业务所作记账凭证如下(以会计分录替代):

借:银行存款　　8 720

　贷:预收账款　　8 720　　(收款凭证)

表 6-38 原始凭证(进账单)

中国工商银行 INDUSTRIAL AND COMMERCIAL BANK OF CHINA　　进 账 单 (收账通知)

2008 年 12 月 29 日

出票人	全　称	红光电子有限公司	收款人	全　称	红太阳集团公司
	账　号	267461356432		账　号	00845000780855500056
	开户银行	商业银行威海支行		开户银行	工商银行威海支行
金额	人民币（大写）	捌仟柒佰贰拾元整		亿千百十万千百十元角分	¥872000
票据种类	支票	票据张数	1		
票据号码	00001258				中国工商银行 威海支行 2008.12.27 转讫
	复核	记账		收款人开户银行签章	

此联是收款人开户银行交给收款人的收账通知

表 6-39 收 款 收 据

2008 年 12 月 29 日　　　　第 0046 号

今收到	红光电子有限公司				
人民币（大写）	捌仟柒佰贰拾元整			￥ 8 720.00	
事由：	预付款		现金		
			支票第 00001246 号		
收款单位	红太阳集团公司	财务主管	郑红生	收款人	张玲

红太阳集团公司 财务专用章

第三联 收据

【例 6-32】 企业销售原材料 200 斤,单价 50 元,增值税额 1 700 元,款项已收存银行。原始凭证见表 6-40、表 6-41。

这项经济业务的发生,涉及“银行存款”“其他业务收入”“应交税费——应交增值税(销项税额)”三个账户。银行存款增加记入“银行存款”账户的借方;其他业务收入增加记入“其他业务收入”账户的贷方;向购方收取的销项税额应记入“应交税费——应交增值税(销项税额)”的贷方。该项经济业务所作记账凭证如下(以会计分录替代):

借:银行存款　　11 700

　贷:其他业务收入　　10 000

　　应交税费——应交增值税(销项税额)　　1 700　　(收款凭证)

表 6-40　原始凭证(增值税专用发票)

山东增值税专用发票

3700062622　　　　　　　　　　　　　　№ 06088435

开票日期：2008年12月29日

校验码 05698738273792434203

购货单位	名　　称：华峰电子有限公司 纳税人识别号：568414563871474 地 址、电 话：威海市经技区海滨路16号5982418 开户行及账号：工行00780855500056008450	密码区	6/66*033 *-28++-9 / 〉〉/ 〈 0258 * 9 - *19- - ++4-1671 〈 078 + 593 - / 7/617535926 9 〈16655568/0 〉〉 8*〉 * 871
			加密版本：01 3700062622 06088432

货物或应税劳务名称	规格型号	单位	数量	单　价	金　额	税率	税　额
R材料		kg	200	50.00	10 000.00	17%	1 700.00
合　计					10 000.00	17%	1 700.00
价税合计（大写）	⊗ 壹万壹仟柒佰元整						（小写）￥11 700.00

销货单位	名　　称：红太阳集团公司 纳税人识别号：568438714741456 地 址、电 话：威海市经技区皇冠东路22号5983654 开户行及账号：工行00845000780855500056	备注	红太阳集团公司 发票专用章

收款人：　　复合：　　开票人：张彩霞　　销货单位：（章）

表 6-41　原始凭证(进账单)

中国工商银行　INDUSTRIAL AND COMMERCIAL BANK OF CHINA

进账单（收账通知）

2008 年　12 月　29 日

出票人	全　称	华峰电子有限公司	收款人	全　称	红太阳集团公司
	账　号	00780855500056008450		账　号	00845000780855500056
	开户银行	工行威海支行		开户银行	工行威海支行
金额	人民币（大写）	壹万壹仟柒佰元整		亿千百十万千百十元角分	￥1 1 7 0 0 0 0
票据种类	转账支票	票据张数	1		
票据号码	0006497				
	复核　　记账				中国工商银行威海支行 2008.12.29 转讫 收款人开户银行签章

此联是收款人开户银行交给收款人的收账通知

【例 6-33】　企业用存款付 A、B 产品的广告费 15 000 元。原始凭证见表 6-42、表 6-43。

这项经济业务的发生，涉及“销售费用”和“银行存款”两个账户。广告费增加，应记入“销售费用”账户的借方；银行存款减少应记入“银行存款”账户的贷方。该项经济业务所作记账凭证如下（以会计分录替代）：

借：销售费用　　　　　　　　15 000

　贷：银行存款　　　　　　　　　15 000　　（付款凭证）

表 6-42 原始凭证(支票存根)

中国工商银行支票存根
XVI00235676

附加信息

出票日期 2008 年12月08日

收款人:	黑骑兵广告公司
金 额:	15 000.00
用 途:	支付广告费

单位主管 会计

表 6-43 原始凭证(广告费发票)

山东省威海市服务业、娱乐业、文体育业通用发票
WEIHAI SHANDONG GENERAL INVOICE FOR SERVICE INDUSTRY, INDUSTRY AND SPORT INDUSTRY

付款单位:红太阳集团公司 PAYER
收款单位:黑骑兵广告公司 PAYEE
税务登记号:0245465412 TAX REGISTRY NO.
发票代码:237100800154 INVOICE CODE
发票号码:00161602 INVOICE NO.
机打票号:568 PRINTING NO.

经营项目 ITEMS OF BUSINESS	金 额 AMOUNT CHARGED
广告费	15 000.00
金额合计(大写)壹万伍仟元整 TOAL IN CAPITALS	
备 注	
机器编号:105 RECEIVER NO. 税控码:1564645687 ANTI FORGERY CODE	开票日期:2008.12.28 DATE ISSUED 收款单位(盖章有效) PAYEE (SEAL)

第三联 记账联 THIRD ENTRY

机打发票,手开无效 PRINTED RECEIVER HAND WRITING INVALID
收款员 王洪 RECEIVED BY

【例 6-34】 企业按规定计算出本月应交消费税 3 600 元。

这项经济业务的发生,涉及"营业税金及附加"和"应交税费"两个账户。计算税金表示税金费用的增加,应记入"营业税金及附加"账户的借方;应交的消费税应记入"应交税费"账户的贷方。该项经济业务所作记账凭证如下(以会计分录替代):

借:营业税金及附加 3 600
　　贷:应交税费——应交消费税 3 600 (转账凭证)

【例 6-35】 本月已销 A 产品 70 件,单位成本 777.2 元,B 产品 70 台,单位成本 220 元,计算结转已售 A、B 产品的实际生产成本。

这项经济业务的发生,涉及"主营业务成本"和"库存商品"两个账户。结转已销产品的成本应记入"主营业务成本"账户的借方;出库产品的成本应记入"库存商品"账户的贷方。该项

经济业务所作记账凭证如下(以会计分录替代):

借:主营业务成本——A 产品　　54 404

　　　　　　　——B 产品　　15 400

　贷:库存商品——A 产品　　54 404

　　　　　　——B 产品　　15 400　　(转账凭证)

【例 6-36】 结转本月已售材料的成本 6 000 元。

这项经济业务的发生,涉及"其他业务成本"和"原材料"两个账户。结转已销原材料的成本应记入"其他业务成本"账户的借方;出库原材料的成本应记入"原材料"账户的贷方。该项经济业务所作记账凭证如下(以会计分录替代):

借:其他业务成本　　6 000

　贷:原材料　　6 000　　(转账凭证)

6.6 财务成果的核算

财务成果是企业在一定时期内所进行的生产经营活动最终在财务上所实现的成果,表现为净利润或净亏损,它是一项综合反映企业经营质量的指标。

6.6.1 财务成果核算的主要内容

制造业的财务成果,就是我们通常所说的利润或亏损,统称为损益。损益的计算,是通过一定期间的各种收入与各种费用支出相抵以后的差额形成的。正确计算损益的关键在于正确计算一个会计期间的收入、利得和费用、损失,然后通过收入、利得和费用、损失的合理配比,来确定该会计期间的损益。因此,企业在一定期间的利润(或亏损)总额是由营业利润、营业外收支净额组成,计算公式如下:

利润总额 = 营业利润 + 营业外收入 - 营业外支出

其中:

营业利润 = 营业收入 - 营业成本 - 营业税金及附加 - 管理费用 - 财务费用
　　- 销售费用 - 资产减值损失 +(-)公允价值变动损益 +(-)投资收益

企业实现的利润总额,按规定要交纳所得税,利润总额扣除所得税费用即为企业的净利润,净利润要按照国家规定的程序进行分配:首先要按照一定比例提取盈余公积,然后向投资者分配利润。确定企业实现的利润总额,计算应交的所得税和净利润,并对净利润按照法定的程序和比例进行分配,构成了企业财务成果核算的主要内容。

6.6.2 财务成果核算应设置的主要账户

为了正确核算企业的财务成果,除了前面所讲过的有关收入和费用账户外,还应设置"营业外收入""营业外支出""投资收益""所得税费用""本年利润""利润分配""盈余公积""应付股利"等账户。

1."营业外收入"账户

该账户为损益类账户,用来核算企业发生的各项营业外收入,包括非流动资产处置利得、非货币性资产交换利得、债务重组利得、政府补助、盘盈利得、捐赠利得等。该账户的贷方登记发生的营业外收入,借方登记期末转入"本年利润"账户的数额,结转后期末无余额。企业可按营业外收入项目设置明细账户，进行明细核算。

2. "营业外支出"账户

该账户为损益类账户，用来核算企业发生的各项营业外支出，包括固定资产盘亏、非流动资产处置损失、非货币性交换资产损失、债务重组损失、公益性捐赠损失、非常损失、盘亏损失等。该账户的借方登记发生的营业外支出，贷方登记期末转入"本年利润"账户的数额，结转后期末无余额。企业可按营业外支出项目设置明细账户，进行明细核算。

3. "投资收益"账户

该账户为损益类账户，用来核算企业确认的投资收益或投资损失。该账户的贷方登记企业取得的投资收益，借方登记发生的投资亏损，期末应将该账户的余额转入"本年利润"账户，结转后期末无余额。企业可按投资项目设置明细账户，进行明细核算。

4. "所得税费用"账户

该账户是损益类账户，用来核算企业确认的应从当期利润总额中扣除的所得税费用。该账户的借方登记企业按税法规定计算确定的当期应交所得税，贷方登记期末转入"本年利润"账户的所得税费用，结转后期末无余额。

5. "本年利润"账户

该账户是所有者权益类账户，用来核算企业实现的净利润(或发生的净亏损)。该账户的贷方登记期末转入的各项收入，借方登记期末转入的各项费用，结转后该账户的贷方余额为当期实现的净利润，借方余额为当期实现的净亏损。年度终了，应将本年收入和费用相抵后的净利润转入"利润分配"账户，结转后无余额。

6. "利润分配"账户

该账户是"本年利润"账户的备抵调整账户，用来核算企业利润的分配(或亏损的弥补)和历年分配后的余额。该账户的借方登记利润的分配数，贷方登记年终转入的净利润，平时借方余额表示累计利润分配数，年末贷方余额表示未分配利润，借方余额表示未弥补亏损。企业可按"提取法定盈余公积""提取任意盈余公积""应付现金股利或利润""转作股本的股利""盈余公积补亏""未分配利润"等设置明细账户，进行明细核算。

7. "盈余公积"账户

该账户是所有者权益类账户，用来核算企业从净利润中提取的盈余公积。该账户贷方登记盈余公积的提取数，借方登记盈余公积补亏或转增资本数，期末余额在贷方，表示盈余公积的结存数。企业可按"法定盈余公积""任意盈余公积"设置明细账户，进行明细核算。

8. "应付股利"账户

该账户是负债类账户，用来核算企业经董事会或股东大会，或类似机构决议确定分配的现金股利或利润。该账户的贷方登记应付股利的增加数，借方登记实际发放的股利，期末余额在贷方，表示尚未支付的现金股利或利润。企业可按投资者设置明细账户，进行明细核算。

6.6.3 财务成果核算的账务处理

1. 营业外收入、营业外支出的发生

【例6-37】 企业收到来自华强基金会捐赠款52 000元，存入银行。原始凭证见表6-44、表6-45。

这项经济业务涉及"银行存款"和"营业外收入"两个账户。银行存款增加，应记入"银行存款"账户的借方；捐赠利得增加，应记入"营业外收入"账户的贷方。该项经济业务所作记账

凭证如下(以会计分录替代):

借:银行存款　　52 000

　贷:营业外收入　　52 000　　(收款凭证)

表 6-44　收　款　收　据

2008 年 12 月 30 日　　　　第 0135 号

今收到　华强基金会					
人民币(大写)伍万贰仟元整			¥ 52 000.00		
事由:　捐赠款			现金		
			支票第 001354678434 号		
收款单位	红太阳集团公司	财务主管	郑红生	收款人	张玲

第三联　收据

红太阳集团公司 财务专用章

表 6-45　原始凭证(进账单)

中国工商银行　INDUSTRIAL AND COMMERCIAL BANK OF CHINA　　进账单(收账通知)

2008 年 12 月 30 日

出票人	全　称	华强基金会	收款人	全　称	红太阳集团公司
	账　号	02035653589		账　号	00845000780855500056
	开户银行	中行威海支行		开户银行	工行威海支行
金额	人民币(大写)	伍万贰仟元整		亿千百十万千百十元角分	¥ 5 2 0 0 0 0 0
票据种类	转账支票	票据张数	1		
票据号码	001354678434				
复核　记账				收款人开户银行签章	

中国工商银行 威海支行 2008.12.30 转讫

此联是收款人开户银行交给收款人的收账通知

【例 6-38】　企业支付罚款 13 000 元。原始凭证见表 6-46、表 6-47。

表 6-46　原始凭证(银行支票存根)

中国工商银行支票存根

XVI00235676

附加信息

出票日期 2008 年12月30日

收款人:地税局稽查处
金　额:13 000.00
用　途:罚款

单位主管　　会计

红太阳集团公司 财务专用章

表 6-47 原始凭证(罚款收据)

山东省非税收入收款收据

(公安交通管理罚款专用) NO.119010469650

填制日期： 2008 年 12 月 25 日

缴款人：红太阳集团公司

项目编码	10-165	
项目名称	公安交通安全违法罚款	
金额（大写）	壹万叁仟元整	￥13 000.00

第四联 收据联

工商银行威海市营业部 2008.12.25.

注：此联经执法单位与代收银行签章生效。

制单人： 校验码：797786418

这项经济业务涉及“银行存款”和“营业外支出”两个账户。银行存款减少，应记入“银行存款”账户的贷方；营业外支出的增加，应记入“营业外支出”账户的借方。该项经济业务所作记账凭证如下（以会计分录替代）：

借：营业外支出 13 000

　　贷：银行存款 13 000 （付款凭证）

2. 利润总额的形成——各项收入、费用的结转

【例 6-39】 期末，结转本月发生的各项收入，其中主营业务收入 119 000 元，其他业务收入 10 000 元，营业外收入 52 000 元。

这项经济业务的发生，涉及“本年利润”“主营业务收入”“其他业务收入”和“营业外收入”四个账户。将各项收入转入本年利润，应记入“本年利润”账户的贷方以及“主营业务收入”“其他业务收入”“营业外收入”账户的借方。该项经济业务所作记账凭证如下（以会计分录替代）：

借：主营业务收入 119 000

　　其他业务收入 10 000

　　营业外收入 52 000

　　贷：本年利润 181 000 （转账凭证）

【例 6-40】 期末，结转各项费用共计 127 844 元，其中主营业务成本 69 804 元，其他业务成本 6 000 元，营业税金及附加 3 600 元，销售费用 15 000 元，管理费用 18 240 元，财务费用 2 200 元，营业外支出 13 000 元。

这项经济业务的发生，涉及“本年利润”“主营业务成本”“其他业务成本”“营业税金及附加”“销售费用”“管理费用”“财务费用”“营业外支出”八个账户。将各种费用转入本年利润，应记入“本年利润”账户的借方以及“主营业务成本”“其他业务成本”“营业税金及附加”“销售费用”“管理费用”“财务费用”“营业外支出”账户的贷方。该项经济业务所作记账凭证如下（以会计分录替代）：

借：本年利润 127 844

　　贷：主营业务成本 69 804

其他业务成本	6 000		
营业税金及附加	3 600		
销售费用	15 000		
管理费用	18 240		
财务费用	2 200		
营业外支出	13 000		(转账凭证)

通过以上结转,全部收入和费用都转入"本年利润"账户,将收入与费用配比,可计算出本期利润或亏损总额。根据以上两例中数字计算可知,本期实现的利润总额为 53 156 元(181 000 - 127 844)。

3. 所得税的计算和结转以及净利润的形成

【例 6-41】 按利润总额的 25% 计算所得税。

这项经济业务的发生,涉及"所得税费用"和"应交税费"两个账户。所得税费用表示企业一项费用的增加,应记入"所得税费用"账户的借方;应交税费的增加,应记入"应交税费"账户的贷方。该项经济业务所作记账凭证如下(以会计分录替代):

借:所得税费用	13 289		
贷:应交税费——应交所得税		13 289	(转账凭证)

【例 6-42】 期末,结转所得税费用 13 289 元。

这项经济业务的发生,涉及"本年利润"和"所得税费用"两个账户。结转所得税费用,应记入"本年利润"账户的借方以及"所得税费用"账户的贷方。该项经济业务所作记账凭证如下(以会计分录替代):

借:本年利润	13 289		
贷:所得税费用		13 289	(转账凭证)

通过所得税的计算和结转,可计算出本期净利润为 39 867(53 156 - 13 289)元。

4. 利润分配的处理

【例 6-43】 根据以上资料,企业本期实现净利润 39 867 元,假如按税后利润的 10% 提法定盈余公积,按 5% 提任意盈余公积,50% 分配投资者现金股利。原始凭证见表 6-48。

这项经济业务的发生,涉及"利润分配""盈余公积""应付股利"三个账户。利润分配增加,应记入"利润分配"账户的借方;盈余公积增加,应记入"盈余公积"账户的贷方;应付股利增加,应记入"应付股利"账户的贷方。该项经济业务所作记账凭证如下(以会计分录替代):

借:利润分配——提法定盈余公积	3 986.70		
——提任意盈余公积	1 993.35		
——应付现金股利或利润	19 933.50		
贷:盈余公积——法定盈余公积		3 986.70	
——任意盈余公积		1 993.35	
应付股利		19 933.50	(转账凭证)

表 6-48　公积金计提明细表

2008 年 12 月　　单位:元

项目	计提基数(净利润)	计提比例	计提金额
法定盈余公积	39 867.00	10%	3 986.70
任意盈余公积	39 867.00	5%	1 993.35
应付股利	39 867.00	50%	19 933.50
合计			25 913.55

【例 6-44】　年末,将本年净利润 39 867 元转入利润分配账户。

这项经济业务涉及“本年利润”和“利润分配”两个账户。本年利润转出,应记入“本年利润”账户的借方;本年利润转入利润分配,应记入“利润分配”账户的贷方。该项经济业务所作记账凭证如下(以会计分录替代):

借:本年利润　　39 867

　贷:利润分配——未分配利润　　39 867　　(转账凭证)

若为亏损,应作相反的会计分录。

5. 企业未分配利润的形成

年度终了,企业应将“利润分配”账户所属其他明细账户的余额转入“利润分配—未分配利润”明细账户,即借记“利润分配—未分配利润”、“利润分配—盈余公积补亏”等账户,贷记“利润分配—提取法定盈余公积“、”利润分配—应付股利等账户。

结转后,“利润分配”账户中,除未分配利润明细账户外,其他明细账户均无余额。未分配利润明细账户的贷方余额表示累积未分配的利润,借方余额表示累积未弥补的亏损。

【例 6-45】　根据【例 6-43】中的会计分录,该企业形成未分配利润的会计分录如下:

借:利润分配—未分配利润　　25 913.55

　贷:利润分配—提法定盈余公积　　3986.70

　　利润分配—提任意盈余公积　　1993.35

　　利润分配—应付现金股利或利润　　19 933.50

根据【例 6 - 44】和【例 6 - 45】,可以看出,利润分配—未分配利润贷方余额为 13 953.45 元(39 867 - 25 913.55),表示企业累积未分配的利润。

【总结与回顾】

本章系统阐述了制造业的主要经营过程核算的内容、涉及的主要账户以及有关的账务处理,是对复式记账以及会计凭证章节的进一步应用。通过本章的学习,让学生对前面所学知识进一步消化理解,并能理论联系实际,识别原始凭证,根据原始凭证进行会计分录的编制,为阶段性实训打下基础。

【复习思考】

1. 制造业的经济业务主要包括哪些?
2. 说明“在途物资”账户的核算内容。
3. 什么是生产费用和期间费用? 期间费用包括哪些内容?
4. 试述供应过程、生产过程、销售过程核算的主要内容。
5. 财务成果核算的主要内容是什么? 利润是如何计算的?
6. 简述利润分配的顺序。

【练习题】

一、单项选择题

1. 下列项目中不构成一般纳税人材料采购成本的是(　　)。

A. 买价　　B. 增值税　　C. 消费税　　D. 关税

2. 法定盈余公积的计提比例为税后净利润的(　　)。

A. 8%　　B. 5%　　C. 10%　　D. 17%

3. 一般纳税人购进材料一批,买价 50 000 元,运输费 1 200 元,入库前的挑选整理费 800 元,增值税进项税额 8 500 元。该批材料采购成本是(　　)元。

A. 52 000　　B. 51 200　　C. 50 800　　D. 60 500

4. “在途物资”账户期末若有余额,表示(　　)。

A. 已购入但尚未验收入库的材料
B. 企业本月及以前各期累计购买的材料金额
C. 企业目前尚存的原材料
D. 企业已入库和已耗用材料的差额

5. 制造业将多余材料出售,其价款应计入(　　)账户。

A. 主营业务收入　　B. 其他业务收入　　C. 投资收益　　D. 营业外收入

6. 企业对外投资取得的现金股利应计入(　　)账户。

A. 主营业务收入　　B. 其他业务收入　　C. 营业外收入　　D. 投资收益

7. 按照规定,离退休人员的薪酬应记入(　　)账户。

A. 应付职工薪酬　　B. 制造费用　　C. 管理费用　　D. 生产成本

8. 企业利润分配中以下项目的分配顺序为(　　)。

①提取任意盈余公积　②弥补亏损　③提取法定盈余公积　④向投资者分配利润

A. ①→②→③→④　　B. ②→③→①→④　　C. ③→①→②→④　　D. ②→①→③→④

9. 期末,应将完工产品的成本转入(　　)账户。

A. “生产成本”　　B. “制造费用”　　C. “销售费用”　　D. “库存商品”

10. 下列应计入成本的费用是(　　)。

A. 管理费用　　B. 财务费用　　C. 销售费用　　D. 制造费用

11. 企业的应付款项确实无法支付,经确认后转作(　　)。

A. 主营业务收入　　B. 其他业务收入　　C. 营业外收入　　D. 资本公积

12. 下列各项中,应计入管理费用的是(　　)。
A. 审计费　B. 广告费　C. 采购运费　D. 自然灾害损失
13. 企业发生的短期借款利息应计入(　　)。
A. 生产成本　B. 制造费用　C. 管理费用　D. 财务费用
14. 结转本期已售产品的生产成本,应借记"主营业务成本"账户,贷记(　　)。
A. "生产成本"账户　B. "库存商品"账户　C. "管理费用"账户　D. "制造费用"账户
15. 下列税金,不通过"营业税金及附加"账户核算的是(　　)。
A. 增值税　B. 营业税　C. 消费税　D. 城建税
16. 下列账户中,期末结转后可能有余额的是(　　)。
A. 生产成本　B. 营业税金及附加
C. 财务费用　D. 主营业务成本
17. 下列项目中,属于营业外收入的有(　　)。
A. 销售产品的收入　B. 接受捐赠
C. 对外提供劳务的收入　D. 投资收益
18. 下列项目中,属于营业外支出的有(　　)。
A. 无法收回的应收账款　B. 支付的广告费
C. 罚款支出　D. 支付的办公费

二、多项选择题

1. 以下项目中构成材料采购成本的有(　　)。
A. 买价　B. 运杂费　C. 广告费　D. 挑选整理费
E. 进口关税
2. 企业的期间费用包括(　　)。
A. 制造费用　B. 销售费用　C. 管理费用　D. 财务费用
E. 长期待摊费用
3. 企业产品的成本构成项目包括(　　)。
A. 管理费用　B. 财务费用　C. 直接材料　D. 直接人工
E. 制造费用
4. 以下账户中期末一般无余额的是(　　)。
A. 生产成本　B. 制造费用　C. 本年利润　D. 管理费用
E. 利润分配
5. 制造业以下收入中应记入其他业务收入的有(　　)。
A. 销售产品　B. 销售材料　C. 罚款收入　D. 固定资产出租收入
E. 处置固定资产净收益
6. 制造业以下各项应记入营业外支出的是(　　)。
A. 销售商品的成本　B. 罚款支出　C. 公益性捐赠　D. 租入固定资产租金
E. 非常损失
7. 下列费用不能全部计入当期损益的有(　　)。
A. 生产成本　B. 制造费用　C. 销售费用　D. 管理费用
E. 财务费用
8. 下列支出应计入财务费用的是(　　)。

A. 支付给金融机构的手续费　B. 支付给银行的短期借款利息
C. 偿还银行的长期借款本金　D. 汇兑损失
E. 存款利息收入

9. 企业销售产品和提供劳务发生的收入,可能借记的账户有(　　)。
A."银行存款"账户　B."应收账款"账户
C."应收票据"账户　D."应付账款"账户
E."其他业务收入"账户

10. 以下费用中应记入销售费用的是(　　)。
A. 广告费　B. 销售机构人员工资
C. 销售产品的成本　D. 销售产品运杂费
E. 销售原材料成本

11. 下列账户中,期末余额需要转入"本年利润"账户的有(　　)。
A. 主营业务收入　B. 管理费用　C. 预收账款　D. 制造费用
E. 财务费用

12. 制造业以下税金中应记入营业税金及附加的是(　　)。
A. 增值税　B. 消费税　C. 所得税　D. 城建税
E. 教育费附加

13. 下列支出中,直接记入"管理费用"账户借方的有(　　)。
A. 公司经费　B. 业务招待费　C. 广告费　D. 捐赠支出
E. 短期借款利息

14. 制造业以下项目中应计入营业外收入的是(　　)。
A. 材料销售　B. 固定资产出租
C. 确实无法支付的应付账款　D. 接受捐赠
E. 处置固定资产利得

15. 计提固定资产折旧的会计分录可能是(　　)。
A. 借记"生产成本"账户　B. 借记"制造费用"账户
C. 借记"管理费用"账户　D. 贷记"固定资产"账户
E. 贷记"累计折旧"账户

16. 交纳税费的会计分录可能是(　　)。
A. 借记"生产成本"账户　B. 借记"制造费用"账户
C. 借记"应交税费"账户　D. 借记"营业税金及附加"账户
E. 贷记"银行存款"账户

17. 分配制造费用涉及的会计账户有(　　)。
A. 库存商品　B. 管理费用　C. 生产成本　D. 主营业务成本
E. 制造费用

18. 企业的资本按照投入资本的不同物质形态,分为(　　)。
A. 无形资产投资　B. 信誉投资　C. 实物投资　D. 证券投资
E. 货币投资

三、判断题

1. 材料采购成本中的买价是指向购买方支付的全部账款。　(　　)

2. 财务费用是一种期间费用，按月归集，月末全部转入“本年利润”账户。（ ）
3. 增值税对企业的经营成本和损益核算没有影响。（ ）
4. 累计折旧账户与固定资产账户同属于资产类账户，二者记账结构相同。（ ）
5. 企业支付的车间保险费，应记入“管理费用”账户。（ ）
6. “利润分配——未分配利润”账户的贷方余额表示本年度的未分配利润金额。（ ）
7. “累计折旧”属于资产类科目，因此累计折旧的增加记入“累计折旧”账户的借方。（ ）
8. 企业生产车间发生的成本费用直接计入“生产成本”账户。（ ）
9. 企业按职工工资总额一定比例计提的工会经费应记入管理费用。（ ）
10. 利得与损失是与企业日常活动直接关联的经济利益总流入或总流出。（ ）

【技能训练】

一、训练目的

训练制造业筹集资金、供应过程、生产过程、销售过程、财务成果的核算。

二、训练资料

1. 某企业某月发生部分经济业务如下。

(1)以银行存款偿付到期的长期借款 1 000 000 元。

(2)以银行存款交纳增值税 5 400 元，所得税 7 000 元。

(3)收到海滨公司以商标权投资，作价 50 000 元。

(4)以银行存款偿付前欠账款 117 000 元。

(5)从银行借入六个月期限款项 3 000 000 元，存入银行。

(6)将盈余公积 350 000 元转增资本金。

(7)收到华光投资公司投入资本金 80 000 元，存入银行。

(8)职工预借差旅费 7 000 元，以现金支付。

2. 某企业发生部分采购业务如下。

(1)从红原公司购入甲材料 3 000 公斤，增值税专用发票上注明的单价 10 元，价款 30 000 元，增值税额 5 100 元，款项以银行存款支付，材料未入库。

(2)上述甲材料运至企业，用现金支付挑选整理费 300 元。

(3)从光华厂购入甲材料 2 000 公斤，增值税专用发票上注明单价 15 元，价款 30 000 元，增值税额 5 100 元；乙材料 5 000 公斤，单价 80 元，价款 400 000 元，增值税额 68 000 元，货款以银行承兑汇票支付，材料未入库。

(4)以银行存款支付上述甲、乙材料运费 6 400 元，用现金支付装卸费 600 元。上述甲、乙材料运到企业（按重量比例分配有关费用）。

(5)向 G 公司购买丙材料 5 000 公斤，增值税专用发票上注明单价 10 元，价款 50 000 元，增值税额 8 500 元，运费 1 000 元，账款尚未支付，材料尚在途中。

(6)上述签发的银行承兑汇票到期，以银行存款支付票款。

(7)以银行存款支付前欠 G 公司货款。

(8)月末，甲、乙材料已验收入库，结转甲、乙材料的实际采购成本。

3. 某企业生产过程发生部分业务如下。

(1)分配本月职工工资80 000元,其中A产品生产人员工资20 000元,B产品生产人员工资10 000元,车间管理人员工资10 000元,销售人员工资15 000元,行政管理人员工资25 000元。

(2)按本月员工工资总额的14%计提福利费。

(3)委托银行代发工资80 000元。

(4)计提本月固定资产折旧费9 400元,其中车间固定资产折旧费5 000元,管理部门固定资产折旧4 400元。

(5)以银行存款支付车间房屋修理费1 200元。

(6)以银行存款支付本月电话费15 000元。

(7)以存款支付本月电费58 000元,其中车间用电36 000元,行政办公用电22 000元。

(8)以银行存款支付产品广告费1 500元。

(9)以存款支付上季度借款利息3 000元。

(10)采购人员报差旅费7 200元,原预支7 000元,不足部分补付现金。

(11)以银行存款支付本月租入行政办公用房房租3 000元。

(12)本月发出材料54 000元,其中生产A产品耗用34 000元,生产B产品耗用19 400元,车间一般耗用600元。

(13)以现金支付生产车间零星办公用品费500元。

(14)预提本月借款利息1 000元。

(15)将本月发生的制造费用按照生产工人工资比例分配并结转。

(16)本月生产A产品1000件已完工并验收入库,结转入库A产品的生产成本。

4. 某企业发生部分销售业务如下。

(1)向W工厂出售A产品500件,开具的增值税专用发票上每件售价60元,增值税率17%,货款已收到,存入银行。

(2)向F公司出售B产品300件,开具的增值税专用发票上每件售价150元,增值税率17%,货款尚未收到。

(3)以银行存款支付上述A、B两种产品在销售过程中运输费800元,包装费200元。

(4)B产品为应税消费品,按10%的税率计算B产品的消费税。

(5)向R工厂出售材料1 200公斤,单价25元,增值税率17%,款项已收存银行。

(6)结转本月销售产品的实际生产成本(A产品每件40元,B产品每件120元)。

(7)结转本月销售材料的实际采购成本(材料单位成本10元)。

(8)上述B产品货款收到存入银行。

(9)以银行存款支付产品广告费50 000元。

5. 某企业某月发生部分经济业务如下。

(1)销售产品一批,价款200 000元,增值税额34 000元,货款已收存银行。

(2)销售材料一批,价款6 000元,增值税额1 020元,款项已收存银行。

(3)以现金支付给职工困难补助3 500元。

(4)收到罚款收入20 000元,存入银行。

(5)以银行存款支付金融机构手续费300元。

(6)用存款支付产品广告费40 000元。

(7)用存款支付本月利息1 000元。

(8)报销差旅费3 000元,不足部分200元以现金补付。

(9)用存款支付本月电话费3 500元。

(10)结转本月销售产品实际生产成本115 000元。

(11)结转本月销售材料的实际采购成本3 200元。

(12)计提本月销售产品应交消费税6 000元。

(13)将本月各损益类账户的余额转入"本年利润"。

(14)按25%的税率计算并结转本月所得税费用。

(15)本年实现净利润(经计算为405 000),按照10%提取法定盈余公积。

(16)按照本年净利润的30%分配给投资者。

6.某企业某月发生部分经济业务如下。

(1)从银行借入三年期借款500 000元。

(2)以银行存款支付本月产品广告费20 000元。

(3)收到投资者投入150 000元存入银行。

(4)向光明厂购入甲材料50公斤,单价600元,乙材料30公斤,单价200元,增值税率17%,取得增值税专用发票,货款尚未支付,材料已验收入库,结转其实际采购成本。

(5)以银行存款30 000元捐赠给希望工程。

(6)销售A产品1000件,开具增值税专用发票,单价300元,增值税率17%,以银行存款支付代垫运费1 500元,收到商业汇票一张。

(7)向林园公司购买甲材料100公斤,单价600元,乙材料40公斤,单价200元,增值税率17%,运费1 800元,已全部通过银行支付,材料已入库,结转其实际采购成本(运费按重量比例分配)。

(8)以银行存款购买生产车间用办公用品2 000元。

(9)职工报销差旅费4 260元,原预借5 000元,余款交回现金。

(10)收到商业汇票款352 800元,存入银行。

(11)以银行存款偿付前欠光明厂购料款42 120元。

(12)销售甲材料一批,开具增值税专用发票,价款10 000元,增值税率17%,款项收存银行。

(13)本月发出甲材料共计20 000元,其中用于A产品生产15 000元,车间一般耗用5 000元,发出乙材料21 400元,其中用于A产品生产5 000元,B产品生产16 000元,行政部门耗用400元。

(14)以银行存款支付电费8 000元,其中生产车间用电6 200元,行政管理部门用电1 800元。

(15)以银行存款支付违章罚款1 500元。

(16)销售B产品3 000件,单价230元,增值税率17%,款项已收存银行。

(17)职工出差借款6 000元,付现金。

(18)以银行存款支付本月借款利息5 000元。

(19)收到前欠销货款93 600元,存入银行。

(20)收到罚款收入50 000元,存入银行。

(21)计提本月固定资产折旧9 000元,其中车间用固定资产折旧5 500元,行政管理用固定资产折旧3 500元。

(22)分配本月应付工资:其中生产A产品生产工人工资60 000元,生产B产品生产工人工资30 000元,车间管理人员工资5 000元,行政管理人员工资10 000元,销售人员工资9 000元。

(23)将本月发生的制造费用68 200元按照工时比例分配计入产品成本(A产品工时32 000小时,B产品工时68 000小时)。

(24)本月A产品完工8 000件,单位成本200元,结转完工产品成本。

(25)结转本月已售产品的生产成本,A产品成本200 000元,B产品成本330 000元。

(26)结转本月已售材料成本6 000元。

(27)结转本月损益类账户的余额,计算本月利润总额。

(28)按25%的所得税率计提并结转本月所得税费用。

(29)若本年实现净利润800 000元,按照10%提法定盈余公积。

(30)向投资者分配利润80 000元。

三、训练要求

根据以上经济业务编制会计分录。

【小资料】

增值税简介

《中华人民共和国增值税暂行条例》规定,在中华人民共和国境内销售货物或者提供加工、修理修配劳务以及进口货物的单位和个人,为增值税的纳税义务人。2011年10月,国务院决定开展营改增试点,逐步将征收营业税的行业改为征收增值税,以进一步深化税制改革,解决增值税和营业税并存导致的重复征税问题。2012年1月1日起,营改增率先在上海交通运输业和部分现代服务业展开。此后,从2012年到2015年底,四年间全国先后完成交通运输业、部分现代服务业、铁路运输和邮政业,以及电信业等行业的营改增试点。

3月18日,国务院常务会议审议通过了全面推开营改增试点方案,明确自2016年5月1日起,全面推开营改增试点,将建筑业、房地产业、金融业、生活服务业纳入试点范围。

增值税的纳税人根据会计核算的健全程度以及年销售额的高低不同,可以分为一般纳税人和小规模纳税人。二者主要区别如下:

(1)一般纳税人在开展业务时,必须使用增值税专用发票,小规模纳税人只能使用普通发票;

(2)一般纳税人实行税款抵扣办法,小规模纳税人不实行税款抵扣。

增值税的计算方法根据一般纳税人和小规模纳税人分为两种。

(1)一般纳税人增值税的计算方法。

一般纳税人税率实行四档税率,分别为17%,13%,11%,6%。销售或进口货物,提供应税劳务,有形动产租赁适用17%税率;粮食、农药化肥等与农产品有关,自来水、冷暖气、煤气等与生活息息相关以及图书报纸杂志等适用13%的税率;交通运输业、建筑业、房地产业适用11%的税率,金融业、生活服务业等适用6%的税率。应纳税额的计算为当期销项税额抵扣当期进项税额后的余额。一般纳税人本期应纳增值税额计算公式如下:

应纳税额=当期销项税额-当期进项税额

(2)小规模纳税人增值税的计算方法。

小规模纳税人增值税的计算统一采用3%的税率,计算并交纳。

7 会计账簿

【学习目标】

登记会计账簿是会计核算的基本方法，正确登记会计账簿，能系统地记录和提供企业经济活动的各种数据。通过本章的学习，要求学生理解会计账簿的意义，熟悉会计账簿的种类，掌握各类账簿的登记方法，掌握错账更正的方法，掌握结账、对账的工作要点。

【重点难点】

- 账簿的含义与分类
- 账簿在会计核算中的地位
- 账簿登记规则和错账的更正方法
- 对账、结账的要点

【技能点】

- 正确选择账簿种类和账簿格式
- 熟练登记各类账簿
- 掌握错账的更正方法
- 掌握对账与结账的方法

【学习内容】

7.1 认识会计账簿

7.1.1 会计账簿的含义

会计账簿以会计凭证为依据，且由一定格式的账页组成，它能够全面、连续地记录一个单位的经济业务，并对大量分散的数据或资料进行分类归集整理，进而逐步加工成有用的会计信息。形式上,会计账簿只是若干账页的组合,实质上,会计账簿是会计信息形成的重要环节,是编制会计报表的重要依据。

任何一个单位发生经济业务之后,必然要取得或填制会计凭证,从而证明经济业务的完成情况,这是会计核算工作的起点。但是由于会计凭证数量多,格式不一,又很分散,每张会计凭证只能反映个别经济业务内容,不能全面、连续、系统地反映和监督一个单位在一定时期内某一类和全部经济业务增减变动情况,且不便于日后查阅。因此各单位必须按照要求,设置和登记会计账簿,以便把分散在会计凭证上的大量的核算资料,加以集中和归类整理,生成有用的会计信息,从而为编制会计报表提供主要依据。

7.1.2 会计账簿的作用

设置和登记会计账簿是会计核算的一种专门方法。通过设置和登记会计账簿,可以系统、全面地记载和提供企业经济业务活动的各种数据信息,这是会计核算工作的重要环节,对加强企业经济核算,改善和提高经营管理水平具有重要作用。

1. 全面系统反映单位经济业务的发生和完成情况,为经济管理提供系统、完整的核算资料

通过账簿的序时、分类核算,可以把会计凭证所反映的经济业务进行归类汇总,提供企业各项资产、负债、所有者权益增减变化和企业经营成果核算资料。这对于加强经营管理,合理使用资金、监督各项资产物资的安全是十分重要的。

2. 为定期编制会计报表提供依据

会计账簿记录积累了一定时期的会计核算资料,分类、系统地记录资产、负债、所有者权益、收入、成本费用、利润等数据资料,是编制会计报表的主要依据。

3. 为考核企业经营成果,进行会计分析、审计提供依据

通过对账簿记录的会计资料的分析和检查,可以考核资金、成本、利润计划的执行情况,评价经营成果,发现生产经营过程中出现的问题,采取措施,提高经营管理水平。

7.1.3 会计账簿的种类

账簿的形式多种多样,按照不同的标准划分为不同的种类。

1. 会计账簿按用途分为序时账、分类账和备查账

(1)序时账簿。序时账也叫日记账,是按照经济业务发生的时间先后顺序,逐日逐笔登记经济业务的账簿。序时账簿分为普通日记账和特种日记账。

普通日记账是用来登记各单位全部经济业务的日记账。单位所发生的全部经济业务,都需要按照先后顺序,逐项编制记账凭证,在该账簿中连续地登记,全面反映单位的所有经济业务。在实际工作中,由于经济业务的复杂性,现在很少应用一本账簿序时记录企业的全部经济业务。

特种日记账是用来登记某一类经济业务的日记账。比如库存现金日记账、银行存款日记账、购(销)货日记账等。目前应用比较广泛的序时账簿是库存现金日记账和银行存款日记账。

(2)分类账簿。分类账簿是对全部经济业务进行分类登记的账簿。分类账簿按照其提供核算指标的详细程度不同,又分为总分类账和明细分类账。

总分类账简称总账,是根据总分类科目开设账户,用来登记全部经济业务,进行总分类核算,提供总括核算资料的分类账簿。

明细分类账简称明细账,是根据明细分类科目开设账户,用来登记某一类经济业务,进行明细分类核算,提供明细核算资料的分类账簿。

在实际工作中,若经济业务较简单、总账科目数量不多的单位,可将日记账和分类账合并设置和登记,成为联合账簿,使一本账簿兼有日记账和分类账两种用途,如日记总账。

(3)备查账簿。备查账簿是对某些在日记账簿和分类账簿中未能记载或记载不全的经济业务进行补充登记的账簿。备查账簿记录的内容不受总分类账的制约,是对日记账和明细分类账的补充,它可以为某些经济业务的内容提供必要的参考资料。如租入固定资产登记簿、空白凭证领用备查簿等。实际工作中,各单位可根据实际需要设置备查账簿。

2. 会计账簿按外表形式分为订本式账簿、活页式账簿和卡片式账簿三种

(1)订本式账簿。订本式账簿是在未启用前就把编有顺序号的一定数量的账页固定装订成册的账簿。这种账簿一般适用于重要的和具有统御性的账簿,如总分类账、现金日记账、银行存款日记账等。订本式账簿的优点是能够避免账页散失和防止抽换,便于保管。缺点一是账页固定,不能增减,账簿启用时必须合理预留空白账页,留页过多会造成浪费,留页过少就不够用,会影响账户记录的连续性,不便查阅;二是这种账簿在同一时间里只能由一人登记,不便于记账人员分工。

(2)活页式账簿。活页式账簿是在启用和使用过程中把一定数量的账页置于活页账夹内,可以根据记账内容的多少,随时增加或减少部分账页的账簿。这种账簿一般适用于明细分类账。活页式账簿的优点,一是可根据实际需要,随时加入、抽出或移动账页,不浪费,使用灵活;二是便于分工记账、分类计算和汇总。缺点是账页容易散失和被抽换。因此,为防止产生弊端,在使用时必须对账页进行编号,并在账页上加盖有关人员图章。会计年度终了,应将活页账装订成册,存档并妥善保管。

(3)卡片式账簿。卡片式账簿是将一定数量的卡片式账页存放于专设的卡片箱中,账页可以根据需要随时增加的一种账簿。卡片账一般适用于固定资产、低值易耗品等的明细核算。这种账页的优缺点和活页账基本相同。在实际使用中,卡片应连续编号并加盖有关人员图章,卡片箱要由专人保管,以保证其安全。

3. 会计账簿按照账页格式分为三栏式、数量金额式和多栏式三种

(1)三栏式账页只设了"借方""贷方""余额"三个金额栏,不设数量栏。这类账页适用于无需反映数量单价,只需反映金额的账户的核算。从形式上看,可以是订本账,也可以是活页账;从内容上看,可以是总分类账、明细分类账,也可以是日记账。

(2)数量金额式账簿是在"三栏式"账簿的基础上增设了"数量""单价"栏而形成的。适用于既要进行金额核算,又要反映数量单价等信息的各类财产物资的明细核算。

(3)多栏式账页是根据经济业务特点和经营管理的需要,在一张账页内按照有关总账科目或明细科目分设若干专栏,以便为经济管理提供更详细的核算资料。总分类账、明细分类账和日记账都可以根据需要采用这种格式。

7.1.4 会计账簿的内容

账簿的形式和格式多种多样,但一般是由封面、扉页、账页组成。

1. 封面

封面主要用来载明账簿的名称,如总分类账、现金日记账、原材料明细账等。格式如表7-1 所示。

表 7-1　封面格式

单位名称 威海市东海造船厂

总　账

(现金、银行存款日记账)

(________明细账)

2. 扉页

扉页主要用来登载账簿启用表(格式如表 7-2 所示)和科目索引(格式如表 7-3 所示)。其主要内容如下:

(1)单位名称;

(2)账簿名称;

(3)起止页数;

(4)启用日期;

(5)单位领导人;

(6)会计主管人员;

(7)经管人员;

(8)移交人和移交日期;

(9)接管人和接管日期。

表 7-2　账簿启用和经管人员一览表

<table>
<tr><td colspan="3">单位名称</td><td colspan="7"></td><td colspan="2">印鉴</td></tr>
<tr><td colspan="3">账簿名称</td><td colspan="7"></td><td colspan="2" rowspan="6"></td></tr>
<tr><td colspan="3">账簿编号</td><td colspan="7"></td></tr>
<tr><td colspan="3">账簿页数</td><td colspan="7">本账簿自　至　页共　页</td></tr>
<tr><td colspan="3">启用日期</td><td colspan="7">年　月　日</td></tr>
<tr><td colspan="3">责任者</td><td colspan="2">主管</td><td colspan="2">会计</td><td colspan="2">记账</td><td>审核</td></tr>
<tr><td colspan="3"></td><td colspan="2"></td><td colspan="2"></td><td colspan="2"></td><td></td></tr>
<tr><td colspan="3">移交时间</td><td colspan="2">移交人</td><td colspan="3">接管日期</td><td colspan="2">接管人</td><td colspan="2">会计主管</td></tr>
<tr><td>年</td><td>月</td><td>日</td><td>姓名</td><td>签章</td><td>年</td><td>月</td><td>日</td><td>姓名</td><td>签章</td><td>姓名</td><td>签章</td></tr>
<tr><td></td><td></td><td></td><td></td><td></td><td></td><td></td><td></td><td></td><td></td><td></td><td></td></tr>
<tr><td></td><td></td><td></td><td></td><td></td><td></td><td></td><td></td><td></td><td></td><td></td><td></td></tr>
<tr><td></td><td></td><td></td><td></td><td></td><td></td><td></td><td></td><td></td><td></td><td></td><td></td></tr>
<tr><td></td><td></td><td></td><td></td><td></td><td></td><td></td><td></td><td></td><td></td><td></td><td></td></tr>
<tr><td></td><td></td><td></td><td></td><td></td><td></td><td></td><td></td><td></td><td></td><td></td><td></td></tr>
<tr><td>备注</td><td colspan="11"></td></tr>
</table>

表 7-3　科目索引表

页数	科目	页数	科目

3. 账页

账页是会计账簿的主体，不管是哪种格式的账簿，每张账页上应载明以下内容：

(1)账户名称(即会计科目或明细科目)；

(2)记账日期栏；

(3)记账凭证种类、编号；

(4)摘要栏；

(5)金额栏；

(6)总页次和分页次。

以三栏式账页格式为例，格式如表 7-4 所示。

表 7-4　__________　账(三栏式)

账户名称：　　　　　　　　　　　　总____页

　　　　　　　　　　　　　　　　　分____页

年		凭证		摘要	借方								贷方								借或贷	余额								
月	日	字	号		十	万	千	百	十	元	角	分	十	万	千	百	十	元	角	分		百	十	万	千	百	十	元	角	分

续表

年		凭证		摘要	借方								贷方								借或贷	余额								
月	日	字	号		十	万	千	百	十	元	角	分	十	万	千	百	十	元	角	分		百	十	万	千	百	十	元	角	分

7.2　会计账簿的设置与登记

7.2.1　会计账簿的设置原则

任何单位都应当按照国家统一会计制度的规定,结合本单位经济业务特点和经营管理的需要,设置必要的会计账簿,并认真做好记账工作。设置账簿一般应遵循以下原则。

1. 满足需要

账簿是会计信息的载体之一,是会计凭证与会计报表连接的桥梁。所以账簿设置要符合资金运动的规模和特点,与所设置的会计凭证相适应,以便能反映原始凭证所提供的重要的经济信息,满足经济管理需要。

2. 组织严密

账簿组织要严密,避免记录重复或遗漏。各种账簿既要明确分工,又要紧密联系,有关账簿之间要有统御关系或平行的制约关系,保证账簿记录全面、系统、正确地提供管理所需的各项指标。

3. 高效实用

在满足核算的前提下,力求精简,以便节约人力、物力,提高工作效率。在格式设计上要具有实用性,要按照所记录经济业务的内容和提供核算指标的要求设置,保证经济业务登记清楚,各种经济指标可直接提供,便于记账、算账、报账、查账。

7.2.2　记账前的准备

1. 购置准备

如果是新开公司或者一个新年度开始,在记账前应购置如下物品。

(1)账本。包括总账、现金日记账、银行存款日记账、三栏式明细账页、多栏式明细账页、数量金额式明细账页等。

(2)记账凭证和报表。包括记账凭证、记账凭证汇总表、记账凭证封面、会计报表、会计报表封面等。

(3)其他物品。包括记账笔、标签、鞋带、白线、装订机等。

如果是老公司,或中途接手,这些物品一般都有,也可零星购置。

2. 贴好标签

启用新账后,需要在账上贴好标签,以便于入账或者查找科目。粘贴标签一般按照资产、负债、所有者权益、收入、成本、损益这一顺序,同一类别的标签则按会计报表顺序粘贴,查找时可以有个大概方向。

7.2.3 会计账簿的启用

一般来说,老公司大多数的会计账簿都是每年更换一次,如总账、日记账和多数明细账等。但有些财产物资明细账和债权债务明细账,由于材料品种、规格和往来单位较多,更换新账时重抄一遍的工作量较大,可以跨年度使用,不必每年更换一次。各种备查账簿也可以跨年度连续使用。年度内会计人员变动一般无须更换新账。

新会计年度更换新账和新开公司设置账簿都涉及账簿启用,启用新会计账簿时,需按以下步骤进行填写。

1. 启用新账簿应当在账簿封面上写明单位名称和账簿名称

2. 填写账簿扉页上的"账簿启用表"

订本式账簿一般在账页的第一页印装了账簿启用表,活页式账簿的每一札也都附有账簿启用表。账簿启用表的填写要求如下。

(1)填写启用日期和启用账簿的起止页数。如启用的是订本式账簿,起止页若已经填好,则无须再填;启用活页式账簿,起止页数可以等到装订成册时再填。

(2)填写记账人员姓名和会计主管姓名并加盖印章,以示慎重和负责。

(3)加盖单位财务章,以示严肃。

(4)当记账人员或会计主管人员工作变动时,应先办好账簿移交手续,并在账簿启用表上明确记录交接日期及接办人、监交人的姓名,并有交接双方签字或盖章,以便明确有关人员的责任,加强有关人员的责任感,维护会计账簿记录的严肃性。

3. 期初余额登记

新账簿启用后,需将上一年度的余额计入新账本余额栏内,因为会计工作是通过这些余额承上启下的。登记时在摘要栏注明"上年结转"字样,在余额栏直接登记余额。

7.2.4 记账规则

1. 登记账簿的依据

为了保证账簿记录的真实和正确,必须根据审核无误的会计凭证登账。各单位每天发生的各种经济业务都要记账,记账的依据是会计凭证。

2. 登记账簿的时间

各种账簿应该每隔多长时间登记一次,会计制度中没有统一规定。但是一般原则是:总分类账要按照单位所采用的会计核算形式定期登记;各种明细分类账,要根据原始凭证、原始凭证汇总表和记账凭证每天进行登记,也可以定期(三天或者五天)登记;现金日记账和银行存款日记账,应当根据办理完毕的收付款凭证,随时逐笔顺序登记,每天结出余额。

3. 登记账簿的规范要求

(1)准确完整。登记会计账簿时,应当将会计凭证日期、编号、业务内容摘要、金额和其他有关资料逐项记入账内,做到数字准确、摘要清楚、登记及时、字迹工整。

(2)注明记账符号。账簿登记完毕后,要在记账凭证上签名或盖章,并注明已经登账的符号(如画"√"),表示已经记账。在记账凭证上设有专门的栏目供注明已记账的符号,以免发生重记或漏记。

(3)书写留空。账簿中书写的文字和数字上面要留有适当空格,不要写满格,一般应占格距的二分之一。这样,一旦发生登记错误,比较容易进行更正,同时也方便查账工作。

(4)正常记账使用蓝黑墨水。登记账簿要用蓝黑墨水或者碳素墨水书写,不得使用圆珠笔或者铅笔书写。在会计上,数字的颜色是重要的语素之一,它同数字和文字一起传达出会计信息。书写墨水的颜色用错了,其导致的概念混乱不亚于数字和文字错误。

(5)特殊记账使用红墨水。红色墨水只能用于制度规定的下列几种情况:按照红字冲账的记账凭证,冲销错误记录;在不设借贷等栏的多栏式账页中,登记减少数;在三栏式账户的余额栏前,如未印明余额方向的,在余额栏内登记负数余额;根据国家统一会计制度的规定,可以用红字登记的其他会计记录。

(6)顺序连续登记。各种账簿按页次顺序连续登记,不得跳行、隔页。如果发生跳行、隔页,应当将空行、空页画线注销,或者注明“此行空白”“此页空白”字样,并由记账人员签名或者盖章。这对堵塞账簿登记中可能出现的漏洞,是十分必要的防范措施。

(7)结出余额。凡需要结出余额的账户,结出余额后,应当在“借或贷”栏目内写明“借”或“贷”等字样。没有余额的账户,应当在“借或贷”栏目内写明“平”字,并在余额栏内元位上用“0”表示。现金日记账和银行存款日记账必须逐日写出余额。

(8)过次承前。每一账页登记完毕结转下页时,应当结出本页合计数及余额,写在本页最后一行和下页第一行有关栏内,并在摘要栏内注明“过次页”和“承前页”字样;也可以将本页合计数及金额写在下页第一行有关栏目内,并在摘要栏注明“承前页”字样。对于“过次页”的本页合计数根据不同需要作出如下规定。

对于需要结计本月发生额的账户,结计“过次页”的本页合计数应当为自本月初起至本页末止的发生额合计数。这样便于根据“过次页”的合计数,随时了解本月初到本页末止的发生额,也便于月末结账时,加计“本月合计”数。

对于需要结计本年发生额的账户,结计“过次页”的本页合计数应当为自年初起至本页末止的累计数。这样便于根据“过次页”的合计数,随时了解本年初到本页末止的累计发生额,也便于年终结账时,加计“本年累计”数。

对既不需要结计本月发生额,也不需要结计本年累计发生额的账户,可直接将每页末的余额结转次页。

(9)错误更正。会计账簿登记发生错误,应根据错误的性质和发现时间的不同,按规定的办法进行更正,不允许用涂改、挖补、刮擦、药水消除字迹等手段更正错误。

(10)定期打印。实行会计电算化的单位,总账和明细账应当定期打印,发生收款和付款业务的,在输入收款凭证和付款凭证的当天必须打印出现金日记账和银行存款日记账,并须与库存现金核对无误。

7.2.5 会计账簿的保管

会计账簿是各单位会计信息的载体和存储器,是重要的经济资料,有的资料是需要保密的,所以必须建立账簿的管理制度,妥善保管。账簿管理可分为平时管理和归档保管两方面内容。

1. 账簿平时管理的具体要求

(1)各种账簿要分工明确,指定专人管理,账簿经管人员既要负责记账、对账、结账等工作,又要负责保证账簿的安全、完整。

(2)会计账簿未经单位负责人、会计负责人或有关人员批准,非经管人员不能随意翻阅、查看、摘抄和复制等。

(3)会计账簿除需要与外单位核对外,一般不能携带外出,对需要携带外出的账簿,一般应由经管人员负责或会计主管人员指定专人负责。

(4)会计账簿不能随意交与其他人员管理,以保证账簿安全完整和防止任意涂改、毁坏等问题的发生。

2. 旧账归档保管的具体要求

年度终了,更换并启用新账后,对更换下来的旧账,要进行整理、装订、造册,按规定办理移交手续,归档保管。其具体内容如下。

(1)归档前应对更换下来的旧账进行整理。其工作主要包括检查和补齐应办的会计手续。首先检查应归档的旧账是否收集齐全,再检查各种账簿应办的会计手续是否完备,对于手续不完备的应补办有关手续。例如,改错盖章、注销空行空页、结转余额等。活页账应撤出尚未使用的空白账页,再装订成册,连续编号,并注明总页数、起止号数等。

(2)更换下来的旧账簿,在进行整理的基础上装订成册。装订时应注意,活页账一般按账户分类装订成册,加具封面,一个账户可装订一册或数册;某些账户的账页较少,也可以几个账户合并装订成一册;装订时应检查账簿扉页内容是否填写齐全,手续是否完备;装订后应由经办人员、装订人员和会计主管人员在封口处签名或盖章。

(3)更换下来的账簿,经过整理装订后,应编制目录,填写移交清单,办理移交手续,按期归档保管。保管人员应按照档案管理办法的要求,编制索引,分类储存,妥善保管,以便于日后查阅,要注意防火、防盗,库房通风良好,以防毁损、霉烂等。

(4)各种账簿同会计凭证、会计报表一样,都是重要的经济资料和经济档案,必须按照财政部、国家档案局规定的《会计档案管理办法》妥善保管,不得丢失和任意销毁。保管期满后,应按照规定的审批程序报经批准后才能销毁。

7.3　主要会计账簿的格式与登记

7.3.1　日记账簿的格式与登记

1. 三栏式特种日记账

库存现金日记账和银行存款日记账的格式一般采用三栏式,即“借方”“贷方”“余额”三栏。格式如表7-5所示。出纳员每日根据收付款凭证,按照时间顺序逐日逐笔登记,每日均须结出余额,现金余额要和库存现金核对,保证账实相符;银行存款需要定期与银行对账单核对,月末需要编制银行存款余额调节表,保证账单相符。

表7-5　银行存款(库存现金)日记账(三栏式)　页

年		凭证		摘要	借方								贷方								借或贷	余额							
月	日	字	号		十	万	千	百	十	元	角	分	十	万	千	百	十	元	角	分		十	万	千	百	十	元	角	分

续表

年		凭证		摘要	借方								贷方								借或贷	余额							
月	日	字	号		十	万	千	百	十	元	角	分	十	万	千	百	十	元	角	分		十	万	千	百	十	元	角	分

登记时,按照收付款凭证的日期、字号、摘要登记账簿的"年月日""凭证字号""摘要"栏,"对方科目"栏可以根据记账凭证所列的对方科目登记,它可以说明每笔收入、支出的来源和去向,"借方""贷方"根据收付款凭证记录的金额登记,每日结出余额。如果是银行存款日记账,除上述栏目外,可以在摘要栏前设置"结算凭证"栏,用以登记结算凭证种类和号数,以便于和银行对账。

2. 多栏式特种日记账

多栏式特种日记账,是指在日记账中分设专栏,用来归集重复发生的同类经济业务,汇总后一次过账或者提供某些分析资料的特种日记账。格式如表 7-6 所示。

表 7-6 银行存款日记账(多栏式) 页

年		凭证		摘要	对应账户贷方				存款借方合计	对应账户借方				存款贷方合计	余额
					主营业务收入	应收账款	其他			原材料	应付账款	其他			
月	日	字	号				账户名称	金额				账户名称	金额		

登记多栏式特种日记账时,按照对应账户贷方、借方分栏登记;到月末结账时,分栏加计发生额,通过汇总及一次过账大大减少了过账工作量;提供某些明细资料供分析之用,有助于提高经济管理水平。

7.3.2 总分类账簿的格式与登记

1. 三栏式总账

总分类账通常采用“借方”“贷方”“余额”三栏式订本账页。总分类账可以依据记账凭证逐笔登记,也可以将一定时期的记账凭证编制为科目汇总表或者汇总记账凭证后,再据以登记总账。各单位具体采用哪种会计核算形式,每隔几天登记一次总账,应该根据本单位实际情况自行确定。三栏式总账账页格式如表7-7所示。

登记总账时,账页中的年月日、凭证字号、摘要、金额、方向必须与记账凭证或者汇总记账凭证或者科目汇总表记载的内容一致。期末需要结出余额,并须与所属明细账户余额合计数相等。

表7-7 ____________总账(三栏式) 页

年		凭证		摘要	借方								贷方								借或贷	余额							
月	日	字	号		十	万	千	百	十	元	角	分	十	万	千	百	十	元	角	分		十	万	千	百	十	元	角	分

2. 多栏式总账

多栏式总分类账将所有的账户合设在一张表格或者账页上,根据记账凭证汇总后的数字定期登记。其格式如表7-8所示。

表7-8 总账(多栏式) 页

年 月

账户名称	期初余额		本期发生额					
	借方	贷方	借方			贷方		
			银行存款业务	现金业务	转账业务	银行存款业务	现金业务	转账业务
银行存款								
库存现金								
应收票据								

续表

账户名称	期初余额		本期发生额					
	借方	贷方	借方			贷方		
			银行存款业务	现金业务	转账业务	银行存款业务	现金业务	转账业务
应收账款								
固定资产								
……								

7.3.3　明细分类账簿的格式与登记

1. 三栏式明细账

三栏式明细账页的格式与总账、日记账的三栏式账页格式基本相同,只设了“借方”“贷方”“余额”三个金额栏,没有数量、单价栏。这种格式适用于那些只需要进行金额核算而不需要进行数量核算的明细核算,如“应收账款”“应付账款”等债权债务结算科目的明细核算。具体格式如表 7-9 所示。

三栏式明细账为活页账,使用时根据总账科目所属的明细科目开设账户,一个明细科目占一页或者几页,登记时必须以审核无误的记账凭证为依据,依次登记“年月日”“凭证字号”“摘要”“金额”等内容,随时结出余额,以便于与往来单位核对债权债务。

表 7-9　____________ 明细账(三栏式)

账户名称:　　　　　　　　　　　　　　　　　　　　　总____页

分____页

年		凭证		摘要	借方								贷方								借或贷	余额								
月	日	字	号		十	万	千	百	十	元	角	分	十	万	千	百	十	元	角	分		百	十	万	千	百	十	元	角	分

2. 数量金额式明细账

数量金额式明细账页格式是在三栏式基础上演变而来的，它在“借方”“贷方”“余额”三栏内，再分别设有“数量”“单价”“金额”三栏。这种格式的账页适用于既要进行金额核算，又要进行实物数量核算的各种财产物资明细核算，如“原材料”“库存商品”等账户的明细核算，它能提供各种财产物资收、发、存的详细资料，便于开展业务和加强管理。具体格式见表7-10。

数量金额式明细账为活页账，使用时根据总账科目所属的明细科目开设账户，一个明细科目占一页或者几页，登记时必须以审核无误的记账凭证为依据，依次登记“年月日”“凭证字号”“摘要”“数量”“金额”等内容，随时结出余额，以便于与实际库存核对。

表7-10　＿＿＿＿＿＿＿明细账　　页

类别　　计量单位　　存放地点

品名　　编号　　最低储备量

年		凭证		摘要	借方			贷方			借或贷	金额		
月	日	字	号		数量	单价	金额	数量	单价	金额		数量	单价	金额

3. 多栏式明细账

多栏式明细账是根据经济业务的特点和经营管理需要，在一张账页内按照有关明细科目或者明细项目分设若干专栏，用以在同一张账页上集中反映各有关明细科目或者明细项目的金额，这种格式适用成本、费用、收入、利润的明细核算，如“生产成本”“制造费用”“管理费用”“本年利润”等科目的明细分类核算。多栏式明细账按不同情况可分为借方多栏（格式如表7-11所示）、贷方多栏（格式如表7-12所示）和借贷方均多栏（格式如表7-13所示）。

以借方多栏为例，实际使用时，在“借方”下面的空栏里填上有关明细科目或者明细项目名称，登记时要根据记账凭证记载的“年月日”“凭证字号”“摘要”等内容依次填列，金额填在相应明细科目栏内，若为冲销凭证，应在相应栏内用红字登记金额，表示冲减，期末结转时按照结转金额登记在对应的“贷方”或者“借方”栏内，余额为未结转金额。

表 7-11　管理费用　明细账　　页

年		凭证		摘要	借方							贷方	余额
年	日	字	号		办公费	差旅费	邮电费	折旧费			合计		

表 7-12　主营业务收入　明细账　　页

年		凭证		摘要	借方	贷方							余额
年	日	字	号			甲产品	乙产品	丙产品				合计	

表 7-13　应交税金——应交增值税　明细账　　页

年		凭证		摘要	借方				贷方				余额
年	日	字	号		进项税	已交税		会计	销项税	退税	进项转出	合计	

7.3.4　总分类账和明细分类账的平行登记

总分类账户和明细分类账户,二者登记的经济业务相同、登记的依据相同,但反映经济业务的详细情况不同、作用不同,因此在核算中对二者要进行平行登记。平行登记是指经济业务发生后,根据会计凭证一方面登记有关总分类账户,另一方面又要登记该总分类账户所属的各有关明细账户的一种登记方法。

1. 平行登记的要点

(1)同时登记。对同一笔经济业务,在同一会计期内,既要记入有关的总分类账户,又要记入它所属有关明细分类账户,不能漏记或重记。

(2)方向相同。总分类账户登记在借方,明细分类账户也登记在借方;总分类账户登记在贷方,明细分类账户也登记在贷方。

(3)金额相等。总分类账户中登记的金额与其所属的明细分类账户中登记的金额要相等。如果总分类账户同时涉及几个明细分类账户,则在总分类账户中登记的金额与其所属的明细分类账户中登记的金额之和要相等。

2. 平行登记结果检验

总分类账户与其所属的明细分类账户之间存在的数量关系,用公式表示如下:

总分类账户期初余额 = 所属明细分类账户期初余额

总分类账户本期发生额 = 所属明细分类账户本期发生额

总分类账户期末余额 = 所属明细分类账户期末余额

3. 平行登记举例

(1)某公司5月初应收账款总账科目余额300 000元,所属明细科目A公司100 000元,B公司200 000元。

(2)5月8日收回A公司欠款50 000元。单位编制会计凭证如下(以会计分录代替):

借:银行存款 50 000

　　贷:应收账款——A公司 50 000

(3)5月18日收到B公司欠款150 000万元。单位编制会计凭证如下(以会计分录代替):

借:银行存款 150 000

　　贷:应收账款——B公司 150 000

(4)期末应收账款总账科目余额200 000元,所属明细科目A公司150 000元,B公司50 000元。

应收账款总分类账户及其所属明细分类账户登记及核对如表7-14、7-15、7-16、7-17所示。

表7-14 　应收账款　 总账 页

08年		凭证		摘要	借方									贷方									借或贷	余额								
月	日	字	号		百	十	万	千	百	十	元	角	分	百	十	万	千	百	十	元	角	分		百	十	万	千	百	十	元	角	分
4	30			累计																			借		3	0	0	0	0	0	0	0
5	8	收	1	收到A公司货款												5	0	0	0	0	0	0	借		2	5	0	0	0	0	0	0
	18	收	11	收到B公司货款											1	5	0	0	0	0	0	0	借		1	0	0	0	0	0	0	0
	25	转	4	销售产品		1	0	0	0	0	0	0	0										借		2	0	0	0	0	0	0	0
				本月合计		1	0	0	0	0	0	0	0		2	0	0	0	0	0	0	0	借		2	0	0	0	0	0	0	0

表 7-15　应收账款明细账

户名:A 公司　　页

08年		凭证		摘要	借方								贷方								借或贷	余额							
月	日	字	号		十	万	千	百	十	元	角	分	十	万	千	百	十	元	角	分		十	万	千	百	十	元	角	分
4	30			承前页																	借	1	0	0	0	0	0	0	0
5	8	收	1	收到 A 公司前欠款										5	0	0	0	0	0	0	借		5	0	0	0	0	0	0
	25	转	4	销售产品	1	0	0	0	0	0	0	0									借	1	5	0	0	0	0	0	0

表 7-16　应收账款明细账

户名:B 公司　　页

08年		凭证		摘要	借方								贷方								借或贷	余额							
月	日	字	号		十	万	千	百	十	元	角	分	十	万	千	百	十	元	角	分		十	万	千	百	十	元	角	分
4	30			承前页																	借	2	0	0	0	0	0	0	0
5	18	收	11	收到 B 公司前欠款									1	5	0	0	0	0	0	0	借		5	0	0	0	0	0	0

表 7-17　应收账款总分类账与明细分类账对照表

2008 年 5 月

账户名称	月初余额		本期发生额		期末余额	
	借方	贷方	借方	贷方	借方	贷方
A 公司明细账	100 000		100 000	50 000	150 000	
B 公司明细账	200 000			150 000	50 000	
总分类账	300 000		100 000	200 000	200 000	

7.3.5　备查账簿的格式

有些会计事项,在日记账和分类账中无法记录反应,但管理上要求加以控制和掌握,这时候需要通过备查账簿来记录反应。备查账簿是一种补充登记的账簿,设置的目的是为某些经济业务的内容提供必要的补充资料。它没有统一格式,各单位可根据实际工作需要设置。常见的备查账簿有空白凭证领用备查簿、租入固定资产备查簿等,格式如表 7-18、表 7-19 所示。

表 7-18　空白凭证领用备查簿　　页

购入日期	凭证类型	起止号码	领用日期	领用人	领用号	交回记录

续表

购入日期	凭证类型	起止号码	领用日期	领用人	领用号	交回记录

表 7-19　租入固定资产备查簿　　页

资产名称	规格	合同号	租出单位	租入日期	租期	租金	使用地点	备注

7.3.6　主要会计账簿登记实例

本章账簿登记实例是根据第五章会计凭证实例一节中的会计业务登记账簿的。有关科目期初余额如表 7-20。

表 7-20　期初余额表

总账科目	明细科目	借方余额	总账科目	明细科目	借方余额
库存现金		182.5	累计折旧		36 800
银行存款		585 066.72	主营业务收入		400 000
应收账款	滨海公司	300 000	实收资本		100 000
其他应收款	备用金	5 000	利润分配	未分配利润	657 889.22
固定资产		45 600			
主营业务成本		200 000			
管理费用	差旅费	30 440			
	办公费	15 000			
	其他费用	8 000			
财务费用	手续费	400			
	利息支出	5 000			
借方余额合计		1 194 689.22	贷方余额合计		1 194 689.22

1. 序时账簿的登记

(1) 现金日记账登记。平时根据审核无误的收付款记账凭证序时登记，并在记账凭证上画"√"标明已记账，每日结出余额，定期与库存现金核对，保证账实相符，期末与总账"库存现金”核对,保证账账相符,如表 7-21 所示。

(2)银行存款日记账登记。平时根据审核无误的收付款记账凭证序时登记,并在记账凭证上画“√”标明已记账,每日结出余额,定期与银行对账单核对,保证账单相符,期末与总账“银行存款”核对,保证账账相符,如表 7-22 所示。

表 7-21　库存现金日记账　　页

08年		凭证		摘要	对方科目	借方								贷方								借或贷	余额							
月	日	字	号			十	万	千	百	十	元	角	分	十	万	千	百	十	元	角	分		十	万	千	百	十	元	角	分
5	31			本月合计																		借				1	8	2	5	0
6	1	付	1	提现金(号码 0324)	银行存款			5	0	0	0	0	0									借			5	1	8	2	5	0
	1	付	2	采购员王敏出差借款	其他应收款											1	0	0	0	0	0	借			4	1	8	2	5	0
	10	收	1	王敏退回多余款	其他应收款				1	0	0	0	0									借			4	2	8	2	5	0
		付	3	购圆珠笔	管理费用												1	6	0	0	0	借			4	1	2	2	5	0

表 7-22　银行存款日记账　　页

08年		凭证		摘要	对方科目	借方								贷方								借或贷	余额							
月	日	字	号			十	万	千	百	十	元	角	分	十	万	千	百	十	元	角	分		十	万	千	百	十	元	角	分
5	31			本月合计																		借	5	8	5	0	6	6	7	2
6	1	付	1	提现金(号码 0324)	库存现金											5	0	0	0	0	0	借	5	8	0	0	6	6	7	2
	12	付	4	购文票 2 本	财务费用												4	0	0	0	0	借	5	8	0	0	2	6	7	2
	15	收	2	收回滨海公司欠款	应收账款	2	0	0	0	0	0	0	0									借	7	8	0	0	2	6	7	2

2. 明细分类账簿的登记

(1)应收账款明细账的登记。平时根据审核无误的记账凭证登记,并在记账凭证上画“√”标明已记账,随时结出余额,定期与往来单位核对,保证账簿记录正确,期末各明细账户余额合计与总账“应收账款”核对,保证账账相符,如表 7-23 所示。

表 7-23　<u>应收账款</u>明细账　　页

账户名称:滨海公司

08年		凭证		摘要	借方								贷方								借或贷	余额							
月	日	字	号		十	万	千	百	十	元	角	分	十	万	千	百	十	元	角	分		十	万	千	百	十	元	角	分
5	31			承前页																	借	3	0	0	0	0	0	0	0
6	15	收	3	收到滨海公司前欠款									2	0	0	0	0	0	0	0	借	1	0	0	0	0	0	0	0

(2)其他应收款明细账的登记。平时根据审核无误的记账凭证登记,并在记账凭证上画“√”标明已记账,随时结出余额,定期对账,及时督促有关人员还款,保证账簿记录正确,期末各明细账户余额合计与总账“其他应收款”核对,保证账账相符,如表 7-24 所示。

表 7-24 其他应收款 明细账 页

账户名称:王敏

08 年		凭证		摘要	借方								贷方								借或贷	余额							
月	日	字	号		十	万	千	百	十	元	角	分	十	万	千	百	十	元	角	分		十	万	千	百	十	元	角	分
6	1	付	2	采购人员王敏出差借款			1	0	0	0	0	0									借			1	0	0	0	0	0
	10	收	1	王敏退回多余款												1	0	0	0	0									
	10	转	1	王敏报销差旅费												9	0	0	0	0	年						0		

(3)管理费用明细账。平时根据审核无误的记账凭证登记,并在记账凭证上画“√”标明已记账,月末结出本月发生额和累计发生额,各明细账户余额合计与总账“管理费用”核对,保证账账相符,如表 7-25 所示。

表 7-25 管理费用 明细账 页

08 年		凭证		摘要	借方					贷方	余额
月	日	字	号		合计	差旅费	办公费	其他费用			
5	31			累计	53 440	30 440	15 000	8 000			
5	10	转		王敏报销差旅费	900	900					
	10	付	3	购圆珠笔	160		160				
				本月合计	1 060	900	160				
				累计	54 500	31 340	15 160	8 000			

(4)财务费用明细账。平时根据审核无误的记账凭证登记,并在记账凭证上画“√”标明已记账,月末结出本月发生额和累计发生额,各明细账户余额合计与总账“财务费用”核对,保证账账相符,如表 7-26 所示。

表 7-26 财务费用 明细账 页

08 年		凭证		摘要	借方				贷方	余额
月	日	字	号		合计	手续费	利息支出			
5	31			累计	5 400	400	5 000			
6	12	付	4	购文票 2 本	40	40				
				累计	5 440	440	5 000			

续表

08 年		凭证		摘　要	借方					贷方	余额
月	日	字	号		合计	手续费	利息支出				

3. 总分类账簿的登记

期末或者按照单位规定的时间登记总账。登记总账可以逐笔登记,也可以汇总登记。以科目汇总表账务处理程序为例,总账登记需要经过以下几个步骤。

(1)根据审核无误的记账凭证编制“T”字账,在记账凭证上画“√”标明已登记,全部登记完毕后,在“T”账中结计出本期借贷方发生额,如图 7-1 所示。

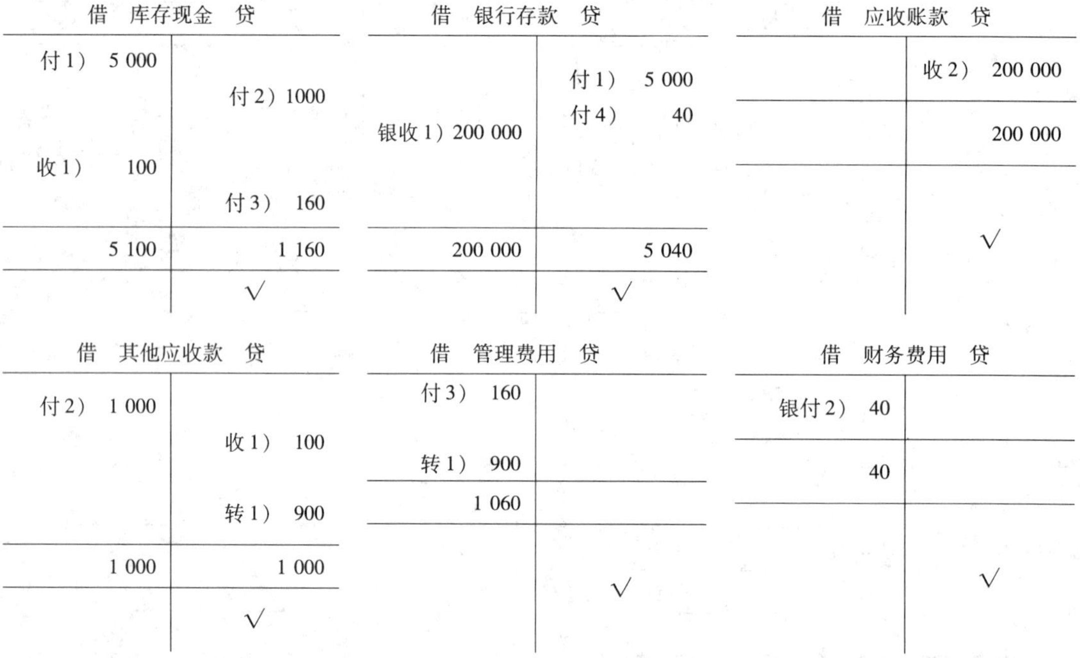

图 7-1　编制“T”字账

(2)根据审核无误的“T”字账,填制科目汇总表,在相应的“T”字账上画“√”标明已登记,如表 7-27 所示。

表 7-27　科目汇总表

收 1-2
汇总凭证号付 1-4　　　　2008 年 6 月 30 日　　　　编号　汇总 1
转 1

科目名称	本期发生额		记账符号
	借方	贷方	
库存现金	5 100	1 160	√
银行存款	200 000	5 040	√
应收账款		200 000	√

续表

科目名称	本期发生额		记账符号
	借方	贷方	
其他应收款	1 000	1 000	√
管理费用	1 060		√
财务费用	40		√
合计	207 200	207 200	

会计主管:王娜　　记账:刘宁　　稽核:　　出纳:胡明　　制单:胡明

(3)根据审核无误的科目汇总表登记总账,并在科目汇总表上画"√"标明已登记入账。结出各账户余额,并与所属明细账户余额合计数核对相符,为报表编制做好准备,如表7-28至表7-33所示。

表7-28　库存现金　总账　　　　页

08年		凭证		摘要	借方									贷方									借或贷	余额								
月	日	字	号		百	十	万	千	百	十	元	角	分	百	十	万	千	百	十	元	角	分		百	十	万	千	百	十	元	角	分
5	51			累计																			借					1	8	2	5	0
5	30	汇	1	6月汇总				5	1	0	0	0	0				1	1	6	0	0	0										
				累计																			借				4	1	2	2	5	0

表7-29　银行存款　总账　　　　页

08年		凭证		摘要	借方									贷方									借或贷	余额								
月	日	字	号		百	十	万	千	百	十	元	角	分	百	十	万	千	百	十	元	角	分		百	十	万	千	百	十	元	角	分
5	31			累计																			借		5	8	5	0	6	6	7	2
6	30	汇	1	6月汇总		2	0	0	0	0	0	0	0				5	0	4	0	0	0										
				累计																			借		7	8	0	0	2	6	7	2

表 7-30 应收账款 总账

页

08年		凭证		摘要	借方									贷方									借或贷	余额								
月	日	字	号		百	十	万	千	百	十	元	角	分	百	十	万	千	百	十	元	角	分		百	十	万	千	百	十	元	角	分
5	51			累计																			借		3	0	0	0	0	0	0	0
6	30	汇	1	6月汇总											2	0	0	0	0	0	0	0										
				累计																			借		1	0	0	0	0	0	0	0

表 7-31 其他应收款 总账

页

08年		凭证		摘要	借方									贷方									借或贷	余额								
月	日	字	号		百	十	万	千	百	十	元	角	分	百	十	万	千	百	十	元	角	分		百	十	万	千	百	十	元	角	分
5	31			累计																			借				5	0	0	0	0	0
6	30	汇	1	6月汇总				1	0	0	0	0	0				1	0	0	0	0	0										
				累计																			借				5	0	0	0	0	0

表 7-32 管理费用 总账

页

08年		凭证		摘要	借方									贷方									借或贷	余额								
月	日	字	号		百	十	万	千	百	十	元	角	分	百	十	万	千	百	十	元	角	分		百	十	万	千	百	十	元	角	分
5	31			累计																			借			5	3	4	4	0	0	0
6	30	汇	1	6月汇总				1	0	6	0	0	0																			
				累计																			借			5	4	5	0	0	0	0

表 7-33 财务费用

页

08年		凭证		摘要	借方									贷方									借或贷	余额								
月	日	字	号		百	十	万	千	百	十	元	角	分	百	十	万	千	百	十	元	角	分		百	十	万	千	百	十	元	角	分
5	31			累计																			借				5	4	0	0	0	0
6	30	汇	1	6月汇总						4	0	0	0																			
				累计																			借				5	4	4	0	0	0

7.4　错账查找与更正

7.4.1　错账查找

1. 错账原因

在对账过程中,可能发生各种各样的差错,影响会计信息的正确性,导致错账的原因是多种多样的,概括起来主要包括以下几种。

1)记账方向错误

记账时,在账簿中借方与贷方的记载颠倒,把借方记成贷方或把贷方记成借方。如果把应记的红字的数字误记为蓝字,或把应记的蓝字数字误记为红字,这也属于记账方向错误。

2)漏记

记账时将某一凭证的金额遗漏未记入账簿。

3)重记

将已经登记入账的金额,又重复记入账簿。

4)记错科目

记账时"张冠李戴",如将库存现金记入银行存款科目。

5)数字位数移位

记账时将数字位数移动,即以大写小(少写1个或几个"0")或以小写大(多写1个或几个"0")。例如将"100"写成"10",或将"10"写成"100"等。

6)数字位数颠倒

记账时,将某一数字中相邻的两位颠倒登记入账。如将"12"写成"21";"123"写成"132"等。

7)结账时计算错误

结账时发现数字算错,余额记错,从而导致不符。

8)其他不规则错误

2. 错账查找

发现差错,会计人员应及时查找并予以更正。常见的差错查找方法有以下几种。

1)顺查法

即按照原来账务处理的顺序从头到尾进行普遍查找的方法。主要用于期末对账簿进行的全面核对和不规则的错误查找。对于查过的账目要在数字旁边打"√"或其他记号,以免重复查找。

2)逆查法

即与原来账务处理的顺序相反,从尾到头地普遍检查的方法。如果会计人员认为错误可能出在当天最后几笔业务或者当月最后几天的业务上,那么,按照这样倒过来的顺序查找,有时可以事半功倍。

3)抽查法

是指抽取账簿记录当中的某些部分进行局部检查的方法。当发现账簿记录有差错,会计人员可根据差错的具体情况从账簿中抽查部分内容,而不必核对全部内容。例如,差错数字只在角位、分位,或者只是整数百位、千位,就可以缩小查找范围,专门查看角位、分位或者百位、千位的数字,其它的数字不必一一检查。

4)偶合法

除此之外,在错账的查找中,经常使用偶合法。所谓偶合法,即根据账簿记录差错中最常见的规律,根据差错的情况来推测差错原因进而查找差错的一种查找方法。本法适用于借贷一方漏记或重记,主要用来查找带有规律性原因造成的差错。如果整张凭证漏记或重记,只能用顺查法、逆查法。

(1)差数法。如会计人员推测可能是漏记、重记的差错,可用“差数法”,即根据核对不相符的差额进行查找。如明细账余额比总账余额少300元,会计人员推断可能是漏计了一笔300元的凭证,则可以查找金额为300元的凭证。如多300元,则推测属于重记,则同样可查找是否将金额为300元的凭证重复登记。

(2)二除法。如账簿中反映的错误差额是偶数,会计人员应首先推测可能是记账方向发生错误,则可用“二除法”,即用不相符的差数除以2,如被除尽,得出的商数就是账中记账方向的反方向数字,然后再到账目中去寻找差错的数字就有了一定的目标。例如,其他应收款借贷方相差1 640元,会计人员初步推测可能是记账方向错误,则将1 640除以2得出820,然后从账簿记录中查找金额为820的记录进行核对即可。

(3)九除法。如账簿中反映的错误差额是9的倍数,会计人员则推测可能是数字位置颠倒或数字位数移位造成的差错,可用“九除法”,即用不相符的差数除以9,如被除尽,然后根据得出的商数,检查是否有相同数字移位,如无相同数则考虑为相邻两个数字颠倒。

①数字移位。在查找错误时,如果差错的数额较大,就应该检查一下是否在记账时发生了数字移位。在登记账目时,会计人员有时会把位数看错,把十位数看成百位数,百位数看成了千位数,把小数看大了;也可能把百位数看成十位数,千位数看成百位数,把大数看小了。这种情况下,差错数额一般比较大,可以用除9法进行检查。如将70元看成了700元并登记入账,此时在对账时就会出现余额差700-70=630(元),用630元除以9,商为70元,70元就是应该记录的正确的数额。又如收入现金800元,误记为80元,对账结果会出现800-80=720(元)差值,用720元除以9,商为80元,商数即为差错数。

如推测可能是移动两位数字造成的差错,比如将10写成了1 000或者将1 000写成10,可用“九九除法”,即以不相符的差数除以99,如能除尽,然后根据商数去查找。

②相邻数字颠倒。记账时往往会将某一组数字的几个数字颠倒,如将12345误记为12354,差额为9,或将12345误记为12435,差额为90。数字错误的特征是:a.差数是9的倍数;b.差额数码相加之和是9;c.被颠倒的两个数码之差,是差额除以9所得商的非零部分数字。如果发现上述情况,说明数字可能颠倒。再根据差额数字分析数字颠倒的可能性,有目的地对某些数字进行重点查对。

7.4.2 错账更正

在记账过程中,可能由于种种原因会使账簿记录发生错误。对于账簿的记录错误,不准涂改、挖补、刮擦或者用药水消除字迹,也不准重新抄写,必须根据错误的具体情况,采用正确的方法予以更正。常用的方法有以下三种。

1.画线更正法

画线更正法一般适用于记账凭证填制正确,因账簿中文字或者数字的笔误所引起的账簿记录错误。在记账时或结账前,如果发现以上错误,应将错误的文字或者数字画红线注销,但必须使原有字迹仍可辨认;然后将正确的文字或者数字用蓝笔写在画线处的上方,并由记账人员在更正处盖章。对于错误的文字可只注销错误的部分;对于错误的数字,则应当全部注销更正,不得只注销、更正其中的个别数字。例如,把“5540”错记为“5450”时,必须将错误的数字“5450”全部用红线画掉,再在画线上方写上正确的数字“5540”,不能只画掉其中的“45”再订正为“54”。

2. 红字更正法

红字更正法又叫赤字冲账法,是用红字冲销或冲减原记数,以更正或调整账簿记录的一种方法,一般适用于以下情况。

(1)记账后,发现记账凭证中会计科目使用有误,或借贷方向有误,导致账簿记录错误。对于这种账簿错误,其更正的方法是:先用红字填制一张与原错误记账凭证相同内容、相同金额的记账凭证,在记账凭证摘要栏内注明“注销×月×日第×号凭证”,并据以登记入账,冲销原有账簿的错误记录;然后用蓝字填制一张正确的记账凭证,在摘要栏内注明“订正×月×日第×号凭证”,并据以入账,这样,原有的错误记录便得以更正。

例如:某企业用银行存款 5 000 元支付短期存款利息。企业会计所做记账凭证(以会计分录代替,以下相同)为:

借:管理费用　　5 000
　　贷:银行存款　　5 000

以上错误是由于用错会计科目而导致的。为此应先用红字金额填制一张与原错误记账凭证相同的记账凭证,并据以登记入账,以冲销原有错误的账簿记录。冲销分录为:

借:管理费用　　[5 000]
　　贷:银行存款　　[5 000]

然后再填制一张正确的记账凭证,并据以登记入账。正确的分录为:

借:财务费用　　5 000
　　贷:银行存款　　5 000

上述有关账户的更正记录,如图 7-2 所示。

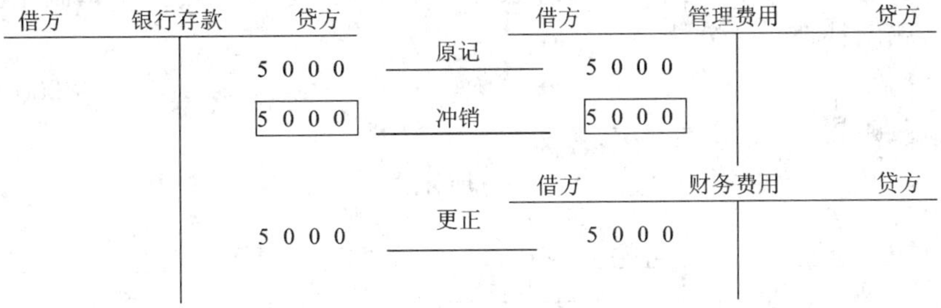

图 7-2　有关账户的更正记录

(2)记账后,发现原记账凭证中应借、应贷的会计科目虽无错误,但记账凭证和账簿记录的金额大于应记金额。这种账簿记录错误的更正方法是:将多记金额用红字填制一张与原错误记账凭证相同的记账凭证,在摘要栏内注明“注销×月×日第×号凭证多记金额”,并据以登记入账,以冲销多记的金额,使错账得以更正。

例如:某企业收到销售收入 90 000 元,填制记账凭证时,单位会计误将金额记为 900 000 元,多记金额 810 000 元,并登记入账。企业会计所做记账凭证为:

借:银行存款　　　　900 000

　　贷:主营业务收入　　　　900 000

发现上述错误后,将多记金额 810 000 元用红字填制一张记账凭证,并据以登记入账,将多余金额冲销,使错账得以更正。冲销会计分录为:

借:银行存款　　　　810 000

　　贷:主营业务收入　　　　810 000

以上账户的更正记录,如图 7-3 所示。

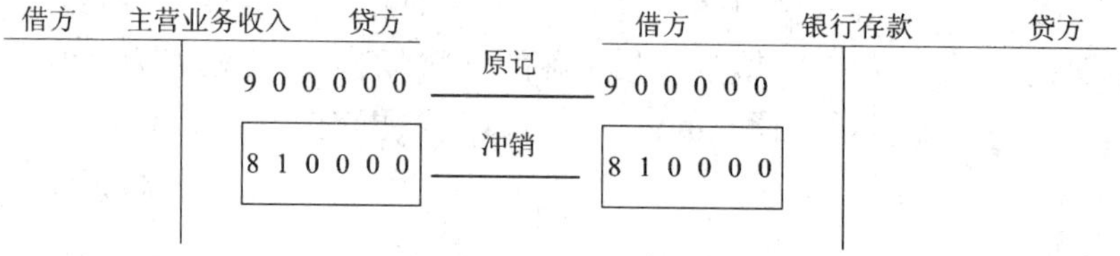

图 7-3　账户的更正记录

3. 补充登记法

记账之后,如果发现记账凭证中应借、应贷的会计科目并无错误,只是记账凭证和账簿记录金额小于应记金额,这种错误应使用补充登记法进行更正。其更正方法是:将少记金额用蓝字填制一张与原错误记账凭证相同的记账凭证,在摘要栏内注明"补充 × 月 × 日第 × 号凭证少记金额",并据以登记入账,补足原少记金额,使错账得以更正。

例如:某企业回收前期应收货款 10 000 元存入银行,在填制记账凭证时误将金额记为 1 000 元,并登记入账。原会计分录为:

借:银行存款　　　　1 000

　　贷:应收账款——A 企业　　　　1 000

上述处理会计科目无误,金额少计,应按照少记金额 9 000 元用蓝字填制一张记账凭证,并据以登记入账。补充会计分录为:

借:银行存款　　　　9 000

　　贷:应收账款——A 企业　　　　9 000

这样,账簿记录的错误就得到了更正,如图 7-4 所示。

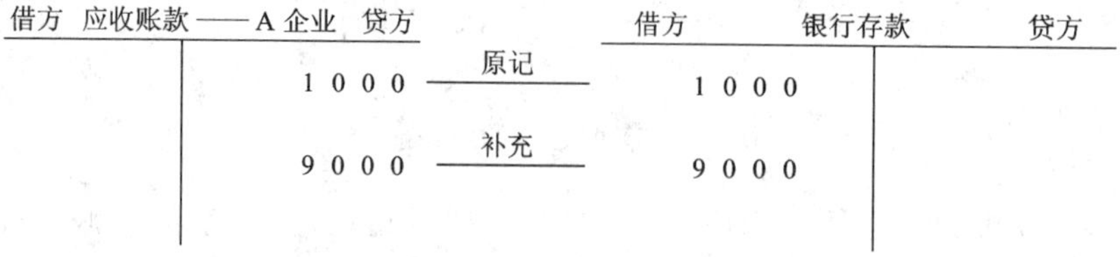

图 7-4　账户为更正记录

红字更正法和补充登记法都是用来更正因记账凭证错误而产生的记账差错。如果记账凭证本身没有错误,只是登记入账时发生错误,应该使用画线更正法。因为记账必须以凭证为依据,如果记账凭证没有错误,仅账簿记录发生错误,只需要对照记账凭证将账簿的错误记录画线订正即可;如果记账凭证出现错误,无论是会计科目的错误,还是金额的错误,都需要重新填制记账凭证,或注销订正,或冲销补充,并需要根据新填制的记账凭证登记入账,才能将原有的错误纠正过来。

错账查找是一项非常复杂和细致的工作,因此在日常工作中,要求会计人员必须有高度的责任感,尽可能地减少差错,同时要熟练掌握会计制度规定,不断提高技术水平和技能,记一笔复核一笔,减少和防止差错发生,提高核算水平。

7.5 对账和结账

1. 对账

对账是指会计核算中对账簿记录所进行的核对工作。账簿记录的正确与真实可靠,不仅取决于账簿本身,还涉及账簿与凭证的关系、账簿记录与实际情况是否相符等,所以要建立定期对账制度,在结账之前和结账过程中,把账簿记录的有关数字与库存实物、货币资金、有价证券、往来单位或者个人等进行相互核对。通过对账可以保证各种账簿记录的真实与完整,有利于做到账证相符、账账相符、账实相符。对账工作每年至少进行一次。对账的主要内容有以下几点。

(1)账证核对。核对账簿记录与原始凭证、记账凭证的时间、凭证号数、内容、金额是否一致,记账方向是否相符。这是保证账账相符、账实相符的基础。账证核对工作平时是通过编制凭证和记账中的“复核”环节进行的,在结账时,如果发现有疑问之处,须追根溯源,进行重点抽查与核对。

(2)账账核对。核对不同会计账簿记录是否相符。主要包括以下几个方面的核对工作:

①总分类账各账户本月借方发生额合计数与贷方发生额合计数是否相等;

②总分类账各账户余额与其所属明细账户余额合计数是否相等;

③现金日记账和银行存款日记账的余额与总分类账该账户余额是否相等;

④会计部门的财产物资明细账与财产物资保管和使用部门的明细账记录是否相等。

(3)账实核对。核对财产物资的账面余额与实际库存数额是否相符。主要包括以下几方面的核对工作:

①现金日记账账面余额与现金实际库存数每日互相核对;

②银行存款日记账账面余额与开户银行对账单相互核对,每月至少核对一次;

③各种材料、物资明细分类账账面余额与材料、物资实存数相核对,至少每年核对一次;

④各种应收、应付款明细分类账账面余额与有关债权、债务单位或者个人的账目定期核对。

2. 结账

结账是指按照规定把一定时期(月份、季度、半年度、年度)内所发生的经济业务在全部登记入账的基础上,将各种账簿结出本月发生额和期末余额,以便根据账簿记录编制会计报表。结账工作主要包括以下内容。

(1)结账前,必须将本期内所发生的各项经济业务全部登记入账,既不能提前结账,也不能将本期发生的经济业务拖延至下期入账。

(2)按照权责发生制原则调整和结转账项。本期内所有转账业务,应编制成记账凭证登记入相关账簿,正确确定本期收入和费用。例如,已销产品的实际成本,应结转计入"主营业务成本"等。

(3)编制记账凭证结转本期各项收入和成本费用。将本期的各项收入和各种成本费用从原来账户转入"本年利润"账户的贷方和借方,以便计算确定本期的财务成果。

(4)结计本期发生额和期末余额。在本期全部经济业务登记入账的基础上,应当结计现金日记账、银行存款日记账、总分类账各账户和各明细分类账账户的本期发生额和期末余额。平时只需要结出当月发生额,应当在摘要栏内注明"本月合计"字样,并在下面画通栏单红线。年末需要结计本年累计发生额,应当在摘要栏内注明"本年累计"字样,并在下面画通栏双红线。实际工作中应注意做好以下几点。

对不需要按月结计本期发生额的账户,如各项应收款明细账和各项财产物资明细账等,每次记账以后,都要随时结出余额,每月最后一笔余额就是月末余额。月末结账时,只需要在最后一笔经济业务记录之下画一单红线,不需要再结计一次余额。

现金、银行存款日记账和需要按月结计发生额的收入、费用等明细账,每月结账时,要在最后一笔经济业务记录下面画一单红线,结出本月发生额和余额,在摘要栏内注明"本月合计"字样,在下面再画一通栏单红线。

需要结计本年累计发生额的某些明细账户,如主营业务收入、成本明细账等,每月结账时,应在"本月合计"下一栏内结计自年初起至本月末止的累计发生额,在摘要栏内注明"本年累计"字样,并在下面再画一通栏单红线。12 月末的"本年累计"就是全年累计发生额,全年累计发生额下画通栏双红线。

总账账户平时只需要结计月末余额。年终结账时,为了全面反映全年各项资产、负债及所有者权益增减变动的全貌,便于核对账目,要将所有总账账户结计全年发生额和年末余额,在摘要栏注明"本年累计"字样,并在累计数下画通栏双红线。

需要结计本月发生额的某些账户,如果本月只发生一笔经济业务,结账时只要在此行记录下画一通栏单红线,表示与下月的发生额分开就可以,不需要另外结出"本月合计"数。

(5)年度终了,要把各账户余额结转到下一会计年度,并在摘要栏注明"结转下年"字样;在下一会计年度新建有关会计账簿的第一行余额栏内填写上年度结转的余额,并在摘要栏注明"上年结转"字样,不需要另外编制记账凭证。

【总结与回顾】

账簿是由具有一定格式、相互联系的账页组成,用来序时、分类全面地记录一个单位经济业务事项的簿籍。会计账簿按用途分为日记账、分类账和备查账;按外观形式分为订本账、活页账和卡片账;按账页格式分为三栏式、数量金额式和多栏式。账簿的构成要素包括封面、扉页和账页。登记账簿必须按照有关规则进行,记账出现错误必须按照规定的方法进行更正,常用的错账更正方法有画线更正法、红字更正法和补充登记法。对账是对账簿记录进行核对,以保证账簿记录信息的真实与完整,做到账证相符、账账相符和账实相符。结账是指把一定时期内经济业务在全部登记入账的基础上,将各种账簿结出本期发生额和期末余额,以便根据账簿记录编制会计报表。

【复习思考】

1. 什么是账簿？设置账簿有什么意义？
2. 简述账簿的分类，并说明各种账簿的作用。
3. 简述现金日记账和银行存款日记账的内容及登记方法。
4. 简述总分类账和明细分类账的平行登记。
5. 简述登记账簿的规则。
6. 错账更正的方法有哪几种？各适用于什么条件？
7. 对账的工作包括哪些？
8. 简述结账的程序。

【练习题】

一、单向选择题

1. 能够总括反映企业某一类经济业务增减变动的会计账簿是(　　)。

A. 总分类账　　B. 两栏式账　　C. 备查账　　D. 序时账

2. 日记账的最大特点是(　　)。

A. 按现金和银行存款分别设置账户

B. 可以根据现金和银行存款的每日发生额来记录

C. 可以提供现金和银行存款的每日静态、动态资料

D. 逐日逐笔顺序登记并随时结出当日余额

3. “应收账款”明细账的格式一般采用(　　)。

A. 数量金额式　　B. 多栏式　　C. 订本式　　D. 三栏式

4. 多栏式明细账格式一般适用于(　　)。

A. 债权、债务类账户　　B. 财产、物资类账户

C. 费用成本类和收入成果类账户　　D. 货币资产类账户

5. “原材料”明细账的格式一般采用(　　)。

A. 数量金额式　　B. 订本式　　C. 三栏式　　D. 多栏式

6. 经济业务按发生时间的先后顺序逐日逐笔进行登记的账簿是(　　)。

A. 总分类账簿　　B. 序时账簿　　C. 备查账簿　　D. 明细分类账簿

7. 会计人员在填制记账凭账时，将650元错记为560元，并且已登记入账，月末结账时发现此笔错账，更正时应采用的便捷方法是(　　)。

A. 画线更正法　　B. 红字更正法　　C. 补充登记法　　D. 核对账目的方法

8. 如果发现记账凭证所用的科目正确，只是所填金额大于应填金额，并已登记入账，应采用(　　)更正。

A. 画线更正法　　B. 红字更正法　　C. 平行登记法　　D. 补充登记法

9. 总分类账通常采用(　　)账簿。

A. 订本式　　B. 活页式　　C. 多栏式　　D. 数量金额式

10. 不可以采用三栏式账页的有(　　)。

A. 总账　B. 应付账款明细账　C. 现金日记账　D. 原材料明细账

11. 记账后,如果发现记账错误是由于记账凭证所列会计科目或金额有错误引起的,可采用(　　)。

A. 红字更正法　B. 画线更正法　C. 补充登记法　D. A、B 均可

12. 用转账支票归还欠 A 公司货款 50 000 元,会计人员编制的记账凭证为:借记应收账款 50 000 元,贷记银行存款 50 000 元,审核并已登记入账,该记账凭证(　　)。

A. 没有错误　B. 有错误,使用画线更正法更正

C. 有错误,使用红字更正法更正　D. 有错误,使用补充登记法更正

13. 下列项目中,(　　)是连接会计凭证和会计报表的中间环节。

A. 复式记账　B. 设置会计科目和账户

C. 设置和登记账簿　D. 编制会计分录

二、多项选择题

1. 对账的内容有(　　)。

A. 账实核对　B. 账证核对　C. 账账核对　D. 表表核对

2. 总分类账与明细分类账的平行登记要点,有(　　)。

A. 依据相同　B. 期间相同　C. 金额相同　D. 方向相同

3. 在会计账簿登记中,可以用红色墨水记账的有(　　)。

A. 更正会计科目和金额同时错误的记账凭证

B. 登记减少数

C. 未印有余额方向的,在余额栏内登记相反方向数额

D. 更正会计科目正确但金额多记的记账凭证

4. 必须采用订本式账簿的有(　　)。

A. 原材料明细账　B. 现金日记账　C. 银行存款日记账　D. 应付账款明细账

E. 总分类账

5. "红字更正法"适用于(　　)。

A. 记账前,发现记账凭证上的文字或数字有误

B. 记账后,发现原记账凭证上应借、应贷科目填错

C. 记账后,发现原记账凭证上所填金额小于应填金额

D. 记账后,发现原记账凭证上所填金额大于应填金额

E. 账簿上数字计算错误

6. 下列错误中,可以通过试算平衡发现的有(　　)。

A. 借方发生额大于贷方发生额　B. 应借应贷科目颠倒

C. 借方余额小于贷方余额　D. 漏记一项经济业务

E. 重记一项经济业务

7. 对账的主要内容有(　　)。

A. 账簿资料的内外核实　B. 账证核实

C. 账账核对　D. 账实核对

8. 三栏式明细账格式适用于(　　)。

A."应收账款"明细账　　B."生产成本"明细账

C."应付账款"明细账　　D."制造成本"明细账

9. 下列项目中,可以采用数量金额式格式的是(　　)。

A. 银行存款日记账　　B. 应收账款明细分类账

C. 库存商品明细分类账　　D. 材料明细分类账

三、判断题

1. 现金日记账的借方是根据收款凭证登记的,贷方是根据付款凭证登记的。(　　)

2. 明细分类账一般是根据记账凭证直接登记,但个别明细分类账可以根据原始凭证登记。(　　)

3. 总账只进行金额核算,提供价值标准,不提供实物指标;而明细账有的只提供价值指标,有的既提供价值指标,又提供实物指标。(　　)

4. 多栏式明细账格式适用于有关费用、成本和收入、成果等科目。(　　)

5. 会计人员根据记账凭证登记时,误将 2 000 元记为 200 元,更正这种错误应采用红字更正法。(　　)

6. 在会计核算中,红笔一般只在画线、改错,冲账和表示负数金额时使用。(　　)

7. 三栏式账簿一般适用于费用、成本等明细账。(　　)

8. 总分类账必须采用订本式的三栏式账本。(　　)

9. 任何单位,对账工作每年至少进行一次。(　　)

10. 更换新账簿时,如有余额,则在新账簿中的第一行摘要栏内注明"上年结转"。(　　)

【技能训练】

技能训练一

一、训练目的

练习日记账的登记方法。

二、训练资料

瑞发公司 XX 年 1 月份"库存现金"及"银行存款"账户期初余额分别为 1 000 元和 250 000 元,该公司 1 月份发生下列业务。

(1)1 日,以银行存款 10 000 元购进 A 材料,增值税 1 700 元。

(2)5 日,从银行提取现金 5 000 元。

(3)8 日,以现金支付王芳预借差旅费 1 000 元。

(4)12 日,以现金 360 元购一批办公用品。

(5)16 日,王芳报销差旅费 900 元,交回多余现金 100 元。

(6)20 日,销售原材料一批收入现金 5 200 元,当日送存银行。

(7)23 日,收到上月 A 公司欠销货款 125 000 元存入银行。

(8)26 日,销售一批产品,销售收入 100 000 元,增值税 17 000 元,款项存入银行。

(9)29 日,以银行存款 200 000 元归还上月欠购货款。

三、训练要求

1. 根据上述经济业务编制收款凭证、付款凭证。

收 款 凭 证

总字 号

借方科目 年 月 日 收字 号

摘 要	贷 方 科 目		金 额									记账
	总账科目	明细科目	百	十	万	千	百	十	元	角	分	
合 计 金 额												

附件 张

会计主管： 记账： 稽核： 出纳： 制单：

收 款 凭 证

总字 号

借方科目 年 月 日 收字 号

摘 要	贷 方 科 目		金 额									记账
	总账科目	明细科目	百	十	万	千	百	十	元	角	分	
合 计 金 额												

附件 张

会计主管： 记账： 稽核： 出纳： 制单：

收 款 凭 证

总字 号

借方科目 年 月 日 收字 号

摘 要	贷 方 科 目		金 额									记账
	总账科目	明细科目	百	十	万	千	百	十	元	角	分	
合 计 金 额												

附件 张

会计主管： 记账： 稽核： 出纳： 制单：

收 款 凭 证

总字　号

借方科目　　　　年　月　日　　　　收字　号

摘　要	贷 方 科 目		金　额									记账
	总账科目	明细科目	百	十	万	千	百	十	元	角	分	
合 计 金 额												

附件　张

会计主管：　记账：　稽核：　出纳：　制单：

付 款 凭 证

总字　号

贷方科目　　　　年　月　日　　　　付字　号

摘　要	借 方 科 目		金　额									记账
	总账科目	明细科目	百	十	万	千	百	十	元	角	分	
合 计 金 额												

附件　张

会计主管：　记账：　稽核：　出纳：　制单：

付 款 凭 证

总字　号

贷方科目　　　　年　月　日　　　　付字　号

摘　要	借 方 科 目		金　额									记账
	总账科目	明细科目	百	十	万	千	百	十	元	角	分	
合 计 金 额												

附件　张

会计主管：　记账：　稽核：　出纳：　制单：

付款凭证

总字 号

贷方科目 年 月 日 付字 号

摘 要	借 方 科 目		金 额									记账
	总账科目	明细科目	百	十	万	千	百	十	元	角	分	
合 计 金 额												

附件 张

会计主管: 记账: 稽核: 出纳: 制单:

付款凭证

总字 号

贷方科目 年 月 日 付字 号

摘 要	借 方 科 目		金 额									记账
	总账科目	明细科目	百	十	万	千	百	十	元	角	分	
合 计 金 额												

附件 张

会计主管: 记账: 稽核: 出纳: 制单:

转账凭证

总字 号

年 月 日 转字 号

摘 要	总账科目	明细科目	借方金额									贷方金额									记账
			百	十	万	千	百	十	元	角	分	百	十	万	千	百	十	元	角	分	
合 计 金 额																					

附件 张

会计主管: 记账: 稽核: 出纳: 制单:

转账凭证

总字　号

年　月　日　　　　　　转字　号

摘要	总账科目	明细科目	借方金额									贷方金额									记账
			百	十	万	千	百	十	元	角	分	百	十	万	千	百	十	元	角	分	
合计金额																					

附件　张

会计主管：　　记账：　　稽核：　　出纳：　　制单：

2. 根据收款凭证、付款凭证及原始凭证登记现金日记账、银行存款日记账并结算出本期发生额及期末余额。

库存现金日记账

页

08年		凭证		摘要	借方								贷方								借或贷	余额							
月	日	字	号		十	万	千	百	十	元	角	分	十	万	千	百	十	元	角	分		十	万	千	百	十	元	角	分

银行存款日记账

页

08年		凭证		摘要	借方								贷方								借或贷	余额							
月	日	字	号		十	万	千	百	十	元	角	分	十	万	千	百	十	元	角	分		十	万	千	百	十	元	角	分

续表

08年		凭证		摘要	借方								贷方								借或贷	余额							
月	日	字	号		十	万	千	百	十	元	角	分	十	万	千	百	十	元	角	分		十	万	千	百	十	元	角	分

技能训练二

一、训练目的

练习错账的更正方法。

二、训练资料

1. 利百家公司2008年3月30日结账前各账户余额如下列试算表,但由于有错误,该表科目余额借、贷方合计不相等。

利百家公司结账前试算表

2008年3月30日

页

单位:元

账户名称	借方余额	账户名称	贷方余额
银行存款	50 000	短期借款	89 000
应收账款	35 000	应付账款	10 600
库存商品	8 000	实收资本	250 000
固定资产	87 000	主营业务收入	109 100
主营业务成本	200 000	累计折旧	11 820
管理费用	89 000	利润分配	7 780
销售费用	12 000		
合　计	481 000		478 300

2. 2008年3月30日,经查核有关账证,发现有下列错误。

(1)用银行存款支付管理部门水电费2 540元,过账时在管理费用账上误记为5 240元。

(2)以银行存款购进仪器一台,买价8 000元,过账时误记为库存商品。

(3)赊购商品一批,计4 000元,误记入应收账款贷方。

(4)以银行存款36 000元购进设备一台,原会计分录为借记固定资产3 600元,贷记"银行存款"3 600元。

三、训练要求

1. 采用适当的错误更正方法更正错账。

2. 编制利百家公司更正错账后试算平衡表。

利百家公司更正错账后试算表

页

2008 年 3 月 30 日

单位:元

账户名称	借方余额	账户名称	贷方余额
银行存款		短期借款	
应收账款		应付账款	
库存商品		实收资本	
固定资产		主营业务收入	
主营业务成本		累计折旧	
管理费用			
销售费用			
合　计			

8

财产清查

【学习目标】

在了解财产清查的含义、作用及意义的基础上，掌握货币资金、实物资产、往来款项清查的具体方法，同时对于财产清查的结果能够进行相应的会计处理。

【重点难点】

- 库存现金、银行存款的清查方法
- 实物资产的清查方法
- 财产清查结果的账务处理

【技能点】

- 掌握库存现金的盘点方法以及“库存现金盘点报告表”的填写方法
- 能够编制银行存款余额调节表对未达账项进行调整
- 能够通过一定的方法盘点实物资产，并对实物资产进行清查，学会填制“盘存单”和“实存账存对比表”
- 学会使用“待处理财产损益”账户，对于财产清查的结果会做相应的账务处理

【学习内容】

8.1　概述

8.1.1　财产清查的含义及意义

1. 财产清查的含义

会计真实性原则要求，在经济管理工作中会计核算应该严格按照规定的程序记账、算账、报账，客观地反映实际业务的发生情况，真实地记录企业财产物资的增减变动和结余情况，以

提供真实可靠的会计资料。但在实际工作中,由于主观和客观等多方面的原因,各项财产物资的账存数额与实存数额会发生差异,从而影响到会计核算工作的质量,导致会计信息失真。解决账实不符问题的关键是要进行财产清查。

所谓财产清查就是指对企业单位的各项财产物资、货币资金以及债权债务进行盘点和核对,以查明各项财产物资、货币资金及往来款项的实存数,并与账面数进行核对,从而确定账实是否相符的一种专门方法。

2. 财产清查的意义

财产清查是会计核算中必不可少的一个环节,同时它也是财产物资管理制度的一个重要组成部分,在实际工作中具有重要的意义。

(1)保证账实相符和会计信息的真实可靠。通过财产清查,可以确定各项财产物资、货币资金及往来款项的实存数,将实存数与账存数进行对比,找出差异,然后确定盘盈、盘亏并及时调整账簿记录做到账实相符,以保证账簿记录的正确和真实,从而为经济管理提供可靠的数据资料。

(2)保护财产的安全和完整。通过财产清查可以及时查明各项财产物资是否完整无缺,有无毁损、短缺、变质等情况的发生,以及各项物资保管是否妥善安全等等,以便能够及时发现问题,研究改进的措施和方法,建立、健全财产物资保管的岗位责任制,消除不安全隐患,从而保护财产物资完好无损。

(3)加强资金利用,挖掘财产物资潜力。通过财产清查可以查明各项财产物资盘盈、盘亏的具体原因和相关责任,从而找出财产物资管理过程中存在的问题,以便改善经营管理。同时在财产清查的过程中可以查明各项财产物资的储备、保管和使用情况,查明各项财产物资占用资金的合理程度,以便挖掘各项财产物资的潜力,提高资金使用效率。

(4)完善财产管理制度。通过财产清查,可以及时发现各项财产物资在收入、发出、保管、报废等过程中存在的问题和薄弱环节,有针对性地改进管理办法,完善管理措施,建立健全有关管理制度,提高管理水平。

8.1.2　财产清查的种类

1. 财产清查按清查对象的范围分为全面清查和局部清查

全面清查是对全部财产进行盘点和核对。包括库存现金、银行存款等货币资金,房屋与建筑、机器设备、运输设备仪器等固定资产,原材料、在产品、半成品、产成品、商品等流动资产,应收、应付、预收、预付等各项往来款项,委托其他单位加工、保管的材料、商品和物资等。全部清查一般用于以下几种情况:

(1)年终决算前,以确保财务会计报告的真实性;

(2)单位撤销、合并、改变隶属关系或资产重组时,以明确经济责任;

(3)清产核资时,以摸清家底,核准资产,保护财产的安全完整。

局部清查是根据需要对一部分财产物资进行的清查。局部清查范围小,一般适用于以下几种情况:

(1)对于库存现金,每日终了时进行盘点;

(2)对于银行存款,单位至少每月同银行核对一次;

(3)更换单位出纳员或保管员时,需要清查并交接;

(4)对于贵重物资,应经常进行清点;

(5)其他需要局部清查的情况。

2. 按财产清查的时间分为定期清查和不定期清查

定期清查是指在规定的时间内对财产进行的清查。它一般是在年末、月末或季末结账前进行。定期清查可以是全面清查,也可以是局部清查。

不定期清查是根据需要所进行的临时性清查。它可以是全面清查,也可以是局部清查,可以有以下几种情况:

(1)单位更换保管员或出纳员时,要对其保管的财产物资或库存现金进行清点,以明确责任;

(2)单位发生意外损失时,要对受损的有关资产进行清查,以查明损失情况;

(3)上级有关部门对本单位进行临时检查时,按检查的要求和范围进行清查,以确保会计资料的真实性;

(4)进行临时性的清产核资、资产评估等情况时,要对本单位的财产进行清查,以摸清家底。

3. 按照财产清查的执行单位不同,可以分为内部清查和外部清查

内部清查是指由本企业的有关人员组成清查工作组对本企业的财产所进行的清查。这种清查也称为自查,可以是全面清查,也可以是局部清查;可以是定期清查,也可以是不定期清查,应根据实际情况和具体要求加以确定。一般指的财产清查多属于内部清查。

外部清查是指由企业外部的有关部门(例如上级主管部门、审计部门、司法机关、中介机构等)或人员根据国家有关规定和本单位的特殊需要对企业所进行的财产清查。

8.1.3 财产清查之前的准备工作

财产清查是一项涉及面广、工作量大、细致而又复杂的工作。为保证清查工作顺利完成,在财产清查以前需要做好各项准备工作。

1. 成立清查小组

在进行财产清查时应成立专门的财产清查领导小组,一般由主管厂长或总会计师为首,由其他各有关部门一同参加,负责领导和组织财产清查工作。该领导小组的主要任务是:在财产清查前拟定详细的工作计划,确定财产清查的对象和范围等;在财产清查过程中及时掌握工作进度,检查和督促财产清查工作,及时解决财产清查工作中出现的问题;在财产清查工作结束后,写出财产清查工作的总结性书面报告,对财产清查的结果提出处理意见。

2. 进行业务准备

(1)账簿准备。在财产清查之前,要将所有的业务全部登记入账,并结出余额,认真核对账目。在登记账簿的时候应该做到计算正确,内容完整,账证、账账相符,为财产清查提供准确可靠的账存数。

(2)实物准备。清查前,保管人员要整理好财产物资,应将截止到财产清查日为止的各项财产物资的收入与发出办好凭证手续,依据凭证上的记录内容登记有关的账簿,在将全部经济业务登记入账的基础上,结出各科目余额,并与会计部门的有关总分类账、明细分类账核对相符。同时财产物资保管人员应将其所保管的各种财产物资进行整理、排列,堆放整齐,挂上标签,标明品种、规格和结存数量,以便进行实物盘点。

(3)工具准备。财产清查小组的工作人员应组织有关部门准备好各种计量器具,按照国家计量标准准备各种计量工具,减少误差,并印制好各种登记财产清查结果的有关表册。

以上准备工作完成后，就可以着手进行财产清查工作了。

8.2 货币资金的清查

货币资金包括库存现金、银行存款及其他货币资金等。本节对货币资金清查的介绍主要包括库存现金的清查和银行存款的清查两部分。

8.2.1 库存现金的清查

1. 库存现金清查的要求

(1)在库存现金清查前，必须将所有的库存现金业务登记入账，从而使库存现金清查具有准确的依据。

(2)库存现金清查的时间一般以一天业务开始前或一天业务结束后为宜，这样可以方便清查工作，避免由于业务中库存现金的流动为清查带来不便。

(3)库存现金清查方式一般以突击检查为好，从而使清查工作具有一般性，能够及时地发现问题。

(4)库存现金清查必须要有出纳人员在场。出纳人员负责每日清点库存现金实有数额，并与库存现金日记账的余额进行核对。因此，在专门的清查人员进行库存现金清查时，作为相关责任人的出纳人员应该在场。

2. 库存现金清查的程序

对库存现金清查最基本方法是实地盘点法。通过对库存现金的实地盘点，确定库存现金的实有数，与库存现金日记账的余额进行核对，从而查明账实是否相符。具体清查的程序如下。

(1)清查人员要认真审核收付款凭证和账簿记录，检查经济业务是否符合库存现金管理规定，清查人员特别要注意检查企业是否以“白条”或“借据”抵充库存现金。

(2)库存现金盘点结束后，应根据清查人员盘点的结果，填制“库存现金盘点报告表”。“库存现金盘点报告表”是重要的原始凭证，它具有实物财产清查的“盘存单”的作用，又有“实存账存对比表”的作用。“库存现金盘点表”填制完毕，应由盘点人员和出纳员共同签章方能生效。“库存现金盘点表”的具体格式见表 8-1 所示。

(3)如果清查中出现账实不符的情况，及时找出导致账实不符的原因，并进行相应的会计处理。

表 8-1 库存现金查点报告表

单位名称： 2008 年 8 月 31 日 单位：元

实存金额	账存金额	对比结果		备 注
		盘 盈	盘 亏	
1 573	1 600		27	

负责人(签章)：王丽 盘点人(签章)：李民 出纳员(签章)：刘峰

8.2.2　银行存款的清查

1. 银行存款清查的要求

(1)在对银行存款清查之前,需要检查与银行存款相关的经济业务是否已全部登记入账。

(2)清查时既要注意对金额的核对,又要注意核对银行结算凭证种类,避免因金额相同而结算凭证不同所导致的对账过程中的错误。

(3)清查时应该注意对未达账项的调整,并编制银行存款余额调节表。

2. 银行存款清查的具体步骤

银行存款的清查应当采用对账单法,就是将企业银行存款日记账同银行送来的对账单逐笔进行核对,以确定双方银行存款账簿收入、支出及其余额记录是否正确。

(1)企业将清查日为止所有银行存款的收、付业务全部登记入账,对发生的错账、漏账应及时查清更正。

(2)清查人员仔细检查、核对银行存款日记账与银行对账单。

(3)确认是否存在未达账项。

未达账项是指在企业和银行之间由于会计凭证传递时间的不同,造成双方在记账时间上的不一致,即一方已接到有关结算凭证并已经登记入账,而另一方由于尚未接到有关结算凭证尚未入账的款项。由于未达账项的存在,使得单位银行存款日记账上的余额同银行对账单上的银行存款余额不一致。

未达账项有两大类型:一是企业已经入账而银行尚未入账的款项;二是银行已经入账而企业尚未入账的款项。具体来讲有以下四种情况:一是企业已收款记账,银行未记账的款项;二是企业已付款记账,银行未记账的款项;三是银行已收款记账,企业未记账的款项;四是银行已付款记账,企业未记账的款项。

当产生未达账项时,应该通过编制银行存款余额调节表对未达账项进行调整。银行存款余额调节表是在企业银行存款日记账余额和银行对账单余额的基础上,分别加减未达账项,确定调节后余额。通常调整的方法是企业银行存款日记账余额,加银行已记增加企业未记账事项,减银行已记减少企业未记账事项;银行对账单金额,加企业已记增加银行未记账事项,减企业已记减少银行未记账事项。具体“银行存款余额调节表”的格式见表 8-2 所示。

表 8-2　银行存款余额调节表

年　　月　　日

项　　目	金　额	项　　目	金　额
银行存款日记账余额		银行对账单余额	
加: 银行已记收款,企业未记账 减: 银行已记付款,企业未记账		加: 企业已记收款,银行未记账 减: 企业已记付款,银行未记账	
调节后余额		调节后余额	

如果调节后企业和银行双方余额相符,就说明企业和银行双方记账过程基本正确,不存在账实不符的问题,其调节后余额表示企业可动用的银行存款实际余额。

(4)如果对未达账项调节之后余额仍然不符,那么企业和开户银行双方的记账过程可能存在错误。应该查明错误所在,如果属于开户银行错误,应当由银行核查更正。如果属于企业记账错误,应查明出现错误的原因,并采用正确方法更正。

【例 8-1】 威海万通股份有限公司 12 月 31 日核对银行存款日记账的余额为 56 000 元,银行对账单的余额为 74 000 元。经逐笔核对发现两者不符的原因是由以下几点造成的:

(1)12 月 28 日企业收销货款 2 000 元,企业已登记入账,而银行未入账;

(2)12 月 29 日企业支付采购原材料的款项 18 000 元,企业已登记入账,银行未入账;

(3)12 月 30 日银行接到甲工厂汇来购货款 10 000 元,银行已入账,企业未接到通知;

(4)12 月 30 日银行代企业支付采购原材料款项 8 000 元,已入账,企业没有入账。

以上情况造成企业银行存款日记账与银行对账单不符,如果要对银行存款进行清查就要先对以上提到的未达账项进行调整,并编制“银行存款余额调节表”,其编制方法见表 8-3 所示。

表 8-3 银行存款余额调节表

20×× 年 12 月 31 日

项 目	金 额	项 目	金 额
银行存款日记账余额	56 000	银行对账单余额	74 000
加: 银行已收款,企业未收款项 减: 银行已付款,企业未付款项	 10 000 8 000	加: 企业已收款,银行未收款项 减: 企业已付款,银行未付款项	 2 000 18 000
调整后余额	58 000	调整后余额	58 000

经调整后发现两者余额相符,说明账实相符,企业银行存款日记账记账过程基本正确。如果调整后余额不相同,就需要进一步查明出现差异的原因。

需要指出的是,银行存款余额调解表只起调节作用,不能作为原始凭证调整银行存款日记账,等到有关单据到达企业后,方可进行有关的会计处理。

8.3 实物资产的清查

实物资产是指具有实物形态的各种财产,包括原材料、半成品、在产品、产成品、周转材料和固定资产等。对于实物财产的清查,特别是存货的清查,首先应确定实物资产的账面结存额,再确定实际结存额,然后将两者进行比较,以确定差异并寻找产生差异的原因,最后进行账务处理。

8.3.1 实物资产账面结存额的确定方法

为了使实物资产的盘点工作能够顺利进行,就要对实物财产的实际数量进行盘点并入账,这就需要建立一定的盘存制度。实物财产的盘存制度一般有两种:永续盘存制和实地盘存制。

1. 永续盘存制

永续盘存制也称账面盘存制,是指会计人员平时根据会计凭证,对各项财产的增加数和减少数在有关账簿记录中进行连续登记,并随时在账簿上结算出各种财产的账面结存数量和结存金额的一种方法。由定义可以看出,采用这种方法,对于存货的增加和减少,平时都要在账簿中连续地进行记录,因而随时可结算出各类存货的账面结存数。尽管如此,由于各种原因,采用这种盘存制度也会使账面结存数与实际结存数之间有不符的可能。因此,采用永续盘存制的方法,每年至少应对存货进行一次全面盘点,对于有些价值较高的物品,记录内容容易发生差错,还需要经常对它们进行实物盘点。

2. 实地盘存制

实地盘存制又称为以存计耗制或以存计销制,是指在会计核算过程中,对于各种存货,平时只登记其收入数,不登记其发出数,会计期末通过实地盘点确定实际盘存数,倒算出本期发出存货数量的一种方法。

因此,采用实地盘存制,只需要将期末存货实地盘存的结果作为计算本期发出存货数量的依据,平时不需要对发出的存货进行登记,核算手续比较简单。特别是在货物品种、规格繁多的情况下,如果对存货实行永续盘存制进行盘存则需要消耗较多的人力、物力,影响正常的生产经营活动,造成一定的浪费。但是,采用这种方法也有其不利的因素,相关人员无法根据账面记录随时了解存货的发出和结存情况,由于是以存计销或以存计耗倒算发出存货成本,必然将非销售或非生产耗用的损耗、短缺或贪污盗窃造成的损失,全部混进销售或耗用成本之中,这显然是不合理的,也不利于对存货进行日常的管理和控制。

综上所述可以看出,不论是永续盘存制还是实地盘存制,都有其有利和不利的方面,因此在实际工作中,企业应该将两种制度结合起来使用,取长补短,发挥各自的优势。

8.3.2　实物资产实际结存额的确定

实物资产的品种各异,不同品种的实物财产,其实物形态、体积、重量、堆放方式等方面各有不同,因而对其进行清查时所采用的方法也有所不同。注意以下几种常用的实物资产清查的方法。

1. 对于包装完整的成件资产物资可使用实地盘点法来进行清查

也就是通过实际清点货物数目、称量货物的重量、测量货物尺寸大小等方法来确定实物财产的实有数额。同时还应该抽查包装是否完好,有无破损等现象。

2. 对于散装物资的清查可用分批测量的方法

可以将这些散装物资分成几份并将它们转移到其他地方,对它们分别进行称量,最后将各个称量的结果加总获得总体清查数据。

3. 对于一些成堆露天存放的物资可使用技术推算法

企业的一些成堆露天存放的物资,例如大量成堆的化肥、饲料等,对它们的清查可以采取技术推算的方法清查。也就是利用一定的技术方法对财产的实存数进行推算的一种方法。

4. 对于数量多、重量均匀的实物财产可以采用抽样盘点的方法

采用这一方法首先应该从众多资产中随机挑选出一部分进行清查,然后再推算实物资产总体数量,从而确定财产的实有数额。

8.3.3　实物资产清查的步骤

在了解实物资产账面结存额与实物资产实际结存额具体确定方法之后,本节着重介绍对实物资产清查的步骤和相关凭证的运用。

(1)为了进一步明确经济责任,在对实物资产进行清查时,除了清查小组的工作人员以外,相关实物资产的保管人员必须在场,并参加盘点工作。

(2)财产清查人员对各项实物资产盘点结束以后,应该将盘点的结果如实准确地登记在"盘存单"上,同时所有与盘点有关的人员必须同时签章方才生效。"盘存单"的一般格式见表8-4所示。

表 8-4 盘存单

单位名称: 盘点时间: 编号:
财产类别: 存放地点:

序号	名称	规格型号	计量单位	实存数量	单价	金额	备注

盘点人签章:××× 保管人签章:×××

(3)盘点结束后,将"盘存单"中所记录的实存数与账面结存数相核对,对比账面结存数与实存数是否相符。如果发现实物盘点结果与账面结存结果不相符时,应根据"盘存单"和有关账簿记录,填制"实存账存对比表",以确定实物财产的盘盈数或盘亏数。"实存账存对比表"的格式见表8-5所示。

表 8-5 实存账存对比表

单位名称: 年 月 日

类别及名称	计量单位	单价	实存		账存		差异				备注
							盘盈		盘亏		
			数量	金额	数量	金额	数量	金额	数量	金额	
A 材料	千克	200	100		90		10	2 000			
B 材料	千克	400	100		110				10	4 000	
M 设备	台	8 000	10		9		1	8 000			
N 设备	台	6 000	4		5				1	6 000	

8.4 往来款项的清查

往来款项一般包括企业应收、应付款项,预收、预付款项等。企业对各种往来款项的清查,应采取"询证核对法",即同对方单位核对账目的方法。其具体的清查步骤如下。

(1)清查企业应该核对总分类账与明细分类账的往来账款余额是否相等,保证本企业各种往来款项的记录准确。

(2)清查企业编制"往来款项对账单",寄发或派人送交对方单位,与债务人或债权人进行核对。"往来款项对账单"的格式和内容见图8-1所示。

(3)待清查企业收到对方回单后,核查账目是否相符。如有应收的款项企业应及时催收,同时企业对呆账要编制"往来账项清查表"。"往来账项清查表"的格式见表8-6所示。

________单位:

你单位20××年×月×日购入我单位×产品××台,已付货款×××元,尚有×××元货款未付,请核对后将回单联寄回。

核查单位:(盖章)
20××年×月×日

沿此虚线裁开,将以下回单联寄回!

....

往来款项对账单(回联)

核查单位:

你单位寄来的"往来款项对账单"已经收到,经核对相符无误(或不符,应注明具体内容)。

××单位(盖章)
20××年×月×日

图 8-1 往来款项对账单

表 8-6 往来账项清查表

总分类账户名称: 200×年×月×日

明细分类账户		清查结果		核对不符原因分析			备注
名称	账面余额	核对相符金额	核对不符金额	未达账项金额	有争议款项金额	其他	

8.5 财产清查结果的处理

对财产清查完毕之后,如果实际与账面相符,说明相关财产管理制度较完善,符合国家的政策法规。但有时财产清查的结果是账实不符,即出现盘盈、盘亏等结果,那么就需要按照有关规定对财产清查的结果进行处理。

8.5.1 财产清查结果处理程序

对财产清查结果的处理应遵循相关规定,及时准确地进行,处理的具体步骤如下。

1. 核准数字,查明原因

在清查中一旦发现盘盈、盘亏等账实不符的情况,应依据清查中所填列的相关表格,例如"实存账存对比表"等进行仔细审查。对凭证中所记录的货币资金、财产物资及往来款项的盈亏数字进行全面的核实,同时对各项差异产生的原因进行分析,从而明确相关责任,并且针对不同的原因提出相应的处理意见。一般来说,对于定额内的损耗,多属于自然原因,而并非人为因素,可以根据有关规定进行处理。对于超过定额的损耗,应认真分析产生的原因,分别进行处理,属于一般性工作失职且金额不大者,应给予严肃的批评教育,或行政处分,或要求作一定的经济赔偿;属于玩忽职守或贪污盗窃者,则应追缴赃款赃物和处以罚金,直至追究刑事责任。

2. 调整账簿,做到账实相符

当核准数字并查明原因后,就可以在具体的账簿上进行反映,以保证做到账实相符。调整账簿记录的工作一般分为两步:首先,将已查明的盘盈、盘亏和毁损情况,根据清查中的原始凭证(如账存实存对比表等)编制记账凭证;然后再通过记账凭证如实登记在账簿上。登记时要注意以清查的实存数为准,当出现盘盈的情况时,应该根据有关凭证补充账面记录。当出现盘亏的情况时,应该根据有关凭证冲销账面记录,然后按照一定的程序报上级批准。

3. 批准后,进行账务处理

当报送的财产清查结果得到上级批准及相关处理意见后,企业应严格按照上级的指示进行账务处理,并对相关的责任人进行处罚,追回损失。

8.5.2 财产清查结果的账务处理

1. 账户的设置

为了对财产清查的结果进行账务处理,需要设置"待处理财产损益"账户,下设"待处理流动资产损益"和"待处理固定资产损益"两个明细账户。这一账户是用来核算企业在财产清查时所发现的各项财产物资的盘盈、盘亏和毁损数的账户。该账户属于资产类账户,借方登记待处理财产的盘亏或毁损金额,贷方登记待处理财产的盘盈金额。待上级批复意见下达后,盘亏和毁损的金额从该账户的贷方转销,盘盈的金额从该账户的借方转销。期末,清查的结果应全部处理完毕,该账户无余额。

对于"待处理财产损益"这个过渡性账户,需要注意以下两点:一是该账户只适用于单位在清查财产过程中查明的各种财产盘盈、盘亏或毁损的价值,而固定资产的盘盈、债权债务等往来款项的盈亏余缺不通过该账户核算;二是该账户的具体运用要分批准前和批准后两个步骤进行。

2. 具体核算方法

以上所讲的实物资产的清查、货币资金的清查和往来款项的清查各有其不同的清查方法,同样在对清查结果的处理上也有不同的特点。以下分别介绍它们各自的处理方法。

(1)库存现金清查结果的处理。对库存现金的清查可能会出现账实不符的结果,这样的结果分两种情况,一种是库存现金的盘盈也就是我们说的长款,还有一种是库存现金的盘亏即短款。无论是长款还是短款都要经过"待处理财产损益"这个账户进行核算。

上级部门批准前的账务处理:将待处理的库存现金数记入过渡账户"待处理财产损益",等待上级批准处理。以实际存在的库存现金为准,当库存现金长款时,增加库存现金账户的记录,同时记入"待处理财产损益——待处理流动资产损益"账户;当库存现金短款时,应冲减库存现金账户的记录,同时记入"待处理财产损益——待处理流动资产损益"账户。

上级部门批准后的账务处理:在经过上级批准之后,将记入过渡账户"待处理财产损益"中的金额转出,其转入的账户因造成库存现金长、短款的原因而异。一般来说,对于库存现金长款如果无法查明原因,其批准后的处理是增加营业外收入,如果应付其他单位或个人的长款,应记入"其他应付款——××单位或个人"账户。对于库存现金短款,如果是应由责任人赔偿或由保险公司赔偿的,应转记入"其他应收款——××赔偿人"或"其他应收款——应收保险赔款"账户;如果是由于经营管理不善、非常损失或无法查明的原因造成的,应增加企业的管理费用,即转入"管理费用"账户。

【例8-2】 某企业在财产清查中,查明库存现金较账面余额短缺27元(见表8-1)。

报经审批前,应根据"库存现金盘点报告表"编制记账凭证,并据以登记入账,调整账面记录,使之账实相符。会计分录如下:

借:待处理财产损益　　　　27

　　贷:库存现金　　　　27

上述库存现金短款属于无法查明的原因,根据管理权限报经审批后,列作管理费用。应根据批复意见编制会计分录如下:

借:管理费用 27

贷:待处理财产损益 27

(2)实物资产清查结果的处理。实物资产种类很多,可以大体分为两大类,即流动资产和固定资产。由于其类别有差异,处理的方法也有所不同。

上级部门批准前的账目处理:在上级部门批准之前,流动资产和固定资产的盘亏或毁损都应记入过渡账户,即"待处理财产损益"账户中,等待上级批准后方才转出;盘盈的固定资产,作为前期会计差错,通过"以前年度损益调整"进行核算。

流动资产的盘亏,在审批之前,借方记入"待处理财产损益"账户,贷方冲减有关的流动资产账户;实物流动资产的盘盈,在审批之前,借方增加有关流动资产账户,贷方记入"待处理财产损益"账户。固定资产的盘亏,在审批之前,借方应按其账面净值记入"待处理财产损益——待处理固定资产损益"账户,同时按其账面已提折旧记入"累计折旧"账户,贷方应按其账面原始价值记入"固定资产"账户。对于固定资产的盘盈,应按同类或类似固定资产的市场价格,减去按该项固定资产新旧程度估计的价值损耗后的余额,借记"固定资产"账户,贷记"以前年度损益调整"账户。

上级部门批准后的账目处理:待上级批准后,按照不同的原因将过渡账户"待处理财产损益"转入不同的账户。对于盘亏或毁损的流动资产来说属于管理不善、收发计量不准确、自然损耗而产生的定额内的损耗,转作管理费用;属于超定额的短缺毁损所造成的损失,应由过失人负责赔偿;属于非常损失造成的短缺毁损,在扣除保险公司的赔偿和残料价值后的净损失,列作营业外支出;对于盘亏的固定资产,一般按净值增加单位的营业外支出。

【例8-3】 某企业在财产清查中发现B种材料盘亏10千克,其实际成本为4 000元(见表8-5)。

报经审批前,根据"实存账存对比表"编制记账凭证,并据以登记入账,调整账面记录,使之账实相符。会计分录如下:

借:待处理财产损益 4 000

贷:原材料——B材料 4 000

经查明,属定额内损耗600元,管理员过失2 000元,自然灾害损失为1 400元。报经审批后,根据批复意见,作会计分录如下:

借:管理费用 600

其他应收款 2 000

营业外支出 1 400

贷:待处理财产损益 4 000

【例8-4】 某企业在财产清查中发现A种材料盘盈10千克,其实际成本为2 000元(见表8-5)。

报经审批前,根据"实存账存对比表"编制记账凭证,并据以登记入账,调整账面记录,使之账实相符。会计分录如下:

借:原材料——A材料 2 000

贷:待处理财产损益 2 000

经查明,盘盈A材料系自然损益,报经审批后,根据审批意见作冲减管理费用处理。作会计分录如下:

借:待处理财产损益 2 000

贷:管理费用　　2 000

【例8-5】　某企业在财产清查中,查明盘亏N设备一台,其账面原值为6 000元,已提折旧为2 000元(见表8-5)。

报经审批前,根据“实存账存对比表”编制记账凭证,并据以登记入账,调整账面记录,使之账实相符。会计分录如下:

借:待处理财产损益　　4 000
　　累计折旧　　2 000
　　贷:固定资产　　6 000

报经审批后,根据批复意见,盘亏固定资产列作营业外支出,应根据批复意见编制记账凭证,并据以登记入账。会计分录如下:

借:营业外支出——盘亏损失　　4 000
　　贷:待处理财产损益　　4 000

【例8-6】　某企业在财产清查中,查明盘盈M设备一台,同类设备的市场价格为8 000元,根据其新旧程度估计已经损耗价值为3 000元。

盘盈的固定资产,在按管理权限报经批准处理前,应根据“实存账存对比表”编制记账凭证,通过“以前年度损益调整”账户核算,调整账面记录,使之账实相符。会计分录如下:

借:固定资产　　5 000
　　贷:以前年度损益调整　　5 000

“以前年度损益调整”属于损益类账户,用来核算企业本年度发生的调整以前年度损益的事项,以及本年度发现的前期差错更正所涉及的调整以前年度损益的事项。调整增加以前年度利润或减少以前年度亏损,以及由于以前年度损益调整减少的所得税费用,记入本账户贷方;调整减少以前年度利润或增加以前年度亏损,以及由于以前年度损益调整增加的所得税费用,记入本账户借方;经上述调整后,应将本账户的余额转入“利润分配”账户,结转后本账户应无余额。

(3)往来款项清查结果的处理。往来款项包括的内容较多,这一部分的往来款项清查结果的处理主要介绍应收和应付款项的处理。这一处理的方法有别于前两种清查结果的处理方法。不通过过渡账户“待处理财产损益”进行核算,而是在原来账面记录的基础上,按规定程序报经批准后直接处理。

在企业的往来款项中,有一些应收款项无法收回,通常称其为坏账。经有关部门批准后予以核销,冲减坏账准备金,即借“坏账准备”,贷“应收账款”。

企业可能因种种原因,还存在着应付而无法支付的款项,经批准予以转销。无法支付的款项在批准前不作账务处理,按规定的程序批准后,将应付款项转作“营业外收入”账户,即借方为“应付账款”,贷方为“营业外收入”。

【总结与回顾】

财产清查就是通过盘点实物,核对账目来确定各项财产物资的实有数额,并查明实存数额与账存数额是否相符的一种专门方法。通过财产清查,可以确保会计核算资料的真实可靠,保护财产物资安全完整和提高财产物资的使用效率。不同类型的清查对象应选择不同的清查方法,如库存现金、实物的清查主要是通过实地盘点进行;银行存款和往来款项的清查则主要是通过核对账单来进行。财产清查的结果应按照一定程序进行处理,包括分析原因、总结经验,建立健全财产物资管理制度,并通过设置和运用“待处理财产损益”账户,对财产清查结果进行账务处理。

【复习思考】

1. 什么是财产清查,财产清查包括哪几类?
2. 财产清查有什么意义?在财产清查之前需要做哪些准备工作?
3. 永续盘存制与实地盘存制有何异同?各自具有什么样的特点?
4. 如何进行银行存款的清查?如何编制“银行存款余额调节表”?
5. 什么是未达账项?包括哪几种情况?如何对未达账项进行调节?
6. 如何进行往来款项的清查?
7. 财产清查结果的处理需要设置什么账户?这一账户的性质是什么?
8. 对实物财产清查结果怎样进行账务处理?
9. 对库存现金清查的结果怎样进行账务处理?

【练习题】

一、单项选择题

1. 对于银行存款的清查应采用( )方法。

A. 对账单 B. 实地盘点 C. 估算 D. 查询

2. 对各项财产的增减变化,根据会计凭证既计增加数,又计减少数,并随时结出余额的制度是( )。

A. 永续盘存制 B. 收付实现制 C. 权责发生制 D. 实地盘存制

3. 清查中发现原材料盘盈是由于工作中的收发计量造成,则应计入( )账户。

A. 营业外支出 B. 制造费用 C. 管理费用 D. 营业外收入

4. 清查中发现固定资产盘亏是由于意外造成,一般应记入( )账户。

A. 销售费用 B. 管理费用 C. 其他应收款 D. 营业外支出

5. 清查中财产盘亏是由于责任人造成,应记入( )。

A. 制造费用 B. 管理费用 C. 其他应收款 D. 营业外支出

6. 对原材料、库存商品盘点后应编制( ),它是据以调整存货账簿记录的原始凭证。

A. 账存实存对比表 B. 盘点表 C. 余额调节表 D. 对账单

7. 企业在改变隶属关系时,对企业的财产物资应进行( )。

A. 企业自查 B. 定期清查 C. 局部清查 D. 全面清查

8. 在清查中发现盘盈固定资产,应按净值借记“固定资产”科目,贷记( )科目。

A. 管理费用 B. 待处理财产损益 C. 营业外收入 D. 以前年度损益调整

9. 未达账项是指企业和银行之间由于结算凭证传递时间上的差异而造成的( )。

A. 双方记账金额不一致 B. 一方重复记账

C. 一方记账,另一方未记账 D. 双方均未记账

10. 对于企业确实无法收回的应收账款,应依据相应权限报批后确认为坏账损失,借记

(　　)科目,贷记“应收账款”科目。

A. 营业外支出　B. 管理费用　C. 坏账准备　D. 资本公积

11. 对于确实不需支付的应付款项应记入(　　)。

A. 管理费用　B. 营业外收入　C. 坏账准备　D. 资本公积

12. 对库存现金的清查,应采用(　　)。

A. 技术推算法　B. 核对账目　C. 对账单法　D. 实地盘点法

二、多项选择题

1. 企业银行存款日记账和银行对账单核对不符的原因可能有(　　)。

A. 企业记账错误　B. 银行记账错误

C. 存在未达账项　D. 未及时取得银行对账单

2. 以下清查结果不通过“待处理财产损益”账户核算的有(　　)。

A. 存货盘盈　B. 存货盘亏　C. 固定资产盘盈　D. 固定资产盘亏

E. 无法支付的应付款项

3. 企业与银行间的未达账项包括的情况是(　　)。

A. 企业已记,银行漏记　B. 企业已付,银行未记

C. 银行已收,企业未记　D. 银行已付,企业未记

E. 企业已收,银行未记

4. 下列哪些情况应进行全面清查(　　)。

A. 更换出纳员　B. 年末　C. 单位合并　D. 清产核资

E. 存货清查

5. 以下属于不定期清查的有(　　)。

A. 年终　B. 单位撤销　C. 更换保管员　D. 存货损失

E. 财产被盗

6. 财产清查时可以采用实地盘点法的有(　　)。

A. 固定资产　B. 库存现金　C. 银行存款　D. 应收账款

E. 应付账款

7. 待处理财产损益的贷方核算的是(　　)。

A. 发生的财产盘亏　B. 发生的财产盘盈　C. 处理的财产盘亏　D. 处理的财产盘盈

E. 发生的财产毁损

8. 对于存货的盘亏,处理时应根据具体情况,可计入(　　)账户。

A. 管理费用　B. 营业外支出　C. 营业外收入　D. 其他应收款

E. 以前年度损益调整

三、判断题

1. 若企业银行日记账与银行对账单核对不符,则说明企业或银行一方存在记账错误。(　　)

2. 更换财产物资保管员或出纳员要进行全面清查,属于不定期清查。(　　)

3. 企业无法支付的应付账款通过待处理财产损益进行核算。(　　)

4. 对于坏账损失及其转销,不通过“待处理财产损益”账户处理。(　　)

5. 对于银行已记账,企业未记账的未达账项,应根据调节表登记银行日记账,以保证账实相符。(　　)

6. 由于实地盘存制下，凡未包含在期末实际结存中的减少数均被视为销售或耗用，从而掩盖了财产物资的非正常损耗，因此不利于财产物资的安全完整。（　　）

7. 未达账项是造成企业银行存款日记账和银行对账单不一致的唯一原因。（　　）

8. 全面清查可以是定期进行的，也可以是不定期进行的。（　　）

9. 永续盘存制是对企业各项财产物资的增减变动，平时只登记增加数，不登记减少数。（　　）

10. 盘点时，发现账面数额小于实存数，即为盘盈。（　　）

【技能训练】

技能训练一

一、训练目的

练习银行存款余额调节表的编制。

二、训练资料

某企业 2008 年 5 月 30 日银行存款日记账余额 243 000 元，银行对账单余额 257 000 元，经逐笔核对，发现有几笔未达账项：

（1）企业偿还 A 公司货款 25 000 元已登记入账，但银行尚未登记入账；

（2）企业收到销售商品款 35 100 元已登记入账，但银行尚未登记入账；

（3）银行已划转电费 4 900 元登记入账，但企业尚未收到付款通知单，未登记入账；

（4）银行已收外地汇入货款 29 000 元登记入账，但企业尚未收到收款通知单，未登记入账。

三、训练要求

根据以上资料编制银行存款余额调节表。

技能训练二

一、训练目的

练习财产清查结果的会计处理。

二、训练资料

威海万通股份有限公司年底进行了一次资产清查，现将清查的结果记录如下：在对库存现金进行清查中，发现库存现金出现短款 540 元，经查是由于出纳员的责任造成的；在对实物资产清查的过程中，发现一台账外设备，与其相同类型的设备市场价格为 50 000 元，估计八成新；对存货清查时，发现盘亏甲材料价值 3 000 元，经查其中 1 000 元为自然损耗，其余为意外损失，经批准列支营业外支出，发现盘亏固定资产一台，原价 20 000 元，已提折旧 12 000 元，经批准结转盘亏的固定资产净值 8 000 元；在对往来款项的清查中发现一笔无法支付的应付账款 100 000 元。

三、训练要求

通过以上财产清查的结果发现企业的财务有许多账实不符现象，请对这些现象做出相应的账务处理。

9

财务会计报告

【学习目标】

填制和审核会计凭证、登记账簿,为企业提供了必要的经济业务信息,但是这样还不能揭示经济活动的全貌,因而有必要对企业日常的会计资料进行分类、计算和汇总,编制财务会计报告。通过本章学习,要求了解财务会计报告的意义、组成和会计报表的分类;掌握资产负债表、利润表的定义、结构及其编制方法;了解现金流量表的结构、内容及其编制方法;了解会计报表附注和财务状况说明书的内容与编制要求。

【重点难点】

- 资产负债表、利润表的结构及其编制方法
- 现金流量表的结构、内容及其编制方法

【技能点】

- 编制资产负债表、利润表
- 会计报表附注和财务状况说明书的使用

【学习内容】

9.1 财务会计报告概述

9.1.1 财务会计报告的含义和意义

1. 财务会计报告的含义

财务会计报告是指企业对外提供的,反映企业某一特定日期的财务状况和某一会计期间的经营成果、现金流量等会计信息的书面文件。

2. 财务会计报告的意义

财务会计报告对于企业管理当局和各职能部门、上级主管部门、投资者和潜在的投资者、债权人、政府有关部门、内部职工等都具有重要的意义。

(1)企业管理当局和各职能部门。通过财务报告,企业管理当局和各职能部门可以了解企业的资产、负债和所有者权益状况、经营过程中各项收支和财务计划的完成情况、现金流量情况,以便评价和考核企业业绩,加强经营管理,科学地进行经济决策和对经营前景的预测。当期的财务报告也是编制下期财务计划和预算的重要依据。

(2)企业主管部门。通过企业报送的财务报告,企业主管部门可以了解所属企业的财务状况、经营成果和现金流量;通过对财务报告有关指标的分析和与同类企业的对比,可以找出所属企业经营管理上的差距,总结经验,促进所属企业进一步提高经营管理水平;通过对所属企业财务报告的汇总,可以总括反映本系统、本部门的财务状况、经营成果和现金流量,为加强对所属企业的管理提供重要依据。

(3)企业的投资者和潜在的投资者。通过财务报告,企业的投资者和潜在的投资者可以了解企业的财务状况、获利能力、利润分配、现金流量等情况,以此作为决策对企业是否投资和扩大投资的重要依据。

(4)企业的债权人。通过财务报告,企业的债权人可以了解所提供给企业的债权及其利息,是否能够按期如数收回;银行等金融机构作为债权人,通过财务报告还可以检查分析企业对借款的使用情况和借款物资的保证程度,监督企业按规定使用借款,按期偿付借款本息。

(5)政府有关部门,包括财政、税务、审计等部门。通过财务报告,可以分析和检查企业财务状况、经营成果、利润分配、亏损弥补、应交税收的上交情况,以便进一步加强对企业的监督和管理。

(6)企业内部职工。通过财务报告,企业职工可以了解企业稳定性和获利能力的信息,以便评估企业提供劳动报酬、退休福利等能力。

9.1.2 财务会计报告的组成

《企业会计制度》规定,企业的财务会计报告由会计报表、会计报表附注和财务状况说明书组成(不要求编制和提供财务状况说明书的企业除外)。其中,会计报表是财务会计报告的主体和核心。

1. 会计报表

会计报表是以日常会计核算资料为主要依据,按照一定的格式加以汇总、整理,用来总括地反映企业财务状况、经营成果和现金流量的文件。根据《企业会计准则第30号——财务报表列报》的规定,企业应编制和向外提供的财务报表,至少应包括资产负债表、利润表、现金流量表和所有者权益(或股东权益)变动表。

(1)资产负债表。资产负债表是反映企业在某一特定日期的财务状况的会计报表。企业编制资产负债表的目的是通过如实反映企业的资产、负债和所有者权益的金额及其结构情况,从而有助于使用者评价企业资产的质量以及长、短期借款的偿债能力和利润分配能力等。

(2)利润表。利润表是反映企业在一定会计期间的经营成果的会计报表。企业编制利润表的目的是通过如实反映企业实现的收入、发生的费用以及应当记入当期利润的利得和损失金额及其结构等情况,从而有助于使用者分析评价企业的盈利能力与质量等。

(3)现金流量表。现金流量表是反映企业在一定会计期间的现金和现金等价物流入和流出的会计报表。企业编制现金流量表的目的是通过如实反映企业各项活动的现金流入、流出情况，从而有助于使用者评价企业的现金流量和资金周转情况。

(4)所有者权益(或股东权益)变动表。所有者权益(或股东权益)变动表反映构成所有者权益的各组成部分当期的增减变动情况。企业的净利润及其分配情况是所有者权益变动的组成部分，相关信息已经在所有者权益变动表及其附注中反映，企业不需要再单独编制利润分配表。

2. 会计报表附注

会计报表附注是财务报表不可或缺的组成部分，是对在资产负债表、利润表、现金流量表和所有者权益变动表等报表中列示项目的文字描述或明细资料，以及对未能在这些报表中列示项目的说明。企业编制会计报表附注的目的，是通过在财务报表之外披露补充信息，以更加全面、系统地反映企业财务状况、经营成果和现金流量，从而有助于向使用者提供更为有用的信息，便于其更加科学合理地决策。

3. 财务状况说明书

财务状况说明书是对一定会计期间的财务状况，以文字为主，结合数字指标所作的书面分析报告。该说明书能使报表使用者进一步地了解企业的财务状况、经营成果和现金流量，并以此为依据进行正确的决策。企业撰写的财务状况说明书至少应对下列情况做出说明：

(1)企业生产经营的基本情况；

(2)利润实现和分配情况；

(3)资金增减和周转情况；

(4)对企业财务状况、经营成果和现金流量有重大影响的其他事项。

为直观起见，将上述企业财务会计报告的组成概括如图 9-1 所示。

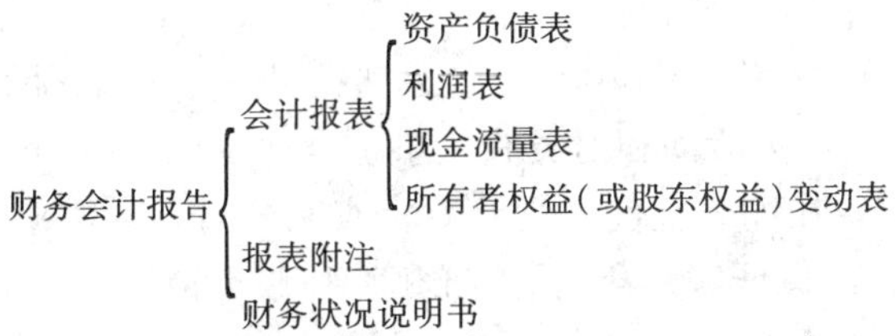

图 9-1 财务会计报告的组成

9.1.3 会计报表的分类

会计报表可以按照不同的标准进行分类。

1. 按照会计报表所反映的经济内容，可分为财务状况报表和经营成果报表

财务状况报表是用来反映企业财务状况以及资金运用、变动情况的报表，主要包括资产负债表和现金流量表；经营成果报表主要指利润表。

2. 按照会计报表所反映的资金运动形态，可分为静态会计报表和动态会计报表

静态会计报表是反映企业在某一时点资产总额和权益总额的会计报表，如资产负债表；动态会计报表是反映一定时期内资金耗费和资金收回的报表，如利润表和现金流量表。

3. 按照会计报表编制时间，可分为中期会计报表和年度会计报表

中期会计报表是以短于一个完整会计年度的报告期间为基础编制的会计报表，包括月报、季报和半年报等；年度会计报表是在年度终了，按会计年度编制和报送，以全面反映会计主体

全年经济活动、财务收支和财务成果的报表。

4. 按照会计报表编制主体,可分为个别会计报表和合并会计报表

个别会计报表是由企业在自身会计核算基础上对账簿记录进行加工而编制的报表,它主要用以反映企业自身的财务状况、经营成果和现金流量情况;合并会计报表是以母公司和子公司组成的企业集团为会计主体,根据母公司和所属子公司的会计报表,由母公司编制的,综合反映企业集团财务状况、经营成果及现金流量的报表。

5. 按照会计报表的编制单位,可分为单位报表和汇总报表

单位报表是指企业在自身会计核算的基础上,对账簿记录进行加工而编制的会计报表,以反映企业本身的财务状况和经营成果;汇总报表是指由企业主管部门或上级机关,根据所属单位报送的会计报表,连同本单位会计报表汇总编制的综合性会计报表。

6. 按照会计报表的报送对象,可分为对内会计报表和对外会计报表

对内会计报表是指为适应企业内部经营管理需要而编制的不对外公开的会计报表,内部报表一般不需要统一的格式,也没有统一的指标体系,如成本报表就属于对内会计报表。对外会计报表是指企业向外提供的,供外部信息使用者使用的会计报表。如资产负债表、利润表和现金流量表等就属于对外会计报表。

7. 按照会计报表的主从关系,可分为主要报表和附属报表

主要会计报表也称为主表,是反映企业生产经营活动、财务成果的基本状况和主要情况的会计报表,如资产负债表、利润表、现金流量表;附属会计报表也称附表,是对主要报表的某些内容做出进一步具体和详细揭示的会计报表,如应交增值税明细表、资产减值准备明细表、分部报表等。

9.1.4　财务会计报告的编制

1. 财务会计报告编制前的准备工作

(1)按期结账。在结账之前,应将所有已经发生的收入、支出、债权、债务,应摊销或预提费用,以及其他已经完成的经济活动和财务收支事项全部登记入账。

(2)对账和财产清查。在编表之前必须认真审查和核对各种账簿、会计凭证、现金、存货、固定资产、债权和债务等,以保证账账相符、账证相符和账实相符。

(3)编制总分类账户本期发生额试算表。在结账、对账和财产清查的基础上,编制总分类账本期发生额试算表,以检查核算资料的正确性和完整性,只有经过核对无误的账簿记录,才能据以编制各种会计报表。

2. 财务会计报告编制的质量要求

会计报表是传递会计信息的主要形式,为了保证会计报表所提供的信息能够及时、准确、完整地反映企业的财务状况和经营成果,满足信息使用者的需要,企业在编制会计报表时,应做到内容完整、数字客观真实、计算准确、指标可比和编报及时。

(1)内容完整。企业在编制会计报表时,必须按照会计制度统一规定的报表种类、格式和内容来填写。凡属会计报表上规定应填列的指标,不论是表内项目,还是补充资料及附注,都要填列齐全,不得漏编、漏报或者任意取舍。

(2)数字真实。企业会计报表所列的数字必须是客观、有根据的,如实反映企业经济活动的实际情况,不得带有任何个人偏见和主观色彩,不受外界影响。不允许使用估计或推算数字代替实际数字,更不允许以各种方式弄虚作假,隐瞒谎报、篡改数字、人为夸大或缩小经营

成果。

(3)计算准确。会计报表各项目的金额数字主要来自于日常的账簿记录,但这并不意味着报表上的数字完全是账簿记录的简单转抄。在编制会计报表时,对有关项目的金额,必须采用正确的计算方法加以确定,从而保证会计报表数字的准确性。

(4)指标可比。会计报表提供的信息必须满足企业内部和外部不同使用者的需要,为使用者提供有用的信息资料,并且便于报表使用者在不同企业之间及同一企业不同时期之间进行比较。在编制会计报表时,企业在不同时期的指标和同类型企业之间在计算和填列方法上,应当尽可能口径一致,不得随意变动。如存货的计价方法、固定资产折旧的计提方法等。如果由于客观情况变化而必须变动的,应当在报表附注中加以说明,既要说明变动的原因,也要说明变动后对指标的影响,以便将变动的信息传递给使用者。

(5)编制及时。会计报表提供的资料,具有很强的时效性。只有及时编制和及时报送会计报表,才能为使用者提供决策所需的信息资料。所以,会计报表必须按规定的期限和程序,及时编制,及时报送,以便报表使用者及时了解编报单位的财务状况和经营成果,也便于有关部门和地方财政部门及时进行汇总。

3. 财务会计报告编制的时间要求

《企业账务会计报告条例》规定:企业应当于每年公历 12 月 31 日编制年度财务会计报告。凡是国家会计制度规定应当编制半年度、季度、月度财务会计报告的企业,则该企业应当于每年公历 6 月 30 日、12 月 31 日分别编制半年度财务会计报告;于每年公历的 3 月 31 日、6 月 30 日、9 月 30 日、12 月 31 日分别编制季度财务会计报告;于公历每月的最后一天编制月度财务会计报告。年度结账日为每年公历 12 月 31 日;半年度、季度、月度结账日为公历年度每半年、季度、月度的最后一天。

4. 财务会计报告编制的格式要求

国家统一会计制度对企业财务会计报告的编制格式有统一的规定,企业在编制时不能随意更改。企业对外提供的基本会计报表如资产负债表、利润表、现金流量表、所有者权益变动表都有其具体的格式。企业内部使用的财务会计报表,其格式和要求可由企业自行规定。

9.2 资产负债表

9.2.1 资产负债表的意义

资产负债表是企业对外报送的主要报表之一,是依据"资产 = 负债 + 所有者权益"这一静态会计等式编制的。企业一般应按月编制资产负债表,它是反映企业在某一特定日期全部资产、负债和所有者权益及其构成情况的会计报表。根据资产负债表所提供的数据,可以使报表使用人了解企业的资产、负债和所有者权益的总额及其构成情况;评价企业的偿债能力和筹资能力;考察企业资本的保全和增值情况;分析企业财务结构的优劣和负债经营的合理程度;预测企业未来的财务状况和财务安全程度等。

9.2.2 资产负债表的结构

资产负债表一般有报告式和账户式两种。我国企业的资产负债表采用账户式结构。账户式资产负债表分左右两方,左方为资产项目,大体按资产的流动性大小排列,流动性大的资产如"货币资金""交易性金融资产"等排在前面,流动性小的资产如"长期股权投资""固定资产"等排在后面。右方为负债及所有者权益项目,一般按其清偿时间的先后顺序排列:"短期借款""应付票据""应付账款"等需要在一年以内或者长于一年的一个正常营业周期内偿还的流动负债排在前面,"长期借款"等在一年以上才需要偿还的非流动负债排在中间,在企业清算之前不需要偿还的所有者权益项目排在后面。左方资产各项目的合计等于右方负债和所有者权益各项目的合计,即左方和右方相等。

我国企业资产负债表格式见表9-1所示。

表9-1 资产负债表

会企01表

编制单位: 年 月 日 单位:元

资 产	期末余额	年初余额	负债和所有者权益(或股东权益)	期末余额	年初余额
流动资产:			流动负债:		
货币资金			短期借款		
交易性金融资产			交易性金融负债		
应收票据			应付票据		
应收账款			应付账款		
预付账款			预收账款		
应收利息			应付职工薪酬		
应收股利			应交税费		
其他应收款			应付利息		
存货			应付股利		
一年内到期的非流动资产			其他应付款		
其他流动资产			一年内到期的非流动负债		
流动资产合计			其他流动负债		
非流动资产:			流动负债合计		
可供出售金融资产			非流动负债:		
持有至到期投资			长期借款		
长期应收款			应付债券		
长期股权投资			长期应付款		
投资性房地产			专项应付款		
固定资产			预计负债		
在建工程			递延所得税负债		
工程物资			其他非流动负债		
固定资产清理			非流动负债合计		
生产性生物资产			负债合计		
油气资产			所有者权益(或股东权益):		
无形资产			实收资本(股本)		

续表

资　产	期末余额	年初余额	负债和所有者权益(或股东权益)	期末余额	年初余额
开发支出			减:库存股		
商誉			资本公积		
长期待摊费用			盈余公积		
递延所得税资产			未分配利润		
其他非流动资产			所有者权益(或股东权益)合计		
非流动资产合计					
资产总计			负债和所有者权益(或股东权益)合计		

9.2.3 资产负债表的编制方法

资产负债表各项目均需填列“年初余额”和“期末余额”两栏。其中“年初余额”栏内各项数字,应根据上年末资产负债表“期末余额”栏内所列数字填列。“期末余额”主要有以下几种填列方法。

1. 根据总账科目余额填列

(1)直接根据各总账科目的余额填列。如交易性金融资产、递延所得税资产、短期借款、交易性金融负债、应付票据、应付职工薪酬、应交税费、应付利息、应付股利、其他应付款、递延所得税负债、实收资本、资本公积、库存股、盈余公积等项目,应当根据相关总账科目的余额直接填列。

(2)根据几个总账科目的余额计算填列。如“货币资金”项目,应当根据“库存现金”“银行存款”“其他货币资金”等科目的期末余额的合计数填列;“存货”项目,需根据“材料采购”“原材料”“材料成本差异”“生产成本”“库存商品”“发出商品”“周转材料”等几个总账科目的期末余额合计数减去“存货跌价准备”科目余额后的金额填列;“未分配利润”项目,反映企业年末累计未分配的利润或未弥补的亏损,本项目应根据“本年利润”和“利润分配”总账科目的期末余额计算填列。未弥补的亏损,在本项目内以“－”号反映。

2. 根据有关明细账科目余额计算填列

如“应收账款”项目应根据“应收账款”和“预收账款”两个账户所属明细账的期末借方余额的合计数填列。“应付账款”项目需要根据“应付账款”和“预付账款”两个科目所属明细账的期末贷方余额计算填列。

【例 9-1】 M 公司 2007 年 12 月 31 日结账后有关科目余额如表 9-2 所示。

表 9-2　科目余额表　　单位:元

总分类科目	明细科目	借方余额	贷方余额
应收账款		1 400 000	
	——A 公司	1 800 000	
	——B 公司		400 000

续表

总分类科目	明细科目	借方余额	贷方余额
预付账款		520 000	
	——C公司	600 000	
	——D公司		80 000
应付账款			1 300 000
	——E公司	500 000	
	——F公司		1 800 000
预收账款			1 300 000
	——H公司	400 000	
	——K公司		1 700 000

该企业2007年12月31日资产负债表中有关项目的金额为:

"应收账款"项目为1 800 000 + 400 000 = 2 200 000

"预付账款"项目为600 000 + 500 000 = 1 100 000

"应付账款"项目为1 800 000 + 80 000 = 1 880 000

"预收账款"项目为1 700 000 + 400 000 = 2 100 000

3. 根据总账科目和明细科目余额分析计算填列

如"长期应收款"项目,应当根据"长期应收款"总账科目余额,减去"未实现融资收益"总账科目余额,再减去所属相关明细科目中将于一年内到期的部分填列;"长期应付款"项目,应当根据"长期应付款"总账科目余额,减去"未确认融资费用"总账科目余额,再减去所属相关明细科目中将于一年内到期的部分填列;"长期借款"项目,应当根据"长期借款"总账科目余额扣除"长期借款"科目所属明细科目中将于一年内到期的长期借款部分填列;"应付债券"项目,应当根据"应付债券"总账科目余额扣除"应付债券"科目所属明细科目中将于一年内到期的部分填列。

4. 根据总账科目与其备抵科目抵消后的净额填列

如资产负债表中的"应收账款""长期股权投资""在建工程"等项目,应当根据"应收账款""长期股权投资""在建工程"等科目的期末余额减去"坏账准备""长期股权投资减值准备""在建工程减值准备"等科目余额后的净额填列;"持有至到期投资"项目,应当根据"持有至到期投资"科目期末余额,减去"持有至到期投资减值准备"科目期末余额后的金额填列;"固定资产"项目,应当根据"固定资产"科目期末余额,减去"累计折旧""固定资产减值准备"等科目期末余额后的金额填列;"无形资产"项目,应当根据"无形资产"科目的期末余额,减去"累计摊销""无形资产减值准备"备抵科目余额后的净额填列。

【例9-2】 M公司2007年12月31日结账后有关账户余额如表9-3所示。

表 9-3　科目余额表

单位:元

账户名称	借方余额	贷方余额
固定资产	1 700 000	
固定资产减值准备		150 000
累计折旧		200 000
无形资产	320 000	
无形资产减值准备		60 000
累计摊销		32 000

该企业 2007 年 12 月 31 日资产负债表中有关项目的金额为:

"固定资产"项目为 1 700 000 - 200 000 - 150 000 = 1 350 000

"无形资产"项目为 320 000 - 60 000 - 32 000 = 228 000

9.2.4　资产负债表编制举例

【例 9-3】　ABC 公司 2007 年 12 月 31 日有关总分类科目余额如表 9-4 所示;有关明细科目余额如表 9-5 所示;根据所给资料编制资产负债表如表 9-6 所示。

表 9-4　总账科目余额表

2007 年 12 月 31 日

单位:元

会计科目	借方余额	会计科目	贷方余额
库存现金	538	短期借款	47 600
银行存款	153 796	交易性金融负债	78 334
其他货币资金	4 200	应付票据	54 000
交易性金融资产	150 000	应付账款	43 000
应收票据	40 000	预收账款	13 500
应收账款	37 800	其他应付款	4 200
预付账款	87 600	坏账准备	150
其他应收款	480	累计折旧	40 000
材料采购	48 000	应付职工薪酬	16 500
原材料	67 070	应交税费	30 500
周转材料	57 000	长期借款	160 000
库存商品	76 500	其中:一年内到期的长期负债	
材料成本差异	4 500	长期应付款	200 000
长期股权投资	270 000	实收资本	580 000
固定资产	341 000	盈余公积	62 500
无形资产	25 800	未利润分配	50 000
长期待摊费用	16 000		
合　　计	1 380 284	合　　计	1 380 284

表 9-5　有关明细科目余额表

单位:元

总分类科目	明细科目	借方金额	贷方金额
应收账款	洪利公司	25 600	
	大华公司	15 000	
	宏图公司		2 800
预付账款	七彩染织厂	45 000	
	飞宇公司	61 500	
	大山公司		18 900
应付账款	宇天公司		37 000
	昆仑公司		6 000
预收账款	金鑫公司		13 500

表 9-6　资产负债表

会企 01 表

编制单位:ABC 公司　　2007 年 12 月 31 日　　单位:元

资产	期末余额	年初余额	负债和所有者权益(或股东权益)	期末余额	年初余额
流动资产:			流动负债:		
货币资金	158 534	79 326	短期借款	47 600	21 200
交易性金融资产	150 000	150 000	交易性金融负债	78 334	97 000
应收票据	40 000	54 000	应付票据	54 000	30 000
应收账款	40 450	67 250	应付账款	61 900	83 200
预付账款	106 500	106 500	预收账款	16 300	52 600
应收利息			其他应付款	4 200	5 000
应收股利			应交税费	30 500	3 000
其他应收款	480	480	应付利息		
存货	253 070	142 900	应付股利		
一年内到期的非流动资产			应付职工薪酬	16 500	8 950
其他流动资产			一年内到期的非流动负债		
流动资产合计	749 034	600 456	其他流动负债		
非流动资产:			流动负债合计	309 334	300 950
可供出售金融资产			非流动负债:		
持有至到期投资			长期借款	160 000	90 000
长期应收款		20 000	应付债券		
长期股权投资	270 000	270 000	长期应付款	200 000	200 000
投资性地产			专项应付款		
固定资产	301 000	400 000	预计负债		
在建工程			递延所得税负债		
工程物资			其他非流动负债		

续表

资产	期末余额	年初余额	负债和所有者权益(或股东权益)	期末余额	年初余额
固定资产清理			非流动负债合计	360 000	290 000
生产性生物资产			负债合计	669 334	590 950
油气资产			所有者权益(或股东权益):		
无形资产	25 800	25 800	实收资本(股本)	580 000	580 000
开发支出			减:库存股		
商誉			资本公积		
长期待摊费用	16 000	20 000	盈余公积	62 500	50 000
递延所得税资产			未分配利润	50 000	115 306
其他非流动资产			所有者权益(或股东权益)合计	692 500	745 306
非流动资产合计	612 800	735 800			
资产总计	1 361 834	1 336 256	负债和所有者权益(或股东权益)合计	1 361 834	1 336 256

9.3 利润表

9.3.1 利润表的概念和结构

与资产负债表一样,利润表也是对外报送的主要报表之一,它是反映企业一定会计期间经营成果的报表,根据“收入 - 费用 = 利润”这一动态会计等式编制。通过编制利润表,可以反映企业生产经营的收益情况、成本耗费情况,表明企业生产经营的成果。同时,通过其提供的不同时期的比较数字,还可以帮助报表使用者全面了解企业的经营成果,分析企业的获利能力及盈利增长趋势,从而为经济决策提供依据。

按利润形成的排列格式不同,利润表有单步式和多步式两种。单步式利润表是以所有的收入总额减去所有费用总额而计算出的净利润,如表 9-7 所示。

表 9-7 单步式利润表

会企 02 表

编制单位: 年 月 单位:元

项 目	本期金额	上期金额
一、收入		
营业收入		
营业外收入		
公允价值变动收益		
投资收益		
二、费用		
营业成本		

续表

项　目	本期金额	上期金额
营业税金及附加		
销售费用		
管理费用		
财务费用		
资产减值损失		
公允价值变动损失		
投资损失		
营业外支出		
所得税费用		
三、净利润		

多步式利润表是按净利润形成的主要环节,将营业利润、利润总额和净利润等分步进行计算,能够分层次地提供利润总额的构成。

我国企业采用多步式利润表格式,其基本格式如表9-8所示。

表9-8　多步式利润表

会企02表

编制单位:　　　　　　　　年　　月　　　　　　　　单位:元

项　目	本期金额	上期金额
一、营业收入		
减:营业成本		
营业税金及附加		
销售费用		
管理费用		
财务费用		
资产减值损失		
加:公允价值变动收益(损失以"-"号填列)		
投资收益(损失以"-"号填列)		
其中:对联营企业和合营企业的投资收益		
二、营业利润(亏损以"-"号填列)		
加:营业外收入		
减:营业外支出		
其中:非流动资产处置损失		
三、利润总额(亏损总额以"-"号填列)		
减:所得税费用		
四、净利润(净亏损以"-"号填列)		

续表

项　　目	本期金额	上期金额
五、每股收益		
(一)基本每股收益		
(二)稀释每股收益		

9.3.2 利润表的编制方法

1. 利润表中"本期金额"和"上期金额"的填列方法

(1)利润表中的"本期金额"的填列方法。"本期金额"是反映各项目的本期实际发生数,主要应依据损益类各账户的本期实际发生额列报。

(2)利润表中的"上期金额"的填列方法。"上期金额"栏内各项数字,应根据上年该期利润表"本期金额"栏内所列数字填列,如果利润表项目的列报有发生变更的,应当对上期比较数据按照当期的列报要求进行调整,并在附注中披露调整的原因和性质,以及调整的各项目金额。

2. 利润表中各项目的填列方法

(1)"营业收入"项目。反映企业销售产品的销售收入和提供劳务等经营业务取得的收入总额。本项目应根据"主营业务收入"账户和"其他业务收入"账户的发生额分析计算填列。

(2)"营业成本"项目。反映企业销售产品和提供劳务等经营业务的实际成本。本项目应根据"主营业务成本"账户和"其他业务成本"账户的发生额分析计算填列。

(3)"营业税金及附加"项目。反映企业因销售产品、提供劳务等业务应负担的消费税、营业税、城市维护建设税、资源税和教育费附加。本项目应根据"营业税金及附加"账户的发生额分析填列。

(4)"管理费用"项目。反映企业发生的管理费用。本项目应根据"管理费用"账户发生额分析填列。

(5)"财务费用"项目。反映企业发生的财务费用。本项目应根据"财务费用"账户借、贷发生额分析填列,若为贷方,以"－"号填列。

(6)"销售费用"项目。反映企业在销售产品和提供劳务等主要经营业务过程中所发生的各项销售费用。本项目应根据"销售费用"账户发生额分析填列。

(7)"资产减值损失"项目。反映企业资产减值发生的损失。本项目应根据"资产减值损失"账户发生额分析填列。

(8)"公允价值变动损益"项目。反映企业采用公允价值模式计量的资产公允价值大于账面价值产生的收益,如为公允价值变动损失,以"－"号填列。

(9)"投资收益"项目。反映企业以各种方式对外投资所取得的收益,其中包括分得的投资利润、债券投资的利息收入、认购的股票应得的股利以及收回投资时发生的收益等。本项目应根据"投资收益"账户发生额分析填列。如为投资损失,以"－"号填列。

(10)"营业外收入"和"营业外支出"项目。反映企业与生产经营无直接关系的收入和支出。这两个项目分别根据"营业外收入"和"营业外支出"账户发生额分析填列。

(11)“利润总额”项目。反映企业实现的利润。如为亏损,以“-”号填列。

(12)“所得税费用”项目。反映企业从当年损益中扣除的所得税额。本项目应根据“所得税费用”账户的发生额分析填列。

(13)“净利润”项目。反映企业交纳所得税后的净利润,如为净亏损以“-”号填列。

(14)“每股收益”项目。普通股或潜在普通股已公开交易的企业,以及正处于公开发行普通股或潜在普通股过程中的企业,应当在利润表中分别列示基本每股收益和稀释每股收益。

9.3.3 利润表编制举例

【例9-4】 W公司上年利润表的有关数字和2007年各损益类科目累计发生额见表9-9所示。

表9-9 上年利润表金额和本年损益类科目累计发生额

单位:元

会计科目	本年1—12月累计发生额		上年利润表金额
	借方发生额	贷方发生额	
主营业务收入		1 970 000	875 400
其他业务收入		89 430	46 732
投资收益		31 000	27 200
营业外收入		16 500	37 000
主营业务成本	1 057 800		504 300
营业税金及附加	243 000		8 756
其他业务成本	57 390		16 395
管理费用	79 835		43 270
财务费用	9 250		8 651
销售费用	28 000		23 449
营业外支出	39 700		34 000
所得税费用	147 988. 75		86 877. 75

根据表9-9所给资料编制W公司2007年度利润表,见表9-10所示。

表9-10 利润表

会企02表

编制单位:W公司　　2007年12月　　单位:元

项　目	本期金额	上期金额
一、营业收入	2 059 430	922 132
减:营业成本	1 115 190	520 695
营业税金及附加	243 000	8 756
销售费用	28 000	23 449
管理费用	79 835	43 270
财务费用	9 250	8 651

续表

项　　目	本期金额	上期金额
资产减值损失		
加:公允价值变动收益(损失以“-”号填列)		
投资收益(损失以“-”号填列)	31 000	27 200
其中:对联营企业和合营企业的投资收益		
二、营业利润(亏损以“-”号填列)	615 155	344 511
加:营业外收入	16 500	37 000
减:营业外支出	39 700	34 000
其中:非流动资产处置损失		
三、利润总额(亏损总额以“-”号填列)	591 955	347 511
减:所得税费用	147 988.75	86 877.75
四、净利润(净亏损以“-”号填列)	443 966.25	260 633.25
五、每股收益	略	略
(一)基本每股收益		
(二)稀释每股收益		

9.4 现金流量表

9.4.1 现金流量表概述

现金流量表是与资产负债表、利润表并列的企业必须对外报送的三张主要报表之一。现金流量表是反映企业在一定会计期间现金和现金等价物的流入与流出情况的报表。现金是指企业库存现金以及可以随时用于支付的银行存款和其他货币资金;现金等价物是指企业持有的期限短、流动性强、易于转换为已知金额现金或价值变动风险很小的投资。凡是不能随时支付的定期存款和长期性投资均不能作为现金。企业从银行提取现金、用现金购买短期内到期的国库券以及现金等价物之间的转换等,均不属于现金流量。

9.4.2 现金流量表的内容

现金流量表的结构包括现金流量表正表和现金流量表补充资料。其中现金流量表正表的内容主要包括三个方面。

1. 经营活动产生的现金流量

主要包括销售商品、提供劳务收到的现金,收到的税费返还,收到的其他与经营活动有关的现金;购买商品或接受劳务支付的现金,支付给职工以及为职工支付的现金,支付各项税费,支付的其他与经营活动有关的现金。

2. 投资活动产生的现金流量

主要包括收回投资所收到的现金,取得投资收益所收到的现金,处置固定资产、无形资产和其他长期资产而收到的现金净额,收到的其他与投资活动有关的现金;购建固定资产、无形资产和其他长期资产所支付的现金,投资所支付的现金,支付的其他与投资活动有关的现金。

3. 筹资活动产生的现金流量

主要包括发行股票、债券或接受投入资本收到的现金,借款所收到的现金,收到的其他与筹资活动相关的现金;偿还借款、债券本金所支付的现金,分配股利、利润或偿付利息所支付的现金,支付的其他与筹资活动有关的现金;如果有外币货币资金的企业,还包括汇率变动对现金的影响。

现金流量表补充资料包括三部分内容。

(1)将净利润调整为经营活动的现金流量项目。主要包括需要调整的四大类项目:实际没有支付现金的费用;实际没有收到现金的收益;不属于经营活动的损益;经营性应收应付项目的增减变动。

(2)不涉及现金收支的投资和筹资活动。

(3)现金及现金等价物净增加情况。

9.4.3 现金流量表的结构

我国企业现金流量表采用报告式结构,分类反映经营活动所产生的、投资活动所产生的和筹资活动所产生的现金流量,最后汇总反映企业某一期间现金及现金等价物的净增加额。我国企业现金流量表的格式如表 9-11 所示。

表 9-11 现金流量表

会企 03 表

编制单位: 年 月 单位:元

项目	本期金额	上期金额
一、经营活动产生的现金流量		
销售商品、提供劳务收到的现金		
收到的税费返还		
收到其他与经营活动有关的现金		
经营活动现金流入小计		
购买商品或接受劳务支付的现金		
支付给职工以及为职工支付的现金		
支付各项税费		
支付的其他与经营活动有关的现金		
经营活动现金流出小计		
经营活动产生的现金流量净额		
二、投资活动产生的现金流量		
收回投资所收到的现金		
取得投资收益所收到的现金		
处置固定资产、无形资产和其他长期资产而收到的现金净额		
处置子公司及其他营业单位收到的现金净额		
收到的其他与投资活动有关的现金		
投资活动现金流入小计		

续表

项 目	本期金额	上期金额
购建固定资产、无形资产和其他长期资产所支付的现金		
投资所支付的现金		
取得子公司及其他营业单位支付的现金净额		
支付的其他与投资活动有关的现金		
投资活动现金流出小计		
投资活动产生的现金流量净额		
三、筹资活动产生的现金流量		
吸收投资收到的现金		
取得借款收到的现金		
收到的其他与筹资活动相关的现金		
筹资活动现金流入小计		
偿还借款、债券本金所支付的现金		
分配股利、利润或偿付利息所支付的现金		
支付的其他与筹资活动有关的现金		
筹资活动现金流出小计		
筹资活动产生的现金流量净额		
四、汇率变动对现金及现金等价物的影响		
五、现金及现金等价物净增加额		
加:期初现金及现金等价物余额		
六、期末现金及现金等价物余额		
补充资料		
1. 将净利润调节为经营活动现金流量		
净利润		
加:资产减值准备		
固定资产折旧		
无形资产摊销		
长期待摊费用摊销		
待摊费用减少(增加以“-”号填列)		
预提费用增加(减少以“-”号填列)		
处置固定资产、无形资产和其他长期资产的损失(收益以“-”号填列)		
固定资产报废损失		
公允价值变动损失		
财务费用		
投资损失(收益以“-”号填列)		
递延税款贷项(借项以“-”号填列)		
存货的减少(增加以“-”号填列)		

续表

项　　目	本期金额	上期金额
经营性应收项目的减少(增加以“-”号填列)		
经营性应付项目的增加(减少以“-”号填列)		
其他		
经营活动产生的现金流量净额		
2. 不涉及现金收支的投资和筹资活动		
债务转为资本		
一年内到期的可转换公司债券		
融资租入固定资产		
3. 现金及现金等价物净增加情况		
现金的期末余额		
减:现金的期初余额		
加:现金等价物的期末余额		
减:现金等价物的期初余额		
现金及现金等价物净增加额		

9.4.4 现金流量表的编制方法

现金流量表的编制基础是收付实现制。在具体编制现金流量表时,企业可以根据业务量的大小及复杂程度,采用“工作底稿法”“T形账户法”和“分析填列法”。“工作底稿法”是以工作底稿为手段,以利润表和资产负债表数据为基础,结合有关科目的记录,对现金流量表的每一项进行分析并编制调整分录,从而编制现金流量表的一种方法。“T形账户法”是以T形账户为手段,以利润表和资产负债表为基础,对每一项目进行分析,并编制调整分录,从而编制现金流量表。“分析填列法”是直接根据资产负债表、利润表和有关会计科目的明细资料记录,分析计算出现金流量表各项目的金额,并据以编制现金流量表的一种方法。

经营活动产生的现金流量,在编制现金流量表时通常可以采用直接法和间接法两种方法进行反映。直接法是通过现金收入和现金支出的主要类别反映企业经营活动的现金流量,采用直接法编制现金流量表,一般以利润表中的营业收入为起点,调整与经营活动有关项目增减的变动,计算出经营活动的现金流量;间接法是以本期净利润为起点,调整不涉及现金的收入、费用、营业外收支等有关项目的增减变动,据此计算出经营活动的现金流量。在我国,现金流量表正表采用直接法编制,现金流量表补充资料采用间接法编制。

【例9-5】 根据下面给出的资料编制MC公司12月份的现金流量表。

MC公司12月份的损益类的部分账户本年发生额见表9-12所示,该公司现金流量表见表9-13所示。

表 9-12 损益类账户本年发生额

单位:元

账户名称	借方发生额	贷方发生额
营业收入		500 000
营业成本	350 000	
营业税金及附加	50 000	
销售费用	10 000	
管理费用	30 000	
财务费用	2 500	
投资收益		10 000
所得税费用	16 875	

表 9-13 现金流量表

会企 03 表

编制单位:MC 公司　　200×年 12 月　　单位:元

项　目	本期金额
一、经营活动产生的现金流量	
销售商品、提供劳务收到的现金	585 000
收到的税费返还	
收到其他与经营活动有关的现金	
经营活动现金流入小计	585 000
购买商品或接受劳务支付的现金	369 000
支付给职工以及为职工支付的现金	35 000
支付各项税费	100 875
支付的其他与经营活动有关的现金	17 000
经营活动现金流出小计	521 875
经营活动产生的现金流量净额	63 125
二、投资活动产生的现金流量	
收回投资所收到的现金	80 000
取得投资收益所收到的现金	10 000
处置固定资产、无形资产和其他长期资产而收到的现金净额	
处置子公司及其他营业单位收到的现金净额	
收到的其他与投资活动有关的现金	
投资活动现金流入小计	90 000
购建固定资产、无形资产和其他长期资产所支付的现金	
投资所支付的现金	20 000
取得子公司及其他营业单位支付的现金净额	
支付的其他与投资活动有关的现金	
投资活动现金流出小计	20 000

续表

项　　目	本期金额
投资活动产生的现金流量净额	70 000
三、筹资活动产生的现金流量	
吸收投资收到的现金	
取得借款收到的现金	100 000
收到的其他与筹资活动相关的现金	
筹资活动现金流入小计	100 000
偿还借款、债券本金所支付的现金	25 000
分配股利、利润或偿付利息所支付的现金	8 000
支付的其他与筹资活动有关的现金	
筹资活动现金流出小计	33 000
筹资活动产生的现金流量净额	67 000
四、汇率变动对现金及现金等价物的影响	
五、现金及现金等价物净增加额	
加:期初现金及现金等价物余额	
六、期末现金及现金等价物余额	

其他有关资料如下。

(1)“制造费用”及“生产成本”科目借方发生额含工资及福利费 15 000 元。

(2)“应交税费 - 应交增值税”科目借方发生额含进项税额 34 000 元、已交税金 31 000 元,贷方发生额为销售商品发生的销项税额 85 000 元。假定“营业税金及附加”和“所得税”均已经支付。

(3)“销售费用”及“管理费用”科目借方发生额含工资及福利费 20 000 元、离退休人员福利费 8 000 元、房产税 3 000 元以及用现金支付的其他费用 9 000 元。

(4)“交易性金融资产”贷方发生额为 80 000 元(出售),借方发生额为支付价款 20 000 元。

(5)“投资收益”贷方发生额为出售股票所获收益 10 000 元。

(6)“长期借款”本期贷方发生额为 100 000 元。

(7)“短期借款”本期借方发生额为 25 000 元。

(8)“应付利息”本期借方发生额为 8 000 元。

9.5　所有者权益变动表、会计报表附注和财务状况说明书

9.5.1　所有者权益变动表

所有者权益变动表,反映构成所有者权益的各组成部分当期的增减变动情况。企业的净利润及其分配情况虽然也是所有者权益变动的组成部分,但其相关信息已经在所有者权益变动表及其附注中反映,不需要再单独编制利润分配表。

1. 所有者权益变动表的含义及内容

所有者权益变动表,是指反映构成所有者权益的各组成部分当期增减变动情况的报表。当期损益直接计入所有者权益的利得和损失,与所有者的资本交易导致的所有者权益的变动,应当分别列示。

在所有者权益变动表中,企业至少应当单独列示反映下列信息的项目:

(1)净利润;

(2)直接计入所有者权益的利得和损失项目及其总额;

(3)会计政策变更和差错更正的累积影响金额;

(4)所有者投入资本和向所有者分配利润等;

(5)提取的盈余公积;

(6)实收资本或股本、资本公积、盈余公积、未分配利润的期初和期末余额及其调节情况。

2. 所有者权益变动表的填列方法

1)"上年年末余额"项目

反映企业上年资产负债表中实收资本(或股本)、资本公积、库存股、盈余公积、未分配利润的年末余额。

2)"会计政策变更""前期差错更正"项目

分别反映企业采用追溯调整法处理的会计政策变更的累积影响金额,以及采用追溯重述法处理的会计差错更正的累积影响金额。

3)"本年增减变动额"项目

(1)"净利润"项目,反映企业当年实现的净利润(或净亏损)金额。

(2)"直接计入所有者权益的利得和损失"项目,反映企业当年直接计入所有者权益的利得和损失金额。包括:"可供出售金额资产公允价值变动净额"项目,反映企业持有的可供出售金融资产当年公允价值变动的金额;"权益法下被投资单位其他所有者权益变动的影响"项目,反映企业按照权益法核算的长期股权投资,被投资单位除去当年实现的净损益以外,其他所有者权益当年变动中应享有的份额;"与计入所有者权益项目相关的所得税影响"项目,反映企业根据《企业会计准则第 18 号——所得税》规定应计入所有者权益项目的当年所得税影响金额。

(3)"所有者投入和减少资本"项目,反映企业当年所有者投入的资本和减少的资本。包括:"所有者投入资本"项目,反映企业接受投资者投入形成的实收资本(或股本)和资本溢价或股本溢价;"股份支付计入所有者权益的金额"项目,反映企业处于等待期中权益结算的股份支付当年计入资本公积的金额。

(4)"利润分配"项目,反映企业当年的利润分配金额。包括:"提取盈余公积"项目,反映企业按照规定提取的盈余公积;"对所有者(或股东)的分配"项目,反映对所有者(或股东)分配的利润(或股利)金额。

(5)"所有者权益内部结转"项目,反映企业构成所有者权益的组成部分之间的增减变动情况。包括:"资本公积转增资本(或股本)"项目,反映企业以资本公积转增资本或股本的金额;"盈余公积转增资本(或股本)"项目,反映企业以盈余公积转增资本或股本的金额;"盈余公积弥补亏损"项目,反映企业以盈余公积弥补亏损的金额。

3. 所有者权益变动表的格式

所有者权益变动表的格式见表9-14所示。

表9-14 所有者权益变动表

会企:04表

编制单位: 年度 单位:元

项目	本年金额						上年金额					
	实收资本(或股本)	资本公积	减:库存股	盈余公积	未分配利润	所有者权益合计	实收资本(或股本)	资本公积	减:库存股	盈余公积	未分配利润	所有者权益合计
一、上年年末余额												
加:会计政策变更												
前期差错变更												
二、本年年初余额												
三、本年增减变动金额(减少以"-"号填列)												
(一)净利润												
(二)直接计入所有者权益的利得和损失												
1. 可供出售金融资产公允价值变动净额												
2. 权益法下被投资单位其他所有者权益变动的影响												
3. 与计入所有者权益项目相关的所得税影响												
4. 其他												
上述(一)和(二)小计												
(三)所有者投入和减少资本												
1. 所有者本期投入资本												
2. 股份支付计入所有者权益的金额												
3. 其他												
(四)利润分配												
1. 提取盈余公积												
2. 对所有者(或股东)的分配												
3. 其他												
(五)所有者权益内部结转												
1. 资本公积转增资本(或股本)												
2. 盈余公积转增资本(或股本)												
3. 盈余公积弥补亏损												

续表

项目	本年金额						上年金额					
	实收资本（或股本）	资本公积	减：库存股	盈余公积	未分配利润	所有者权益合计	实收资本（或股本）	资本公积	减：库存股	盈余公积	未分配利润	所有者权益合计
4.其他												
四、本年年末余额												

在企业编制的报表中，除了主要的会计报表外，企业的会计信息还需要通过会计报表附注和财务状况说明书来反映，以满足报表使用者的不同需要。

9.5.2 会计报表附注

会计报表附注是对会计报表的补充说明，是财务会计报告不可缺少的组成部分。主要是对会计报表不能包括的内容，或者披露不详尽的内容作进一步的解释说明。《企业财务会计报告条例》中规定：会计报表附注是为了便于会计报表使用者理解会计报表的内容，而对会计报表的编制基础、编制依据、编制原则和方法及主要项目等所作的解释。会计报表附注至少应包含以下内容。

1. 不符合基本会计假设的说明

2. 重要会计政策和会计估计的说明

会计政策是指企业核算时所遵循的具体原则及企业所采用的具体会计处理方法；会计估计指企业对其结果不确定的交易或事项以最近可利用的信息为基础所作的判断。企业通常采用的会计政策有：存货的计价方法、长期投资的核算方法、所得税的会计处理方法等；通常采用的会计估计有：固定资产的使用年限和净产值的估计、坏账损失率的估计、资产减值准备的估计等。

3. 或有事项的说明

会计核算中经常面临某些不确定的情形，需要会计人员作出分析和判断。其中，有些事项的最终结果需要通过未来不确定事项的发生与否予以证实。常见的或有事项有：商业汇票背书转让或贴现、未决仲裁、债务担保、质量担保等。

4. 资产负债表日后事项的说明

资产负债表日后事项，是指自年度资产负债表日至财务报告批准报出日之间发生的需要调整或说明的事项，如销售退回、重大投资等。

5. 关联方关系及其交易的说明

关联方关系及其交易是会计报表附注中要披露的重要内容。

6. 重要资产转让及其出售说明

7. 企业合并、分立的说明

8. 会计报表主要项目的说明

会计报表主要项目的说明，是对会计报表主要项目的进一步注释。

9.5.3 财务状况说明书

财务状况说明书是对企业一定会计期间内生产经营、资金周转和利润实现及分配等情况的综合性说明，是财务会计报告的组成部分。财务状况说明书至少应当对下列情况做出说明：

(1)企业生产经营的基本情况;
(2)利润实现和分配情况;
(3)资金增减和周转情况;
(4)对企业财务状况、经营成果和现金流量有重大影响的其他事项。

9.6 财务会计报告的报送和审批

9.6.1 财务会计报告的报送

《企业财务会计报告条例》规定,企业应当依据章程的规定,向投资者提供财务会计报告。国务院派出监事会的国有重点大型企业、国有重点金融机构和省、自治区、直辖市人民政府派出监事会的国有企业,应当依法定期向监事会提供财务会计报告。国有企业、国有控股的或者占主导地位的企业,应当至少每年一次向本企业的职工代表大会公布财务会计报告。有关部门或机构依照法律、行政法规或者国务院规定,要求企业提供部分或者全部财务会计报告及其有关数据的,应当向企业出示依据,并不得要求企业改变财务会计报告有关数据的会计口径。接受企业财务会计报告的组织或者个人,在企业财务会计报告未正式对外披露前,应当对其内容保密。企业依照规定向有关各方提供的财务会计报告,其编制基础、编制依据、编制原则和方法应当一致。非依照法律、行政法规或国务院规定,任何组织或个人不得要求企业提供部分或全部财务会计报告及其有关数据。

根据《企业会计制度》的规定,月度中期财务会计报告应当于月度终了后 6 天内对外提供,季度中期财务会计报告应于季度终了后 15 天内对外提供,半年度中期财务会计报告应于年度中期结束后 60 天内(相当于两个连续的月份)对外提供,年度财务会计报告应于年度终了后 4 个月内对外提供。

9.6.2 财务会计报告的审批

上级主管部门或上级公司、财政、税务、审计和金融部门,对报送的财务会计报告应当及时组织审核与批复。如各级主管部门对于所属单位上报的财务会计报告进行审核、批复;各级财政部门对于同级的各主管部门报送的汇总财务会计报告进行审核、批复。在审核过程中,如果发现财务会计报告编制有错误,或不符合制度的要求,应及时通知报送单位进行更正。如果发现有违反财经法规的情况,应查明原因,及时纠正,严肃处理。有关部门对财务会计报告审核后,要进行批复,提出批复意见。报送财务会计报告的单位接到审批意见后,要认真研究执行,对发现的错误要及时更正。

【总结与回顾】

本章主要介绍了企业财务会计报告的内容与编制方法。重点讲述了企业三张主要会计报表——资产负债表、利润表和现金流量表的内容、结构和编制方法,以及会计报表附注和财务状况说明书的内容。对资产负债表和利润表的编制方法作了详细的说明,同时也要求学生必须掌握这两张报表的编制。对于现金流量表,介绍了它的内容和结构。

【复习思考】

1. 财务会计报告的概念是什么？一套完整的财务会计报告由哪些部分构成？
2. 什么是资产负债表？表内各项目如何填列？
3. 什么是利润表？编制多步式利润表分为哪几个步骤？
4. 现金流量分为哪几类？

【练习题】

一、单项选择题

1. 资产负债表的编制基础是(　　)。

A. 试算平衡　　B. 记账规则
C. 收入 - 费用 = 利润　　D. 资产 = 负债 + 所有者权益

2. 资产负债表左、右两方各项目的前后顺序是按(　　)排列的。

A. 重要性　　B. 流动性　　C. 有用性　　D. 随意性

3. 下列项目中,不能根据总账余额直接填列的是(　　)。

A. 交易性金融资产　　B. 货币资金　　C. 盈余公积　　D. 短期借款

4. 下列项目中,根据总账余额直接填列的是(　　)。

A. 实收资本　　B. 未分配利润　　C. 应收账款　　D. 存货

5. 利润表中各项目的“本期数”应根据各有关会计科目的(　　)直接填列。

A. 期末余额　　B. 本期发生额　　C. 累计发生额　　D. 结转数额

6. 财务报表是对会计主体财务状况、经营成果和现金流量的结构性表述,是由(　　)组成。

A. 资产负债表和利润表
B. 资产负债表、利润表和现金流量表
C. 资产负债表、利润表和现金流量表、所有者权益变动表以及附注
D. 资产负债表和现金流量表

7. 在下列各项财务报表中,属于反映企业财务状况的对外报表是(　　)。

A. 资产负债表　　B. 利润表　　C. 所有者权益变动表　　D. 现金流量表

8. 财务报表项目中的数字其直接来源是(　　)。

A. 原始凭证　　B. 记账凭证　　C. 日记账　　D. 账簿记录

9. 资产负债表中的报表项目(　　)。

A. 都是根据账户余额填列
B. 都是根据发生额填列
C. 根据上述 A、B 填列
D. 大多数项目可以直接根据账户余额填列,少数项目要根据有关账户余额分析计算后才能填列

10. 某企业应收账款明细账余额为:甲工厂借方余额为 1 000 元,乙工厂贷方余额为 500

元,丙工厂借方余额为 1 520 元,根据以上数据计算的反映在资产负债表上的应收账款项目的数额为(　　)。

A. 3 020　　B. 2 020　　C. 500　　D. 2 520

二、多项选择题

1. 企业净利润的分配渠道有(　　)。

A. 应付股利　　B. 所得税

C. 盈余公积补亏　　D. 提取法定盈余公积金

2. 会计报表可以为(　　)提供信息资料。

A. 投资者　　B. 债权人

C. 单位内部的经营者　　D. 财政、工商、税务

3. 资产负债表中"存货"项目应根据(　　)总账科目的期末余额之和填列。

A. 原材料　　B. 生产成本　　C. 交易性金融资产　　D. 库存商品

4. 编制资产负债表时,根据若干总账科目的期末余额计算填列的项目有(　　)。

A. 货币资金　　B. 存货　　C. 预付账款　　D. 交易性金额资产

5. "预付账款"项目应根据(　　)总账科目所属明细科目的期末借方余额之和填列。

A. 应付账款　　B. 应收账款　　C. 预付账款　　D. 预收账款

6. 企业对外报送的财务报表包括(　　)。

A. 资产负债表　　B. 利润表　　C. 现金流量表　　D. 成本报表

7. 财务报表的编制必须做到(　　)。

A. 数字真实　　B. 计算准确　　C. 编报及时　　D. 内容完整

8. 反映企业财务状况及现金流量的报表有(　　)。

A. 资产负债表　　B. 利润表　　C. 现金流量表　　D. 成本费用明细表

9. 按财务报表编报的单位分,有(　　)。

A. 单位财务报表　　B. 汇总财务报表　　C. 资金平衡表　　D. 内部报表

10. 下列报表属于附属报表的有(　　)。

A. 资产减值准备明细表　　B. 分部报表

C. 现金流量表　　D. 财务状况说明书

三、判断题

1. 资产负债表是反映企业特定期间静态财务状况的报表。(　　)

2. 现金流量表是反映企业在一定日期现金以及现金等价物流入流出情况的会计报表。(　　)

3. 利润表是反映企业一定日期经营成果的动态报表。(　　)

4. 财务状况说明书是企业对外财务会计报告的组成部分。(　　)

5. 利润表结构的理论基础是"利润 = 收入 - 费用"会计等式。(　　)

6. 会计报表各项目的数据均是根据报告期有关账户的期末余额分析、计算填列的。(　　)

7. 企业编报的财务会计报告应当以人民币反映。(　　)

8. 资产负债表左右两栏的项目,都是根据有关总账或明细账的期末余额直接填列的。(　　)

【技能训练】

技能训练一

一、训练目的

练习资产负债表的编制。

二、训练资料

M 公司 2007 年 12 月 31 日有关总账科目、明细科目余额见表 9-15 所示。

表 9-15 M 公司有关总账科目、明细科目余额表

单位:元

总账科目	明细科目	借 方	贷 方	总账科目	明细科目	借 方	贷 方
库存现金		3 700		短期借款			85 000
银行存款		135 700		应付票据			78 000
其他货币资金		5 200		应付账款			35 000
应收票据		35 000			X 公司	15 000	
应收账款		50 000			Y 公司		50 000
	A 公司	45 000		其他应付款			5 600
	B 公司	20 000		应付职工薪酬			25 000
	C 公司		15 000	应交税费			25 600
坏账准备			3 000	长期借款			100 000
预付账款		7 000		实收资本			500 000
	W 公司	10 000		盈余公积			45 000
	Z 公司		3 000	利润分配			78 000
其他应收款		400					
材料采购		7 800					
周转材料		9 670					
库存商品		12 000					
长期股权投资		56 000					
固定资产		655 230					
累计折旧			2 000				
无形资产		4 500					

三、训练要求

根据以上资料编制 M 公司 12 月份资产负债表。

技能训练二

一、训练目的

练习利润表的编制。

二、训练资料

M 公司 2007 年 1—6 月份的有关资料如表 9-16 所示。

表 9-16 M 公司 6 月份的相关资料

单位:元

会计科目	上年利润表各项目数字	本年 1—6 月累计发生额	
		借方发生额	贷方发生额
主营业务收入	986 000		1 650 000
其他业务收入	47 000		86 000
投资收益	22 300		37 000
营业外收入	28 900		28 000
主营业务成本	673 000	983 500	
营业税金及附加	9 536	250 000	
其他业务成本	18 000	54 000	
管理费用	52 000	75 000	
财务费用	25 000	36 000	
营业费用	9 700	10 200	
营业外支出	34 500	19 000	
所得税费用	65 616	93 325	

三、训练要求

根据所给资料编制 M 公司 6 月份利润表。

【案例】

1. 资料

2007 年 8 月 3 日,某上市公司董事会研究决定,公司以后对外报送的财务会计报告由会计科张科长签字、盖章后报出。该董事会作出的决定是否符合有关法律的规定?

2. 案例分析

该厂董事会作出的关于对外报送财务会计报告的决定不符合会计法律制度规定。根据《会计法》的规定,企业对外报出的财务会计报告应当由企业负责人和主管会计工作的负责人、会计机构负责人签名并盖章。设置总会计师的企业,还应当由总会计师签名并盖章。在本案例中,董事会决定对外报送的财务会计报告仅由会计科张科长签字、盖章后即报出,很明显不符合《会计法》的规定。

10

会计核算的组织形式

【学习目标】

通过本章的学习,要求理解合理建立会计核算形式的意义和基本要求,明确各种会计核算形式的特点和基本内容——凭证、账簿的设置、账务处理程序、优缺点和适用范围。掌握几种常用的会计核算形式的运用;掌握科目汇总表及汇总记账凭证的编制方法。

【重点难点】

- 记账凭证核算形式的特点、基本内容、优缺点和适用范围
- 科目汇总表核算形式的特点、基本内容、优缺点和适用范围
- 汇总记账凭证核算形式的特点、基本内容、优缺点和适用范围

【技能点】

- 记账凭证核算形式的记账程序
- 科目汇总表的编制方法
- 汇总记账凭证的编制方法

【学习内容】

10.1 概述

10.1.1 会计核算形式的意义

会计是一个信息系统,及时提供真实、完整的会计信息,是企业进行正确决策的重要依据。企业必须根据实际发生的经济业务事项进行会计核算,填制和审核会计凭证、登记账簿、编制财务会计报告。这三个环节是会计核算工作过程中最主要的环节。它们之间相互联系,密切配合,并以一定的组织程序结合起来,构成了一个完整的会计工作体系,即会计核算形式。

会计核算形式,也称会计核算组织程序或账务处理程序,是指会计凭证、账簿组织、财务会计报告相结合的方式,包括会计凭证和账簿的种类、格式,会计凭证与账簿之间的联系方法,即由原始凭证到编制记账凭证,到登记明细分类账和总分类账,最后编制财务会计报告的工作程序和方法等。

科学合理地设计会计核算形式具有重要意义。

(1)有利于保证会计信息质量。合理的会计核算形式,能准确地记录和反映经济业务,对经济业务进行有效监督,从而保证会计信息质量的真实性和公允性。

(2)有利于规范会计基础工作,保证会计工作有序进行。按照合理的会计核算形式从事会计核算工作,能够在内容和形式上规范会计工作,保证会计核算有条理、有秩序地进行。

(3)有利于提高会计核算工作的效率。科学、合理的会计核算形式,可以使凭证在部门之间合理传递,做到资料共享;还可以减少账簿在财会人员之间重复抄写,减少不必要的环节,节约人力物力的支出,提高工作效率,节约费用。

10.1.2　设计会计核算形式的基本要求

为了保证会计核算形式的科学性和合理性,设计会计核算形式一般应符合以下几个要求:

(1)要结合本企业实际,适合本企业特点,满足本企业组织会计核算的要求;

(2)要使提供的会计核算资料既及时准确,又系统全面,以满足企业内外会计信息使用者的需要;

(3)要在保证会计核算质量的前提下,力求简化核算手续,节省核算费用,提高会计核算工作效率。

10.1.3　会计核算形式的种类

由于登记总账的依据和方法不同,现行的会计核算形式多种多样。归纳起来分为两个大类,一类是逐笔记账型核算形式,主要包括记账凭证核算形式、日记总账核算形式;另一类是汇总记账型核算形式,包括凭证汇总核算形式和账簿汇总核算形式,其中凭证汇总核算形式主要有科目汇总表核算形式和汇总记账凭证核算形式两种;账簿汇总核算形式主要有多栏式日记账核算形式和凭单日记账核算形式两种。会计核算形式的种类如图10-1所示。

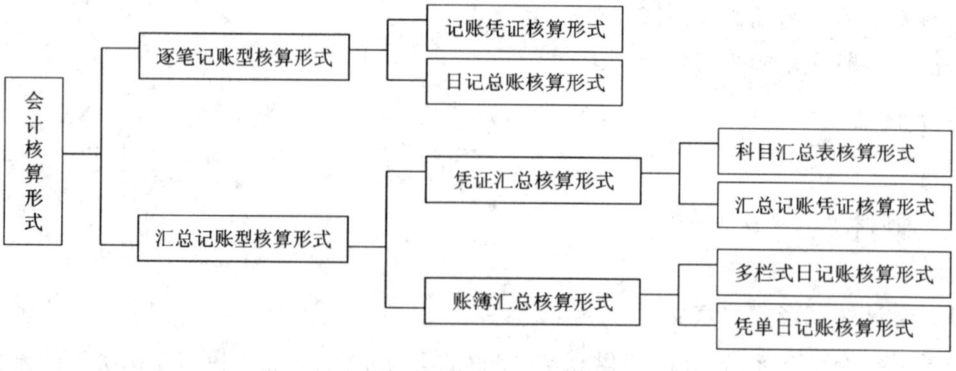

图10-1　会计核算形式的种类

上述会计核算形式中,记账凭证核算形式是最基本的会计核算形式,是其他会计核算形式的基础。在实际运用中,由于科目汇总表核算形式和汇总记账凭证核算形式可以减少登记总账的工作量，又便于进行分析和检查，因此在经营规模大，经济业务比较复杂的大中型企业中使用比较广泛。本章将对记账凭证核算形式、科目汇总表核算形式和汇总记账凭证核算形式进行介绍。

10.2　记账凭证核算形式

10.2.1　记账凭证核算形式的特点和要求

记账凭证核算形式是指直接根据各种记账凭证登记总分类账的会计核算形式。其特点是直接根据每一张记账凭证，逐笔登记总分类账。它是一种最基本的会计核算形式。其他各种会计核算形式都是在此基础上，根据经济管理的需要而发展形成的。

在记账凭证核算形式下，记账凭证一般采用收款凭证、付款凭证和转账凭证三种专用记账凭证格式，规模较小的企业也可以采用通用记账凭证。账簿的设置有库存现金日记账、银行存款日记账、总分类账和明细分类账。库存现金日记账、银行存款日记账和总分类账一般采用三栏式；明细分类账可根据需要，采用三栏式、数量金额式或多栏式。

10.2.2　记账凭证核算形式的基本内容和步骤

记账凭证核算形式的基本内容和步骤如下。

(1)根据各种原始凭证或汇总原始凭证，编制记账凭证(包括收款凭证、付款凭证和转账凭证)。

(2)根据收款凭证和付款凭证，逐笔登记库存现金日记账和银行存款日记账。

(3)根据记账凭证及所附的原始凭证和汇总原始凭证，登记各种明细分类账。

(4)根据各种记账凭证登记总分类账。

(5)月终，将库存现金日记账、银行存款日记账的余额，以及各种明细分类账的余额合计数，分别与总分类账中有关科目的余额核对相符。

(6)月终，根据核对无误的总分类账和明细分类账的记录，编制财务会计报告。

记账凭证核算形式的基本步骤如图10-2所示。

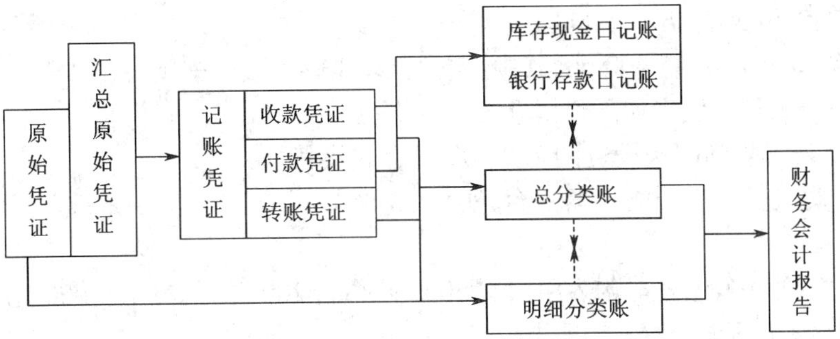

图10-2　记账凭证核算形式的流程图

10.2.3　记账凭证核算形式应用举例

【例10-1】

资料如下。

1.红星公司为增值税一般纳税人,适用增值税税率为17%,2008年3月1日各有关总分类账的账户期初余额如表10-1所示。

表10-1　总分类账账户期初余额

2008年3月1日

单位:元

会计科目	期初余额	
	借　方	贷　方
库存现金	1 900	
银行存款	125 000	
其他应收款	1 000	
原材料	90 000	
库存商品	180 000	
固定资产	390 000	
累计折旧		20 000
短期借款		30 000
应付账款		15 400
应交税费		8 000
应付职工薪酬		90 000
实收资本		400 000
资本公积		80 000
盈余公积		120 000
利润分配——未分配利润		24 500
合　　计	787 900	787 900

2.红星公司2008年3月1日有关明细分类账的余额如下:

原材料:期初余额90 000元,其中:甲材料200吨,单价200元,金额40 000元;乙材料1 000千克,单价50元,金额50 000元。

应付账款:期初余额15 400元,其中:宏大公司13 400元;东风公司2 000元。

3.红星公司3月份发生如下经济业务。

(1)1日,公司收到国家投资的200 000元存入银行。

(2)3日,购入不需安装的机器一台,买价30 000元,运杂费400元,全部款项已用银行存款支付。

(3)5日,公司从东风公司购入甲材料500吨,单价200元,价款100 000元,增值税进项税额17 000元,材料已验收入库,款项未付。

(4)6日,用银行存款偿还前欠宏大公司货款13 400元。

(5)8日,职工王涛报销差旅费800元,上个月出差时预借差旅费1 000元,余款退回现金。

(6)10日,公司向银行借款20 000元,期限六个月,款项存入银行。

(7)12日,公司以银行存款1 500元购入办公用品。

(8)15 日,公司从银行提取现金 90 000 元,备发工资。

(9)15 日,公司用现金发放工资 90 000 元。

(10)16 日,公司以现金 240 元购买办公用品。

(11)18 日,公司以银行存款支付广告费 15 000 元。

(12)20 日,销售给 A 工厂甲材料 10 吨,款项共计 3 000 元,增值税销项税额 510 元,货款尚未收取。

(13)21 日,用银行存款支付管理部门的水电费 2 300 元。

(14)25 日,向利群公司销售 A 产品 3 000 件,每件售价 100 元,增值税 51 000 元,货款尚未收到。

(15)31 日,公司本月共发出甲材料 300 吨,款项共计 60 000 元,其中生产 A 产品耗料 40 000 元,生产 B 产品耗料 15 000 元,车间一般耗料 3 200 元,行政管理部门耗料 1 800 元。

(16)31 日,公司结算本月应付职工工资 90 000 元,其中生产 A 产品工人工资 35 000 元,生产 B 产品工人工资 26 000 元,车间管理人员工资 13 000 元,行政部门管理人员工资 16 000 元。

(17)31 日,公司计提本月固定资产折旧 7 080 元,其中车间用固定资产折旧 4 380 元,行政管理部门用固定资产折旧 2 700 元。

(18)31 日,计算并结转本月发生的制造费用。(制造费用按生产工时比例分配。A 产品生产工时 6 500 小时,B 产品生产工时 3 500 小时)

(19)31 日,结转完工产品成本,A 产品全部完工, B 产品均未完工。

(20)31 日,结转本月已销售甲材料的成本 2 000 元。

(21)31 日,结转本月销售 A 产品成本 240 000 元。

(22)31 日,结转损益类账户余额。

要求:根据以上资料,按记账凭证会计核算形式进行如下操作。

(1)根据以上经济业务,编制记账凭证。

关于记账凭证的填制方法在第 5 章已述及,这里只编制记账凭证的简化格式,如表 10-2 所示。

表 10-2 红星公司 2008 年 3 月份记账凭证简表 单位:元

2008 年		凭证号	摘 要	会计科目	明细科目	借方金额	贷方金额
月	日						
3	1	收 1	接受国家投资	银行存款		200 000	
				实收资本			200 000
3	3	付 1	购入机器设备	固定资产		30 400	
				银行存款			30 400
3	5	转 1	购入甲材料	原材料	甲材料	100 000	
				应交税费	应交增值税(进项税额)	17 000	
				应付账款	东风公司		117 000
3	6	付 2	支付前欠货款	应付账款	宏大公司	13 400	
				银行存款			13 400

续表

2008年 月	日	凭证号	摘　要	会计科目	明细科目	借方金额	贷方金额
3	8	收2	报销差旅费	库存现金	王涛	200	
				其他应收款			200
3	8	转2	报销差旅费	管理费用	差旅费	800	
				其他应收款	王涛		800
3	10	收3	借入短期借款	银行存款		20 000	
				短期借款			20 000
3	12	付3	购入办公用品	管理费用	办公费	1 500	
				银行存款			1 500
3	15	付4	提现备发工资	库存现金		90 000	
				银行存款			90 000
3	15	付5	发放工资	应付职工薪酬		90 000	
				库存现金			90 000
3	16	付6	购入办公用品	管理费用	办公费	240	
				库存现金			240
3	18	付7	支付广告费	销售费用	广告费	15 000	
				银行存款			15 000
3	20	转3	销售甲材料	应收账款	A工厂	3 510	
				其他业务收入			3 000
				应交税费	应交增值税(销项税额)		510
3	21	付8	支付水电费	管理费用	水电费	2 300	
				银行存款			2 300
3	25	转4	销售商品	应收账款	利群公司	351 000	
				主营业务收入			300 000
				应交税费	应交增值税(销项税额)		51 000
3	31	转5	车间领用材料	生产成本	基本生产成本——A产品	40 000	
					基本生产成本——B产品	15 000	
				制造费用		3 200	
				管理费用		1 800	
				原材料	甲材料		60 000
3	31	转6	计算应付职工薪酬	生产成本	基本生产成本——A产品	35 000	
					基本生产成本——B产品	26 000	
				制造费用		13 000	
				管理费用		16 000	
				应付职工薪酬			90 000
3	31	转7	计算折旧费	制造费用		4 380	
				管理费用		2 700	
				累计折旧			7 080
3	31	转8	结转制造费用	生产成本	基本生产成本——A产品	13 377	
					基本生产成本——B产品	7 203	
				制造费用			20 580
3	31	转9	完工产品入库	库存商品		88 377	
				生产成本	基本生产成本——A产品		88 377
3	31	转10	结转销售材料成本	其他业务成本		2 000	
				原材料	甲材料		2 000

续表

2008年 月	日	凭证号	摘要	会计科目	明细科目	借方金额	贷方金额
3	31	转11	结转销售产品成本	主营业务成本		240 000	
				库存商品	A产品		240 000
3	31	转12	结转收入账户余额	主营业务收入		300 000	
				其他业务收入		3 000	
				本年利润			303 000
3	31	转13	结转费用账户余额	本年利润		282 340	
				管理费用			25 340
				销售费用			15 000
				主营业务成本			240 000
				其他业务成本			2 000

(2)根据收款凭证和付款凭证,逐笔登记库存现金日记账和银行存款日记账,见表10-3、表10-4所示。

表10-3 库存现金日记账

2008年 月	日	凭证号	对方科目	摘要	借方	贷方	借或贷	余额
3	1			期初余额			借	1 900
3	8	收2		职工报销差旅费	200		借	2 100
3	15	付4	略	提现备发工资	90 000		借	92 100
3	15	付5		发放工资		90 000	借	2 100
3	16	付6		购入办公用品		240	借	1 860
3	31			本月合计	90 200	90 240	借	1 860

表10-4 银行存款日记账

2008年 月	日	凭证号	对方科目	摘要	借方	贷方	借或贷	余额
3	1			期初余额			借	125 000
3	1	收1		接受国家投资	200 000		借	325 000
3	3	付1		购入机器设备		30 400	借	294 600
3	6	付2		支付前欠货款		13 400	借	281 200
3	10	收3	略	借入短期借款	20 000		借	301 200
3	12	付3		购入办公用品		1 500	借	299 700
3	15	付4		提现备发工资		90 000	借	209 700
3	18	付7		支付广告费		15 000	借	194 700
3	21	付8		支付水电费		2 300	借	192 400
3	31			本月合计	220 000	152 600	借	192 400

(3)根据记账凭证及所附的原始凭证和汇总原始凭证,登记原材料明细分类账和应付账款明细分类账,如表10-5至表10-8所示,其他明细分类账略。

表10-5 原材料明细分类账

材料名称:乙材料　　计量单位:千克

08年		凭证号	摘要	收入			发出			结存		
月	日			数量	单价	金额	数量	单价	金额	数量	单价	金额
3	1		期初余额							1 000	50	50 000

表10-6 原材料明细分类账

材料名称:甲材料　　计量单位:吨

08年		凭证号	摘要	收入			发出			结存		
月	日			数量	单价	金额	数量	单价	金额	数量	单价	金额
3	1		期初余额							200	200	40 000
3	5	转1	购入材料	500	200	100 000				700	200	140 000
3	31	转5	车间领用材料				300	200	60 000	400	200	80 000
3	31	转10	结转材料成本				10	200	2 000	390	200	78 000
3	31		合　计	500		100 000	310		62 000	390	200	78 000

表10-7 应付账款明细账

明细科目:宏大公司

2008年		凭证号	摘　要	借方	贷方	借或贷	余额
月	日						
3	1		期初余额			贷	13 400
3	6	付2	支付前欠货款	13 400		平	0
3	31		本月合计	13 400		平	0

表10-8 应付账款明细账

明细科目:东风公司

2008年		凭证号	摘　要	借方	贷方	借或贷	余额
月	日						
3	1		期初余额			贷	2 000
3	5	转1	购入甲材料		117 000	贷	
3	31		本月合计		117 000	贷	119 000

(4)根据各种记账凭证登记总分类账,如表10-9至表10-33所示。

表 10-9 库存现金总分类账

2008 年		凭证号	摘 要	借方	贷方	借或贷	余额
月	日						
3	1		期初余额			借	1 900
3	8	收 2	职工报销差旅费	200		借	2 100
3	15	付 4	提现备发工资	90 000		借	92 100
3	15	付 5	发放工资		90 000	借	2 100
3	16	付 6	购入办公用品		240	借	1 860
3	31		本月合计	90 200	90 240	借	1 860

表 10-10 银行存款总分类账

2008 年		凭证号	摘 要	借方	贷方	借或贷	余额
月	日						
3	1		期初余额			借	125 000
3	1	收 1	接受国家投资	200 000		借	325 000
3	3	付 1	购入机器设备		30 400	借	294 600
3	6	付 2	支付前欠货款		13 400	借	281 200
3	10	收 3	借入短期借款	20 000		借	301 200
3	12	付 3	购入办公用品		1 500	借	299 700
3	15	付 4	提现备发工资		90 000	借	209 700
3	18	付 7	支付广告费		15 000	借	194 700
3	21	付 8	支付水电费		2 300	借	192 400
3	31		本月合计	220 000	152 600	借	192 400

表 10-11 其他应收款总分类账

2008 年		凭证号	摘 要	借方	贷方	借或贷	余额
月	日						
3	1		期初余额			借	1 000
3	8	收 2	职工报销差旅费		200	借	800
3	8	转 2	职工报销差旅费		800	平	0
3	31		本月合计		1 000	平	0

表 10-12 应收账款总分类账

2008 年		凭证号	摘 要	借方	贷方	借或贷	余额
月	日						
3	20	转 3	销售甲材料	3 510		借	3 510
3	25	转 4	销售商品	351 000		借	354 510
3	31		本月合计	354 510		借	354 510

表 10-13 原材料总分类账

2008 年		凭证号	摘 要	借方	贷方	借或贷	余额
月	日						
3	1		期初余额			借	90 000
3	5	转 1	购入甲材料	100 000		借	190 000
	31	转 5	车间领用材料		60 000	借	130 000
	31	转 10	结转销售材料成本		2 000	借	128 000
3	31		本月合计	100 000	62 000	借	128 000

表 10-14 库存商品总分类账

2008 年		凭证号	摘 要	借方	贷方	借或贷	余额
月	日						
3	1		期初余额			借	180 000
3	31	转 9	完工产品入库	88 377		借	268 377
3	31	转 11	结转销售产品成本		240 000	借	28 377
3	31		本月合计	88 377	240 000	借	28 377

表 10-15 生产成本总分类账

2008 年		凭证号	摘 要	借方	贷方	借或贷	余额
月	日						
3	31	转 5	车间领用材料	55 000		借	55 000
3	31	转 6	计算应付职工薪酬	61 000		借	116 000
3	31	转 8	结转制造费用	20 580		借	136 580
3	31	转 9	完工产品入库		88 377	借	48 203
3	31		本月合计	136 580	88 377	借	48 203

表 10-16 制造费用总分类账

2008 年		凭证号	摘 要	借方	贷方	借或贷	余额
月	日						
3	31	转 5	车间领用材料	3 200		借	3 200
3	31	转 6	计算应付职工薪酬	13 000		借	16 200
3	31	转 7	计算折旧费	4 380		借	20 580
3	31	转 8	结转制造费用		20 580	平	0
3	31		本月合计	20 580	20 580	平	0

表 10-17 固定资产总分类账

2008 年		凭证号	摘 要	借方	贷方	借或贷	余额
月	日						
3	1		期初余额			借	390 000
3	3	付 1	购入机器设备	30 400		借	420 400
3	31		本月合计	30 400		借	420 400

表 10-18 累计折旧总分类账

2008 年		凭证号	摘 要	借方	贷方	借或贷	余额
月	日						
3	1		期初余额			贷	20 000
3	31	转 7	计算折旧费		7 080	贷	27 080
3	31		本月合计		7 080	贷	27 080

表 10-19 短期借款总分类账

2008 年		凭证号	摘 要	借方	贷方	借或贷	余额
月	日						
3	1		期初余额			贷	30 000
3	10	收 3	借入短期借款		20 000	贷	50 000
3	31		本月合计		20 000	贷	50 000

表 10-20 应付账款总分类账

2008 年		凭证号	摘 要	借方	贷方	借或贷	余额
月	日						
3	1		期初余额			贷	15 400
3	5	转 1	购入甲材料		117 000	贷	132 400
	6	付 2	支付前欠货款	13 400		贷	119 000
3	31		本月合计	13 400	117 000	贷	119 000

表 10-21 应交税费总分类账

2008 年		凭证号	摘 要	借方	贷方	借或贷	余额
月	日						
3	1		期初余额			贷	8 000
	5	转 1	购入甲材料	17 000		借	9 000
3	20	转 3	销售甲材料		510	借	8 490
3	25	转 4	销售商品		51 000	贷	42 510
3	31		本月合计	17 000	51 510	贷	42 510

表 10-22　应付职工薪酬总分类账

2008年		凭证号	摘　要	借方	贷方	借或贷	余额
月	日						
3	1		期初余额			贷	90 000
3	15	付5	发放工资	90 000		平	0
	31	转6	计算应付职工薪酬		90 000	贷	90 000
	31		本月合计	90 000	90 000	贷	90 000

表 10-23　实收资本总分类账

2008年		凭证号	摘　要	借方	贷方	借或贷	余额
月	日						
3	1		期初余额			贷	400 000
3	1	收1	接受国家投资		200 000	贷	600 000
3	31		本月合计		200 000	贷	600 000

表 10-24　资本公积总分类账

2008年		凭证号	摘　要	借方	贷方	借或贷	余额
月	日						
3	1		期初余额			贷	80 000

表 10-25　盈余公积总分类账

2008年		凭证号	摘　要	借方	贷方	借或贷	余额
月	日						
3	1		期初余额			贷	120 000

表 10-26　管理费用总分类账

2008年		凭证号	摘　要	借方	贷方	借或贷	余额
月	日						
	8	转2	职工报销差旅费	800		借	800
	12	付3	购入办公用品	1 500		借	2 300
	16	付6	购入办公用品	240		借	2 540
	21	付8	支付水电费	2 300		借	4 840
	31	转5	车间领用材料	1 800		借	6 640
	31	转6	计算应付职工薪酬	16 000		借	22 640
	31	转7	计算折旧费	2 700		借	25 340
	31	转13	结转费用账户余额	25 340	25 340	平	0
3	31		本月合计	25 340	25 340	平	0

表 10-27 销售费用总分类账

2008年		凭证号	摘 要	借方	贷方	借或贷	余额
月	日						
3	18	付7	支付广告费	15 000		借	
	31	转13	结转费用账户余额		15 000	平	0
3	31		本月合计	15 000	15 000	平	0

表 10-28 主营业务成本总分类账

2008年		凭证号	摘 要	借方	贷方	借或贷	余额
月	日						
3	31	转11	结转销售产品成本	240 000		借	240 000
	31	转13	结转费用账户余额		240 000	平	0
3	31		本月合计	240 000	240 000	平	0

表 10-29 其他业务成本总分类账

2008年		凭证号	摘 要	借方	贷方	借或贷	余额
月	日						
3	31	转10	结转销售材料成本	2 000		借	
	31	转13	结转费用账户余额		2 000	平	0
3	31		本月合计	2 000	2 000	平	0

表 10-30 主营业务收入总分类账

2008年		凭证号	摘 要	借方	贷方	借或贷	余额
月	日						
3	25	转4	销售商品		300 000	贷	300 000
	31	转12	结转收入账户余额	300 000		平	0
3	31		本月合计	300 000	300 000	平	0

表 10-31 其他业务收入总分类账

2008年		凭证号	摘 要	借方	贷方	借或贷	余额
月	日						
3	20	转3	销售甲材料		3 000		3 000
	31	转12	结转收入账户余额	3 000		平	0
3	31		本月合计	3 000	3 000	平	0

表 10-32 本年利润总分类账

2008 年 月	日	凭证号	摘 要	借方	贷方	借或贷	余额
3	31	转 12	结转收入账户余额		303 000	贷	303 000
	31	转 13	结转费用账户余额	282 340		贷	20 660
3	31		本月合计	282 340	303 000	贷	20 660

表 10-33 利润分配总分类账

2008 年 月	日	凭证号	摘 要	借方	贷方	借或贷	余额
3	1		期初余额			贷	24 500
3	31		本月合计			贷	24 500

(5)月终,办理结账,编制试算平衡表,并将库存现金日记账、银行存款日记账的余额和各种明细分类账的余额与总分类账的余额核对相符。试算平衡表如表 10-34 所示。

表 10-34 试算平衡表

2008 年 3 月 31 日　　单位:元

会计科目	期初余额		本期发生额		期末余额	
	借方	贷方	借方	贷方	借方	贷方
库存现金	1 900		90 200	90 240	1 860	
银行存款	125 000		220 000	152 600	192 400	
其他应收款	1 000			1 000	0	
应收账款			354 510		354 510	
原材料	90 000		100 000	62 000	128 000	
库存商品	180 000		88 377	240 000	28 377	
制造费用			20 580	20 580	0	
生产成本			136 580	88 377	48 203	
固定资产	390 000		30 400		420 400	
累计折旧		20 000		7 080		27 080
短期借款		30 000		20 000		50 000
应付账款		15 400	13 400	117 000		119 000
应交税费		8 000	17 000	51 510		42 510
应付职工薪酬		90 000	90 000	90 000		90 000
实收资本		400 000		200 000		600 000
资本公积		80 000				80 000
盈余公积		120 000				120 000
主营业务收入			300 000	300 000		0

续表

会计科目	期初余额		本期发生额		期末余额	
	借方	贷方	借方	贷方	借方	贷方
其他业务收入			3 000	3 000		0
主营业务成本			240 000	240 000	0	
其他业务成本			2 000	2 000	0	
销售费用			15 000	15 000	0	
管理费用			25 340	25 340	0	
本年利润			282 340	303 000	0	20 660
利润分配		24 500				24 500
合　　计	787 900	787 900	2 028 727	2 028 727	1 173 750	1 173 750

(6)月终,根据核对无误的总分类账和明细分类账的记录,编制财务会计报告。资产负债表如表10-35所示,利润表如表10-36所示。

表10-35　资产负债表

会企01表

编制单位:红星公司　　　　2008年3月31日　　　　单位:元

资　产	期末余额	年初余额	负债和所有者权益(或股东权益)	期末余额	年初余额
流动资产:			流动负债:		
货币资金	194 260	126 900	短期借款	50 000	30 000
交易性金融资产			交易性金融负债		
应收票据			应付票据		
应收账款	354 510		应付账款	119 000	15 400
预付账款			预收款项		
应收利息			应付职工薪酬	90 000	90 000
应收股利			应交税费	42 510	8 000
其他应收款		1 000	应付利息		
存货	204 580	270 000	应付股利		
一年内到期的非流动资产			其他应付款		
其他流动资产			一年内到期的非流动负债		
流动资产合计	753 350	397 900	其他流动负债		
非流动资产:			流动负债合计	301 510	143 400
可供出售金融资产			非流动负债:		
持有至到期投资			长期借款		
长期应收款			应付债券		
长期股权投资			长期应付款		
投资性房地产			专项应付款		

续表

资　产	期末余额	年初余额	负债和所有者权益(或股东权益)	期末余额	年初余额
固定资产	393 320	370 000	预计负债		
在建工程			递延所得税负债		
工程物资			其他非流动负债		
固定资产清理			非流动负债合计		
生产性生物资产			负债合计	301 510	143 400
油气资产			所有者权益(或股东权益):		
无形资产			实收资本(股本)	600 000	400 000
开发支出			减:库存股		
商誉			资本公积	80 000	80 000
长期待摊费用			盈余公积	120 000	120 000
递延所得税资产			未分配利润	45 160	24 500
其他非流动资产			所有者权益(或股东权益)合计	845 160	624 500
非流动资产合计	393 320	370 000			
资产总计	1 146 670	767 900	负债和所有者权益(或股东权益)总计	1 146 670	767 900

表 10-36　利润表

会企 02 表

编制单位:红星公司　　2008 年 3 月 31 日　　单位:元

项　目	本期金额	上期金额
一、营业收入	303 000	略
减:营业成本	242 000	
营业税金及附加		
销售费用	15 000	
管理费用	25 340	
财务费用		
资产减值损失		
加:公允价值变动收益(损失以“-”号填列)		
投资收益(损失以“-”号填列)		
其中:对联营企业和合营企业的投资收益		
二、营业利润(亏损以“-”号填列)	20 660	
加:营业外收入		
减:营业外支出		
其中:非流动资产处置损失		
三、利润总额(亏损总额以“-”号填列)	20 660	
减:所得税费用		
四、净利润(净亏损以“-”号填列)		

10.2.4 记账凭证核算形式的优缺点及适用范围

记账凭证核算形式的优点是:比较符合会计核算程序的一般规范操作法。账务处理程序简单明了,易于理解;总分类账直接根据记账凭证逐笔登记,可以较详细地反映经济业务的来龙去脉,便于查账、对账。其缺点是:登记总分类账的工作量较大。所以,记账凭证适用于经济规模较小、经济业务比较简单、业务量较少的企业。

10.3 科目汇总表核算形式

10.3.1 科目汇总表核算形式的特点和要求

科目汇总表核算形式是根据记账凭证编制科目汇总表,据以登记总分类账的一种会计核算形式。其特点是定期根据所有的记账凭证编制科目汇总表,然后根据科目汇总表登记总分类账。

在科目汇总表会计核算下,凭证与账簿的设置与记账凭证会计核算形式处理程序基本相同,只是需要定期根据记账凭证编制科目汇总表,月末,根据科目汇总表登记总分类账。

科目汇总表是根据一定时期内全部记账凭证,按总账科目进行汇总,据以计算出每一总账科目的本期借方发生额和贷方发生额,作为登记总分类账的依据的凭证。科目汇总表的汇总时间应根据企业业务量的大小确定,一般可以5天、10天或15天汇总一次。

10.3.2 科目汇总表核算形式的基本内容和步骤

科目汇总表核算形式的基本内容和步骤如下。

(1)根据各种原始凭证或汇总原始凭证,编制记账凭证(包括收款凭证、付款凭证和转账凭证)。

(2)根据收款凭证和付款凭证,逐笔登记库存现金日记账和银行存款日记账。

(3)根据记账凭证及所附的原始凭证和汇总原始凭证,逐笔登记各种明细分类账。

(4)根据各种记账凭证编制科目汇总表。

(5)根据科目汇总表登记总分类账。

(6)月终,将库存现金日记账、银行存款日记账的余额,以及各种明细分类账的余额合计数,分别与总分类账中有关科目的余额核对相符。

(7)月终,根据核对无误的总分类账和明细分类账的记录,编制财务会计报告。

科目汇总表核算形式的基本步骤如图10-3所示。

10.3.3 科目汇总表核算形式应用举例

仍以例10-1中的资料为依据,说明科目汇总表的会计核算程序。

(1)根据例10-1的经济业务,编制记账凭证,见表10-2所示。

(2)根据收款凭证和付款凭证,逐笔登记库存现金日记账和银行存款日记账,见表10-3、表10-4所示。

(3)根据记账凭证及所附的原始凭证和汇总原始凭证,登记明细分类账,见表10-5至表10-8所示。

(4)根据各种记账凭证编制科目汇总表,如表10-37、表10-38所示。

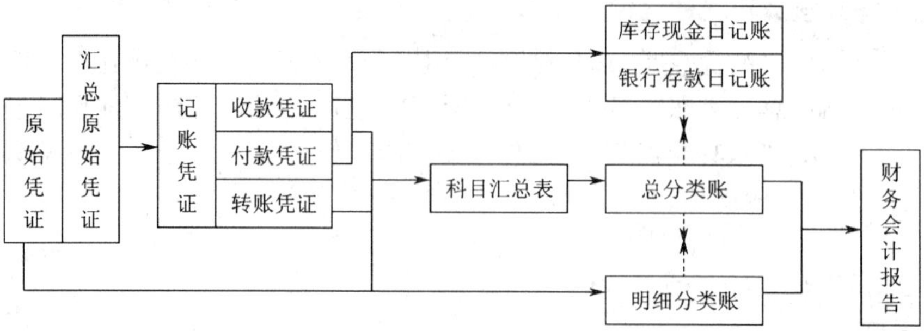

图 10-3　科目汇总表核算形式的流程图

表 10-37　科目汇总表

2008 年 3 月 1 日至 3 月 15 日　　汇字第 1 号

会计科目	记　账	本期发生额		记账凭证起讫号
		借　方	贷　方	
库存现金		90 200	90 000	
银行存款		220 000	135 300	
其他应收款			1 000	
原材料		100 000		
固定资产		30 400		
短期借款			20 000	
应付账款		13 400	117 000	
应交税费		17 000		
应付职工薪酬		90 000		
实收资本			200 000	
管理费用		2 300		
合　　计		563 300	563 300	

表 10-38　科目汇总表

2008 年 3 月 16 日至 3 月 31 日　　汇字第 2 号

会计科目	记　账	本期发生额		记账凭证起讫号
		借　方	贷　方	
库存现金			240	
银行存款			17 300	
应收账款		354 510		
原材料			62 000	
库存商品		88 377	240 000	
制造费用		20 580	20 580	
生产成本		136 580	88 377	

续表

会计科目	记 账	本期发生额		记账凭证起讫号
		借 方	贷 方	
累计折旧			7 080	
应交税费			51 510	
应付职工薪酬			90 000	
主营业务收入		300 000	300 000	
其他业务收入		3 000	3 000	
主营业务成本		240 000	240 000	
其他业务成本		2 000	2 000	
销售费用		15 000	15 000	
管理费用		23 040	25 340	
本年利润		303 000	303 000	
未分配利润			20 660	
合 计		1 486 087	1 486 087	

(5)根据科目汇总表登记总分类账(本例只列示银行存款总分类账,其余从略),如表10-39所示。

表 10-39 银行存款总分类账

2008 年		凭证号	摘 要	借方	贷方	借或贷	余额
月	日						
3	1		期初余额			借	125 000
3	15	汇 1	1—15 日发生额	220 000	135 300	借	209 700
3	31	汇 2	16—31 日发生额		17 300	借	192 400
3	31		本月合计	220 000	152 600	借	192 400

(6)月终,将库存现金日记账、银行存款日记账的余额,以及各种明细分类账的余额合计数,分别与总分类账中有关科目的余额核对相符(略)。

(7)月终,根据核对无误的总分类账和明细分类账的记录,编制财务会计报告(略)。

10.3.4 科目汇总表核算形式的优缺点及适用范围

科目汇总表核算形式的优点是:将记账凭证通过科目汇总表汇总后登记总分类账,大大减轻了总分类账的登记工作;通过编制科目汇总表,可以对发生额进行试算平衡,从而及时发现错误,保证记账工作质量;账务处理程序简明易懂,方便易学。其缺点是:科目汇总表不能明确反映对应关系,不便反映经济业务的来龙去脉,不便于查对账目。这种会计核算形式的适用范围较广,特别适用于经济规模较大、经济业务比较多的大型企业。

10.4 汇总记账凭证核算形式

10.4.1 汇总记账凭证核算形式的特点和要求

汇总记账凭证核算形式是根据汇总记账凭证登记总分类账的一种会计核算形式。其特点是定期根据记账凭证编制汇总记账凭证,然后根据汇总记账凭证登记总分类账。

在汇总记账凭证会计核算下,凭证与账簿的设置与记账凭证会计核算形式处理程序基本相同,只是需要定期根据收款凭证、付款凭证和转账凭证编制汇总收款凭证、汇总付款凭证和汇总转账凭证,作为登记总分类账的依据。

汇总记账凭证通常是根据企业业务量的大小,需要 5 天或 10 天汇总填列一次,每月编制一张。

汇总收款凭证的编制方法是:分别按库存现金、银行存款的借方科目设置,定期按贷方科目分别归类、汇总,一个月编制一张,月终结出合计数据以登记总分类账。

汇总付款凭证的编制方法是:分别按库存现金、银行存款的贷方科目设置,定期按借方科目分别归类、汇总,一个月编制一张,月终结出合计数据以登记总分类账。

汇总转账凭证的编制方法:按每一贷方科目设置,按照转账凭证的借方科目归类、汇总编制,月终结出合计数据以登记总分类账。汇总转账凭证按贷方科目设置,按借方科目汇总,能够减少汇总工作量,由于按贷方科目设置,为了便于汇总,所有转账凭证可以是“一借一贷”的会计分录或“一贷多借”的会计分录,若遇“一借多贷”或“多借多贷”的会计分录,需分解为简单分录后再进行汇总。

10.4.2 汇总记账凭证核算形式的基本内容和步骤

汇总记账凭证核算形式的基本内容和步骤如下。

(1)根据各种原始凭证或汇总原始凭证,编制记账凭证(包括收款凭证、付款凭证和转账凭证)。

(2)根据收款凭证和付款凭证,逐笔登记库存现金日记账和银行存款日记账。

(3)根据记账凭证及所附的原始凭证和汇总原始凭证,逐笔登记各种明细分类账。

(4)根据各种记账凭证编制汇总记账凭证。

(5)根据各种汇总记账凭证登记总分类账。

(6)月终,将库存现金日记账、银行存款日记账的余额,以及各种明细分类账的余额合计数,分别与总分类账中有关科目的余额核对相符。

(7)月终,根据核对无误的总分类账和明细分类账的记录,编制财务会计报告。

汇总记账凭证核算形式的基本步骤如图 10-4 所示。

10.4.3 汇总记账凭证核算形式应用举例

仍以例 10-1 中的资料为依据,说明汇总记账凭证的会计核算程序。

(1)根据例 10-1 的经济业务,编制记账凭证,见表 10-2 所示。

(2)根据收款凭证和付款凭证,逐笔登记库存现金日记账和银行存款日记账,见表 10-3、表 10-4 所示。

(3)根据记账凭证及所附的原始凭证和汇总原始凭证,登记明细分类账,见表 10-5 至表

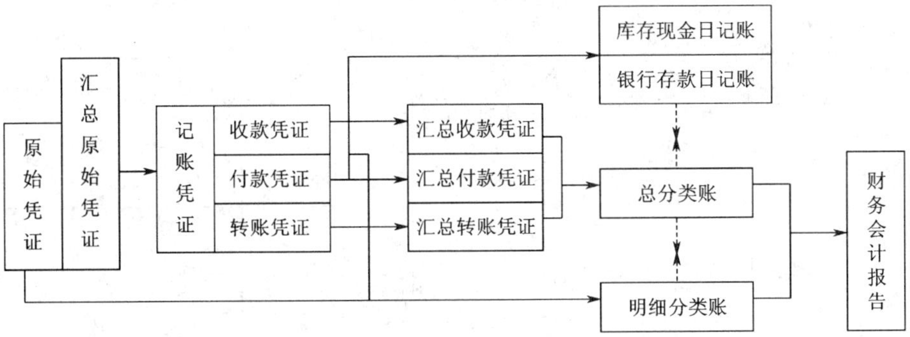

图 10-4 汇总记账凭证核算形式的流程图

10-8 所示。

(4)根据各种记账凭证编制汇总记账凭证。编制银行存款汇总收款凭证,如表 10-40 所示,编制银行存款汇总付款凭证,如表 10-41 所示,编制原材料汇总转账凭证,如表 10-42 所示。

表 10-40 汇总收款凭证

借方科目:银行存款　　2008 年 3 月 31 日　　汇收第 1 号

贷方科目	金额				总账页数	
	1—10 日凭证 收 1 号至收 3 号	11—20 日凭证 号至 号	21—31 日凭证 号至 号	合 计	借方	贷方
短期借款	20 000			20 000		
实收资本	200 000			200 000		
合 计	220 000			220 000		

表 10-41 汇总付款凭证

贷方科目:银行存款　　2008 年 3 月 31 日　　汇付第 1 号

借方科目	金额				总账页数	
	1—10 日凭证 付 1 号至付 2 号	11—20 日凭证 付 3 号至 7 号	21—31 日凭证 付 8 号	合 计	借方	贷方
库存现金		90 000		90 000		
固定资产	30 400			30 400		
应付账款	13 400			13 400		
销售费用		15 000		15 000		
管理费用		1 500	2 300	3 800		
合 计	43 800	106 500	2 300	152 600		

表 10-42 汇总转账凭证

贷方科目:原材料 2008 年 3 月 31 日 汇转第 1 号

借方科目	金额				总账页数	
	1—10 日凭证号至 号	11—20 日凭证号至 号	21—31 日凭证转 4 号至转 9 号	合计	借方	贷方
生产成本			55 000	55 000		
制造费用			3 200	3 200		
管理费用			1 800	1 800		
其他业务成本			2 000	2 000		
合 计			62 000	62 000		

(5)根据各种汇总记账凭证登记总分类账(本例只列示银行存款总分类账,其余从略),如表 10-43 所示。

表 10-43 银行存款总分类账

2008 年		凭证号	摘 要	借方	贷方	借或贷	余额
月	日						
3	1		期初余额			借	125 000
3	31	汇收 1	1—10 日发生额	220 000		借	345 000
		汇付 1	1—10 日发生额		43 800	借	301 200
		汇付 1	11—20 日发生额		106 500	借	194 700
3	31	汇付 1	21—31 日发生额		2 300	借	192 400
3	31		本月合计	220 000	152 600	借	192 400

(6)月终,将库存现金日记账、银行存款日记账的余额,以及各种明细分类账的余额合计数,分别与总分类账中有关科目的余额核对相符(略)。

(7)月终,根据核对无误的总分类账和明细分类账的记录,编制财务会计报告(略)。

10.4.4 汇总记账凭证核算形式的优缺点及适用范围

汇总记账凭证核算形式的优点是:记账凭证通过汇总记账凭证汇总后登记总分类账,大大减轻了总分类账的登记工作;汇总记账凭证按会计科目的对应关系汇总,便于了解账户的对应关系,了解经济业务的来龙去脉。其缺点是:按每一贷方科目编制汇总记账凭证,不利于会计核算的日常分工,当转账凭证较多时,编制汇总转账凭证的工作量较大。这种会计核算形式一般适用于经营规模较大、经济业务比较多的企业,特别是收、付款业务较多而转账业务较少的企业。

【总结与回顾】

本章从记账凭证核算形式入手,详细介绍了由原始凭证到编制记账凭证,然后登记明细分类账和总分类账，最后编制财务会计报告的工作程序和方法，并在此基础上阐述了在企业运用比较广泛的科目汇总表核算形式和汇总记账凭证核算形式的工作程序和方法，为初学者全面了解会计核算流程奠定了基础。

【复习思考】

1. 什么是会计核算形式？会计核算形式如何分类？

2. 设置会计核算形式应遵循哪些原则？

3. 简述记账凭证核算形式的基本内容和步骤。

4. 如何编制科目汇总表？

5. 如何编制汇总记账凭证？

6. 比较记账凭证核算形式、科目汇总表核算形式、汇总记账凭证核算形式的特点、优缺点及适用范围。

【练习题】

一、单项选择题

1. 各种账务处理程序最主要的区别是（　　）。

A. 账簿组织不同　B. 记账程序不同　C. 登记总账的依据不同　D. 记账方法不同

2. 记账凭证核算形式登记总分类账的依据是（　　）。

A. 汇总记账凭证　B. 记账凭证　C. 栏式日记账　D. 科目汇总表

3. 直接根据记账凭证逐笔登记总分类账的会计核算形式是（　　）。

A. 科目汇总表核算形式　B. 日记总账核算形式

C. 汇总记账凭证核算形式　D. 记账凭证核算形式

4. 会计核算形式中最基本的形式是（　　）。

A. 记账凭证核算形式　B. 科目汇总表核算形式

C. 汇总记账凭证核算形式　D. 多栏日记账核算形式

5. （　　）会计核算形式适用于经济规模较小、经济业务比较简单、业务量较少的企业。

A. 记账凭证核算形式　B. 科目汇总表核算形式

C. 汇总记账凭证核算形式　D. 日记总账核算形式

6. 科目汇总表核算形式登记总分类账的依据是（　　）。

A. 汇总记账凭证　B. 记账凭证　C. 多栏式日记账　D. 科目汇总表

7. 科目汇总表核算形式的缺点是（　　）。

A. 登记总分类账的工作量较大

B. 不能明确反映对应关系，不便于查对账目

C. 大大减轻了总分类账的登记工作

D. 当转账凭证较多时，编制汇总转账凭证的工作量较大

8. 根据一定时期内全部记账凭证，按总账科目进行汇总，据以计算出每一总账科目的本期借方发生额和贷方发生额的单据是（　　）。

A. 汇总收款凭证　B. 汇总付款凭证　C. 汇总转账凭证　D. 科目汇总表

9. 汇总记账凭证核算形式登记总分类账的依据是(　　)。

A. 记账凭证　B. 汇总记账凭证　C. 科目汇总表　D. 多栏式日记账

10. 分别按库存现金、银行存款的借方设置,定期按贷方科目分别归类、汇总,一个月编制一张,月终结出合计数据的汇总记账凭证是(　　)。

A. 汇总收款凭证　B. 汇总付款凭证　C. 汇总转账凭证　D. 科目汇总表

二、多项选择题

1. 我国会计工作中采用的核算形式有(　　)。

A. 记账凭证核算形式　B. 科目汇总表核算形式

C. 汇总记账凭证核算形式　D. 日记总账核算形式

E. 多栏式日记账核算形式

2. 以下会计核算形式属于汇总记账型核算形式的有(　　)。

A. 科目汇总表核算形式　B. 汇总记账凭证核算形式

C. 多栏式日记账核算形式　D. 记账凭证核算形式

E. 凭单日记账核算形式

3. 科目汇总表(　　)。

A. 按总账科目汇总编制　B. 根据原始凭证归类编制

C. 起到试算平衡的作用　D. 可作为登记总账的依据

E. 根据一定时期内全部记账凭证编制

4. 汇总记账凭证核算形式的优点是(　　)。

A. 反映科目的对应关系　B. 有利于会计核算工作的分工

C. 减少了登记总账的工作量　D. 编制汇总转账凭证的工作量较小

E. 可以了解经济业务的来龙去脉

【技能训练】

技能训练一

一、训练目的

练习科目汇总表的编制。

二、训练资料

同泰企业为增值税一般纳税人,适用增值税税率为 17%,20××年 7 月上旬发生如下经济业务。

(1)1 日,企业收到 B 公司投资 100 000 元,存入银行。

(2)5 日,企业用银行存款偿还前欠 A 公司货款 13 400 元。

(3)6 日,企业向银行借款 20 000 元,期限六个月,款项存入银行。

(4)7 日,企业以现金 60 元购买一批办公用品。

(5)9 日,业务员报销差旅费 1 500 元。

(6)9 日,企业用银行存款购买设备一台,价款 210 000 元。

(7)10 日,基本生产车间领用甲材料 40 千克,每千克 100 元。

(8)10 日,用银行存款 10 000 元,支付广告费。

三、训练要求

编制该企业 7 月上旬的科目汇总表。

技能训练二

一、训练目的

练习汇总收款凭证、汇总付款凭证的编制。

二、训练资料

利群公司为增值税一般纳税人,适用增值税税率为 17%,20××年 6 月份发生如下经济业务。

(1)5 日,企业开出转账支票支付广告费 6 500 元。

(2)10 日,企业从银行提取现金 50 000 元,备发工资。

(3)12 日,企业收到利华公司偿还的货款 80 000 元,存入银行存款户。

(4)20 日,企业销售 A 产品 100 件,价款 10 000 元,增值税 1 700 元,产品已发出,款收存银行。

(5)25 日,企业签发转账支票预付红星工厂购料款 10 000 元。

(6)31 日,收到银行通告,本月存款利息 417 元入账。

三、训练要求

1. 编制该企业 6 月份银行存款汇总收款凭证。

2. 编制该企业 6 月份银行存款汇总付款凭证。

技能训练三

一、训练目的

练习汇总转账记账凭证的编制。

二、训练资料

根据本章例 10-1 所给的资料。

三、训练要求

编制该企业 3 月份应付账款、应付职工薪酬、应交税费的汇总转账凭证。

技能训练四

一、训练目的

练习记账凭证核算形式、科目汇总表核算形式、汇总记账凭证核算形式的操作步骤;练习科目汇总表及汇总记账凭证的编制。

二、训练资料

1. 亨达公司为增值税一般纳税人,适用增值税税率为 17%,20××年 5 月 1 日各有关总分类账的账户余额如表 10-44 所示。

表 10-44　亨达公司总分类账的账户余额

20××年5月1日　　单位:元

会计科目	期初余额	
	借　方	贷　方
库存现金	2 900	
银行存款	308 000	
原材料	210 000	
库存商品	420 000	
生产成本	3 400	
应收账款	92 000	
预付账款	100 000	
固定资产	260 000	
累计折旧		13 000
应付账款		80 000
应交税费		34 000
实收资本		600 000
资本公积		84 300
盈余公积		210 000
本年利润		375 000
合　计	1 396 300	1 396 300

2. 亨达公司20××年5月1日有关明细分类账的余额如下。

原材料:期初余额210 000元,其中:甲材料500吨,单价120元;乙材料1 000千克,单价150元。

生产成本:期初余额3 400元,其中:A产品为2 100元、B产品为1 300元。

应收账款:期初余额92 000元,其中:环球公司86 000元、茂源公司6 000元。

应付账款:期初余额80 000元,其中:宏大公司60 400元;东风公司19 600元。

3. 亨达公司5月份发生如下经济业务。

(1)1日,企业用现金560元,购买办公用品,交管理部门使用。

(2)2日,企业开出转账支票一张,购入一台设备,经安装调试,验收合格交付使用。该设备发生的买价、税金及安装成本等共计125 000元,结转该项工程的实际成本。

(3)5日,企业购进甲材料670吨,价款80 000元、增值税进项税额13 600元、运杂费400元,材料已验收入库。结清上月预付该批材料货款100 000元的同时,收到对方退回的余款存入银行。

(4)6日,企业以银行存款28 900元偿还前欠宏大公司的购料款。

(5)7日,企业开出并承兑半年期、面值35 100元的商业承兑汇票一张,用于购买甲、乙两种材料。其中,甲材料150公斤、单价120元,乙材料80公斤、单价150元;增值税进项税额5 100元。甲、乙两种材料已运达企业并验收入库。

(6)8日,向光明公司销售A产品200件,每件售价1500元,共计300 000元,应向该公司收取的增值税销项税额 51 000 元。价税款均通过银行转账收讫。

(7)8 日,根据合同规定向茂源公司销售 B 产品 300 件,每件售价 800 元,价款共计 240 000 元,以银行存款代垫运费 1 500 元,应收增值税 40 800 元。价税款及代垫运费均未收到。

(8)9 日,企业本月共发出甲材料 520 吨,其中,生产 A 产品耗料 300 吨,生产 B 产品耗料 180 吨,车间一般耗料 20 吨,行政管理部门耗料 20 吨。

(9)13 日,企业结算本月应付职工工资 68 000 元,其中,生产 A 产品生产工人工资 27 000 元,生产 B 产品生产工人工资 18 000 元,车间管理人员工资 4 000 元,行政部门管理人员工资 19 000 元。

(10)16 日,企业计提本月固定资产折旧 5 600 元,其中,车间用固定资产折旧 3 900 元,行政管理部门用固定资产折旧 1 700 元。

(11)20 日,经批准,将待处理的盘盈固定资产净值 12 000 元转作以前年度损益调整。

(12)21 日,向工商银行借入期限为三个月的短期借款 60 000 元,存入银行。

(13)24 日,经批准,将待处理的盘亏固定资产净值 1 540 元转作营业外支出。

(14)26 日,用银行存款支付罚款支出 15 000 元。

(15)月末计算并结转本月发生的制造费用(制造费用按生产工时比例分配,A 产品生产工时 6 500 小时、B 产品生产工时 3 500 小时)。

(16)已知该企业月初在产品的成本为 3 400 元,其中 A 产品为 2 100 元、B 产品为 1 300 元;月末在产品的成本为 12 950 元,全部为 A 产品的在产品成本,B 产品全部完工。计算并结转本月完工入库产成品的实际生产成本。

(17)月末,计算出本月应负担的产品销售税金 1 350 元。

(18)月末,结转已销售产品的生产成本,其中,A 产品单位生产成本 1 200 元,B 产品单位生产成本 600 元。

(20)月末,结转本月发生的各种收入、费用。

三、训练要求

1. 根据上述经济业务,编制会计分录。

2. 根据收款凭证和付款凭证,逐笔登记库存现金日记账和银行存款日记账。

3. 根据记账凭证及所附的原始凭证和汇总原始凭证,登记原材料、生产成本、应收账款和应付账款的明细分类账。

4. 根据各种记账凭证编制该企业 5 月份科目汇总表。

5. 根据科目汇总表登记银行存款、应交税费、制造费用、主营业务收入的总分类账。

附1　会计基础工作规范

会计基础工作规范

(1996年6月17日　财会字[1996]19号)

第一章　总则

第一条　为了加强会计基础工作,建立规范的会计工作秩序,提高会计工作水平,根据《中华人民共和国会计法》的有关规定,制定本规范。

第二条　国家机关、社会团体、企业、事业单位、个体工商户和其他组织的会计基础工作,应当符合本规范的规定。

第三条　各单位应当依据有关法律、法规和本规范的规定,加强会计基础工作,严格执行会计法规制度,保证会计工作依法有序地进行。

第四条　单位领导人对本单位的会计基础工作负有领导责任。

第五条　各省,自治区、直辖市财政厅(局)要加强对会计基础工作的管理和指导,通过政策引导、经验交流、监督检查等措施,促进基层单位加强会计基础工作,不断提高会计工作水平。

国务院各业务主管部门根据职责权限管理本部门的会计基础工作。

第二章　会计机构和会计人员

第一节　会计机构设置和会计人员配备

第六条　各单位应当根据会计业务的需要设置会计机构;不具备单独设置会计机构条件的,应当在有关机构中配备专职会计人员。

事业行政单位会计机构的设置和会计人员的配备,应当符合国家统一事业行政单位会计制度的规定。

设置会计机构,应当配备会计机构负责人;在有关机构中配备专职会计人员,应当在专职会计人员中指定会计主管人员。

会计机构负责人、会计主管人员的任免,应当符合《中华人民共和国会计法》和有关法律的规定。

第七条　会计机构负责人、会计主管人员应当具备下列基本条件:

(一)坚持原则,廉洁奉公;

(二)具有会计专业技术资格;

(三)主管一个单位或者单位内一个重要方面的财务会计工作时间不少于2年;

(四)熟悉国家财经法律、法规、规章和方针、政策,掌握本行业业务管理的有关知识;

(五)有较强的组织能力;

(六)身体状况能够适应本职工作的要求。

第八条　没有设置会计机构和配备会计人员的单位,应当根据《代理记账管理暂行办法》

委托会计师事务所或者持有代理记账许可证书的其他代理记账机构进行代理记账。

第九条　大、中型企业、事业单位、业务主管部门应当根据法律和国家有关规定设置总会计师。总会计师由具有会计师以上专业技术资格的人员担任。

总会计师行使《总会计师条例》规定的职责、权限。

总会计师的任命(聘任)、免职(解聘)依照《总会计师条例》和有关法律的规定办理。

第十条　各单位应当根据会计业务需要配备持有会计证的会计人员。未取得会计证的人员,不得从事会计工作。

第十一条　各单位应当根据会计业务需要设置会计工作岗位。

会计工作岗位一般可分为:会计机构负责人或者会计主管人员、出纳、财产物资核算、工资核算、成本费用核算、财务成果核算、资金核算、往来结算、总账报表、稽核、档案管理等。开展会计电算化和管理会计的单位,可以根据需要设置相应工作岗位,也可以与其他工作岗位相结合。

第十二条　会计工作岗位,可以一人一岗、一人多岗或者一岗多人。但出纳人员不得兼管稽核、会计档案保管和收入、费用、债权债务账目的登记工作。

第十三条　会计人员的工作岗位应当有计划地进行轮换。

第十四条　会计人员应当具备必要的专业知识和专业技能,熟悉国家有关法律、法规、规章和国家统一会计制度,遵守职业道德。

会计人员应当按照国家有关规定参加会计业务的培训。各单位应当合理安排会计人员的培训,保证会计人员每年有一定时间用于学习和参加培训。

第十五条　各单位领导人应当支持会计机构、会计人员依法行使职权;对忠于职守,坚持原则,做出显著成绩的会计机构、会计人员,应当给予精神的和物质的奖励。

第十六条　国家机关、国有企业、事业单位任用会计人员应当实行回避制度。

单位领导人的直系亲属不得担任本单位的会计机构负责人、会计主管人员。会计机构负责人、会计主管人员的直系亲属不得在本单位会计机构中担任出纳工作。

需要回避的直系亲属为:夫妻关系、直系血亲关系、三代以内旁系血亲以及配偶亲关系。

第二节　会计人员职业道德

第十七条　会计人员在会计工作中应当遵守职业道德,树立良好的职业品质、严谨的工作作风,严守工作纪律,努力提高工作效率和工作质量。

第十八条　会计人员应当热爱本职工作,努力钻研业务,使自己的知识和技能适应所从事工作的要求。

第十九条　会计人员应当熟悉财经法律、法规、规章和国家统一会计制度,并结合会计工作进行广泛宣传。

第二十条　会计人员应当按照会计法律、法规和国家统一会计制度规定的程序和要求进行会计工作,保证所提供的会计信息合法、真实、准确、及时、完整。

第二十一条　会计人员办理会计事务应当实事求是、客观公正。

第二十二条　会计人员应当熟悉本单位的生产经营和业务管理情况,运用掌握的会计信息和会计方法,为改善单位内部管理、提高经济效益服务。

第二十三条　会计人员应当保守本单位的商业秘密。除法律规定和单位领导人同意外,不能私自向外界提供或者泄露单位的会计信息。

第二十四条 财政部门、业务主管部门和各单位应当定期检查会计人员遵守职业道德的情况,并作为会计人员晋升、晋级、聘任专业职务、表彰奖励的重要考核依据。

会计人员违反职业道德的,由所在单位进行处罚;情节严重的,由会计证发证机关吊销其会计证。

第三节 会计工作交接

第二十五条 会计人员工作调动或者因故离职,必须将本人所经管的会计工作全部移交给接替人员。没有办清交接手续的,不得调动或者离职。

第二十六条 接替人员应当认真接管移交工作,并继续办理移交的未了事项。

第二十七条 会计人员办理移交手续前,必须及时做好以下工作。

(一)已经受理的经济业务尚未填制会计凭证的,应当填制完毕。

(二)尚未登记的账目,应当登记完毕,并在最后一笔余额后加盖经办人员印章。

(三)整理应该移交的各项资料,对未了事项写出书面材料。

(四)编制移交清册,列明应当移交的会计凭证、会计账簿、会计报表、印章、现金、有价证券、支票簿、发票、文件、其他会计资料和物品等内容;实行会计电算化的单位,从事该项工作的移交人员还应当在移交清册中列明会计软件及密码、会计软件数据磁盘(磁带等)及有关资料、实物等内容。

第二十八条 会计人员办理交接手续,必须有监交人负责监交。一般会计人员交接,由单位会计机构负责人、会计主管人员负责监交;会计机构负责人、会计主管人员交接,由单位领导人负责监交,必要时可由上级主管部门派人会同监交。

第二十九条 移交人员在办理移交时,要按移交清册逐项移交;接替人员要逐项核对点收。

(一)现金、有价证券要根据会计账簿有关记录进行点交。库存现金、有价证券必须与会计账簿记录保持一致。不一致时,移交人员必须限期查清。

(二)会计凭证、会计账簿、会计报表和其他会计资料必须完整无缺。如有短缺,必须查清原因,并在移交清册中注明,由移交人员负责。

(三)银行存款账户余额要与银行对账单核对,如不一致,应当编制银行存款余额调节表调节相符,各种财产物资和债权债务的明细账户余额要与总账有关账户余额核对相符;必要时,要抽查个别账户的余额,与实物核对相符,或者与往来单位、个人核对清楚。

(四)移交人员经管的票据、印章和其他实物等,必须交接清楚;移交人员从事会计电算化工作的,要对有关电子数据在实际操作状态下进行交接。

第三十条 会计机构负责人、会计主管人员移交时,还必须将全部财务会计工作、重大财务收支和会计人员的情况等,向接替人员详细介绍。对需要移交的遗留问题,应当写出书面材料。

第三十一条 交接完毕后,交接双方和监交人员要在移交注册上签名或者盖章,并应在移交注册上注明:单位名称,交接日期,交接双方和监交人员的职务、姓名,移交清册页数以及需要说明的问题和意见等。

移交清册一般应当填制一式三份,交接双方各执一份,存档一份。

第三十二条 接替人员应当继续使用移交的会计账簿,不得自行另立新账,以保持会计记录的连续性。

第三十三条　会计人员临时离职或者因病不能工作且需要接替或者代理的，会计机构负责人、会计主管人员或者单位领导人必须指定有关人员接替或者代理，并办理交接手续。

临时离职或者因病不能工作的会计人员恢复工作的，应当与接替或者代理人员办理交接手续。

移交人员因病或者其他特殊原因不能亲自办理移交的，经单位领导人批准，可由移交人员委托他人代办移交，但委托人应当承担本规范第三十五条规定的责任。

第三十四条　单位撤销时，必须留有必要的会计人员，会同有关人员办理清理工作，编制决算。未移交前，不得离职。接收单位和移交日期由主管部门确定。

单位合并、分立的，其会计工作交接手续比照上述有关规定办理。

第三十五条　移交人员对所移交的会计凭证、会计账簿、会计报表和其他有关资料的合法性、真实性承担法律责任。

第三章　会计核算

第一节　会计核算一般要求

第三十六条　各单位应当按照《中华人民共和国会计法》和国家统一会计制度的规定建立会计账册，进行会计核算，及时提供合法、真实、准确、完整的会计信息。

第三十七条　各单位发生的下列事项，应当及时办理会计手续、进行会计核算：

（一）款项和有价证券的收付；

（二）财物的收发、增减和使用；

（三）债权债务的发生和结算；

（四）资本、基金的增减；

（五）收入、支出、费用、成本的计算；

（六）财务成果的计算和处理；

（七）其他需要办理会计手续、进行会计核算的事项。

第三十八条　各单位的会计核算应当以实际发生的经济业务为依据，按照规定的会计处理方法进行，保证会计指标的口径一致、相互可比和会计处理方法的前后各期相一致。

第三十九条　会计年度自公历1月1日起至12月31日止。

第四十条　会计核算以人民币为记账本位币。

收支业务以外国货币为主的单位，也可以选定某种外国货币作为记账本位币，但是编制的会计报表应当折算为人民币反映。

境外单位向国内有关部门编报的会计报表，应当折算为人民币反映。

第四十一条　各单位根据国家统一会计制度的要求，在不影响会计核算要求、会计报表指标汇总和对外统一会计报表的前提下，可以根据实际情况自行设置和使用会计科目。

事业行政单位会计科目的设置和使用，应当符合国家统一事业行政单位会计制度的规定。

第四十二条　会计凭证、会计账簿、会计报表和其他会计资料的内容和要求必须符合国家统一会计制度的规定，不得伪造、变造会计凭证和会计账簿，不得设置账外账，不得报送虚假会计报表。

第四十三条　各单位对外报送的会计报表格式由财政部统一规定。

第四十四条　实行会计电算化的单位，对使用的会计软件及其生成的会计凭证、会计账簿，会计报表和其他会计资料的要求，应当符合财政部关于会计电算化的有关规定。

第四十五条　各单位的会计凭证、会计账簿、会计报表和其他会计资料,应当建立档案,妥善保管。会计档案建档要求、保管期限、销毁办法等依据《会计档案管理办法》的规定进行。

实行会计电算化的单位,有关电子数据、会计软件资料等应当作为会计档案进行管理。

第四十六条　会计记录的文字应当使用中文,少数民族自治地区可以同时使用少数民族文字。中国境内的外商投资企业、外国企业和其他外国经济组织也可以同时使用某种外国文字。

第二节　填制会计凭证

第四十七条　各单位办理本规范第三十七条规定的事项,必须取得或者填制原始凭证,并及时送交会计机构。

第四十八条　原始凭证的基本要求是:

(一)原始凭证的内容必须具备:凭证的名称;填制凭证的日期;填制凭证单位名称或者填制人姓名;经办人员的签名或者盖章;接受凭证单位名称;经济业务内容;数量、单价和金额。

(二)从外单位取得的原始凭证,必须盖有填制单位的公章;从个人取得的原始凭证,必须有填制人员的签名或者盖章。自制原始凭证必须有经办单位领导人或者其指定的人员签名或者盖章。对外开出的原始凭证,必须加盖本单位公章。

(三)凡填有大写和小写金额的原始凭证,大写与小写金额必须相符。购买实物的原始凭证,必须有验收证明。支付款项的原始凭证,必须有收款单位和收款人的收款证明。

(四)一式几联的原始凭证,应当注明各联的用途,只能以一联作为报销凭证。

一式几联的发票和收据,必须用双面复写纸(发票和收据本身具备复写纸功能的除外)套写,并连续编号。作废时应当加盖“作废”戳记,连同存根一起保存,不得撕毁。

(五)发生销货退回的,除填制退货发票外,还必须有退货验收证明;退款时,必须取得对方的收款收据或者汇款银行的凭证,不得以退货发票代替收据。

(六)职工公出借款凭据,必须附在记账凭证之后。收回借款时,应当另开收据或者退还借据副本,不得退还原借款收据。

(七)经上级有关部门批准的经济业务,应当将批准文件作为原始凭证附件。如果批准文件需要单独归档的,应当在凭证上注明批准机关名称、日期和文件字号。

第四十九条　原始凭证不得涂改、挖补。发现原始凭证有错误的,应当由开出单位重开或者更正,更正处应当加盖开出单位的公章。

第五十条　会计机构、会计人员要根据审核无误的原始凭证填制记账凭证。

记账凭证可以分为收款凭证、付款凭证和转账凭证,也可以使用通用记账凭证。

第五十一条　记账凭证的基本要求是:

(一)记账凭证的内容必须具备:填制凭证的日期;凭证编号;经济业务摘要;会计科目;金额;所附原始凭证张数;填制凭证人员、稽核人员、记账人员、会计机构负责人、会计主管人员签名或者盖章。收款和付款记账凭证还应当由出纳人员签名或者盖章。

以自制的原始凭证或者原始凭证汇总表代替记账凭证的,也必须具备记账凭证应有的项目。

(二)填制记账凭证时,应当对记账凭证进行连续编号。一笔经济业务需要填制两张以上记账凭证的,可以采用分数编号法编号。

(三)记账凭证可以根据每一张原始凭证填制,或者根据若干张同类原始凭证汇总填制,也可以根据原始凭证汇总表填制。但不得将不同内容和类别的原始凭证汇总填制在一张记账凭证上。

（四）除结账和更正错误的记账凭证可以不附原始凭证外，其他记账凭证必须附有原始凭证。如果一张原始凭证涉及几张记账凭证，可以把原始凭证附在一张主要的记账凭证后面，并在其他记账凭证上注明附有该原始凭证的记账凭证的编号或者附原始凭证复印件。一张原始凭证所列支出需要几个单位共同负担的，应当将其他单位负担的部分，开给对方原始凭证分割单，进行结算。原始凭证分割单必须具备原始凭证的基本内容：凭证名称、填制凭证日期、填制凭证单位名称或者填制人姓名、经办人的签名或者盖章、接受凭证单位名称、经济业务内容、数量、单价、金额和费用分摊情况等。

（五）如果在填制记账凭证时发生错误，应当重新填制。

已经登记入账的记账凭证，在当年内发现填写错误时，可以用红字填写一张与原内容相同的记账凭证，在摘要栏注明"注销某月某日某号凭证"字样，同时再用蓝字重新填制一张正确的记账凭证，注明"订正某月某日某号凭证"字样。如果会计科目没有错误，只是金额错误，也可以将正确数字与错误数字之间的差额，另编一张调整的记账凭证，调增金额用蓝字，调减金额用红字。发现以前年度记账凭证有错误的，应当用蓝字填制一张更正的记账凭证。

（六）记账凭证填制完经济业务事项后，如有空行，应当自金额栏最后一笔金额数字下的空行处至合计数上的空行处划线注销。

第五十二条　填制会计凭证，字迹必须清晰、工整，并符合下列要求：

（一）阿拉伯数字应当一个一个地写，不得连笔写。阿拉伯金额数字前面应当书写货币币种符号或者货币名称简写和币种符号。币种符号与阿拉伯金额数字之间不得留有空白。凡阿拉伯数字前写有币种符号的，数字后面不再写货币单位。

（二）所有以元为单位（其他货币种类为货币基本单位，下同）的阿拉伯数字，除表示单价等情况外，一律填写到角分；元角分的角位和分位可写"00"，或者符号"——"；有角无分的，分位应当写"0"，不得用符号"——"代替。

（三）汉字大写数字金额如零、壹、贰、叁、肆、伍、陆、柒、捌、玖、拾、佰、仟、万、亿等，一律用正楷或者行书体书写，不得用〇、一、二、三、四、五、六、七、八、九、十等简化字代替，不得任意自造简化字。大写金额数字到元或者角为止的，在"元"或者"角"字之后应当写"整"字或者"正"字；大写金额数字有分的，分字后面不写"整"或者"正"字。

（四）大写金额数字前未印有货币名称的，应当加填货币名称，货币名称与金额数字之间不得留有空白。

（五）阿拉伯金额数字中间有"0"时，汉字大写金额要写"零"字；阿拉伯数字金额中间连续有几个"0"时，汉字大写金额中可以只写一个"零"字；阿拉伯金额数字符位是"0"，或者数字中间连续有几个"0"、元位也是"0"但角位不是"0"时，汉字大写金额可以只写一个"零"字，也可以不写"零"字。

第五十三条　实行会计电算化的单位，对于机制记账凭证，要认真审核，做到会计科目使用正确，数字准确无误。打印出的机制记账凭证要加盖制单人员、审核人员、记账人员及会计机构负责人、会计主管人员印章或者签字。

第五十四条　各单位会计凭证的传递程序应当科学、合理，具体办法由各单位根据会计业务需要自行规定。

第五十五条 会计机构、会计人员要妥善保管会计凭证。

(一)会计凭证应当及时传递,不得积压。

(二)会计凭证登记完毕后,应当按照分类和编号顺序保管,不得散乱丢失。

(三)记账凭证应当连同所附的原始凭证或者原始凭证汇总表,按照编号顺序,折叠整齐,按期装订成册,并加具封面,注明单位名称、年度、月份和起讫日期、凭证种类、起讫号码,由装订人在装订线封签外签名或者盖章。

对于数量过多的原始凭证,可以单独装订保管,在封面上注明记账凭证日期、编号、种类,同时在记账凭证上注明"附件另订"和原始凭证名称及编号。

各种经济合同、存出保证金收据以及涉外文件等重要原始凭证,应当另编目录,单独登记保管,并在有关的记账凭证和原始凭证上相互注明日期和编号。

(四)原始凭证不得外借,其他单位如因特殊原因需要使用原始凭证时,经本单位会计机构负责人、会计主管人员批准,可以复制。向外单位提供的原始凭证复制件,应当在专设的登记簿上登记,并由提供人员和收取人员共同签名或者盖章。

(五)从外单位取得的原始凭证如有遗失,应当取得原开出单位盖有公章的证明,并注明原来凭证的号码、金额和内容等,由经办单位会计机构负责人、会计主管人员和单位领导人批准后,才能代作原始凭证。如果确实无法取得证明的,如火车、轮船、飞机票等凭证,由当事人写出详细情况,由经办单位会计机构负责人、会计主管人员和单位领导人批准后,代作原始凭证。

第三节 登记会计账簿

第五十六条 各单位应当按照国家统一会计制度的规定和会计业务的需要设置会计账簿。会计账簿包括总账、明细账、日记账和其他辅助性账簿。

第五十七条 现金日记账和银行存款日记账必须采用订本式账簿。不得用银行对账单或者其他方法代替日记账。

第五十八条 实行会计电算化的单位,用计算机打印的会计账簿必须连续编号,经审核无误后装订成册,并由记账人员和会计机构负责人、会计主管人员签字或者盖章。

第五十九条 启用会计账簿时,应当在账簿封面上写明单位名称和账簿名称。在账簿扉页上应当附启用表,内容包括:启用日期、账簿页数、记账人员和会计机构负责人、会计主管人员姓名,并加盖名章和单位公章。记账人员或者会计机构负责人、会计主管人员调动工作时,应当注明交接日期、接办人员或者监交人员姓名,并由交接双方人员签名或者盖章。

启用订本式账簿,应当从第一页到最后一页顺序编定页数,不得跳页、缺号。使用活页式账页,应当按账户顺序编号,并须定期装订成册。装订后再按实际使用的账页顺序编定页码。另加目录,记明每个账户的名称和页次。

第六十条 会计人员应当根据审核无误的会计凭证登记会计账簿。登记账簿的基本要求是:

(一)登记会计账簿时,应当将会计凭证日期、编号、业务内容摘要、金额和其他有关资料逐项记入账内,做到数字准确、摘要清楚、登记及时、字迹工整。

(二)登记完毕后,要在记账凭证上签名或者盖章,并注明已经登账的符号,表示已经记账。

(三)账簿中书写的文字和数字上面要留有适当空格,不要写满格;一般应占格距的二分之一。

（四）登记账簿要用蓝黑墨水或者碳素墨水书写，不得使用圆珠笔（银行的复写账簿除外）或者铅笔书写。

（五）下列情况，可以用红色墨水记账：

1. 按照红字冲账的记账凭证，冲销错误记录；

2. 在不设借贷等栏的多栏式账页中，登记减少数；

3. 在三栏式账户的余额栏前，如未印明余额的，在余额栏内登记负数余额；

4. 根据国家统一会计制度的规定可以用红字登记的其他会计记录。

（六）各种账簿按页次顺序连续登记，不得跳行、隔页。如果发生跳行、隔页，应当将空行、空页画线注销，或者注明“此行空白”“此页空白”字样，并由记账人员签名或者盖章。

（七）凡需要结出余额的账户，结出余额后，应当在“借或贷”等栏内写明“借”或者“贷”等字样。没有余额的账户，应当在“借或贷”等栏内写“平”字，并在余额栏内用“Q”表示。

现金日记账和银行存款日记账必须逐日结出余额。

（八）每一账页登记完毕结转下页时，应当结出本页合计数及余额，写在本页最后一行和下页第一行有关栏内，并在摘要栏内注明“过次页”和“承前页”字样；也可以将本页合计数及金额只写在下页第一行有关栏内，并在摘要栏内注明“承前页”字样。

对需要结计本月发生额的账户，结计“过次页”的本页合计数应当为自本月初起至本页末止的发生额合计数；对需要结计本年累计发生额的账户，结计“过次页”的本页合计数应当为自年初起至本页末止的累计数；对既不需要结计本月发生额也不需要结计本年累计发生额的账户，可以只将每页末的余额结转次页。

第六十一条　实行会计电算化的单位，总账和明细账应当定期打印。

发生收款和付款业务的，在输入收款凭证和付款凭证的当天必须打印出现金日记账和银行存款日记账，并与库存现金核对无误。

第六十二条　账簿记录发生错误，不准涂改、挖补、刮擦或者用药水消除字迹，不准重新抄写，必须按照下列方法进行更正：

（一）登记账簿时发生错误，应当将错误的文字或者数字画红线注销，但必须使原有字迹仍可辨认；然后在画线上方填写正确的文字或者数字，并由记账人员在更正处盖章。对于错误的数字，应当全部画红线更正，不得只更正其中的错误数字。对于文字错误，可只画去错误的部分。

（二）由于记账凭证错误而使账簿记录发生错误，应当按更正的记账凭证登记账簿。

第六十三条　各单位应当定期对会计账簿记录的有关数字与库存实物、货币资金、有价证券、往来单位或者个人等进行相互核对，保证账证相符、账账相符、账实相符。对账工作每年至少进行一次。

（一）账证核对。核对会计账簿记录与原始凭证、记账凭证的时间、凭证字号、内容、金额是否一致，记账方向是否相符。

（二）账账核对。核对不同会计账簿之间的账簿记录是否相符，包括：总账有关账户的余额核对，总账与明细账核对，总账与日记账核对，会计部门的财产物资明细账与财产物资保管和使用部门的有关明细账核对等。

（三）账实核对。核对会计账簿记录与财产等实有数额是否相符。包括：现金日记账账面余额与现金实际库存数相核对;银行存款日记账账面余额定期与银行对账单相核对;各种财物明细账账面余额与财物实存数额相核对;各种应收、应付款明细账账面余额与有关债务、债权单位或者个人核对等。

第六十四条 各单位应当按照规定定期结账。

(一)结账前,必须将本期内所发生的各项经济业务全部登记入账。

(二)结账时,应当结出每个账户的期末余额。需要结出当月发生额的,应当在摘要栏内注明"本月合计"字样,并在下面通栏画单红线。需要结出本年累计发生额的,应当在摘要栏内注明"本年累计"字样,并在下面通栏画单红线;12 月末的"本年累计"就是全年累计发生额。全年累计发生额下面应当通栏画双红线。年度终了结账时,所有总账账户都应当结出全年发生额和年末余额。

(三)年度终了,要把各账户的余额结转到下一会计年度,并在摘要栏注明"结转下年"字样;在下一会计年度新建有关会计账簿的第一行余额栏内填写上年结转的余额,并在摘要栏注明"上年结转"字样。

第四节 编制财务报告

第六十五条 各单位必须按照国家统一会计制度的规定,定期编制财务报告。财务报告包括会计报表及其说明。会计报表包括会计报表主表、会计报表附表、会计报表附注。

第六十六条 各单位对外报送的财务报告应当根据国家统一会计制度规定的格式和要求编制。

单位内部使用的财务报告,其格式和要求由各单位自行规定。

第六十七条 会计报表应当根据登记完整、核对无误的会计账簿记录和其他有关资料编制,做到数字真实、计算准确、内容完整、说明清楚。

任何人不得篡改或者授意、指使、强令他人篡改会计报表的有关数字。

第六十八条 会计报表之间、会计报表各项目之间,凡有对应关系的数字,应当相互一致。本期会计报表与上期会计报表之间有关的数字应当相互衔接。如果不同会计年度会计报表中各项目的内容和核算方法有变更的,应当在年度会计报表中加以说明。

第六十九条 各单位应当按照国家统一会计制度的规定认真编写会计报表附注及其说明,做到项目齐全,内容完整。

第七十条 各单位应当按照国家规定的期限对外报送财务报告。

对外报送的财务报告,应当依次编定页码,加具封面,装订成册,加盖公章。封面上应当注明:单位名称,单位地址,财务报告所属年度、季度、月度,送出日期,并由单位领导人、总会计师、会计机构负责人、会计主管人员签名或者盖章。

单位领导人对财务报告的合法性、真实性负法律责任。

第七十一条 根据法律和国家有关规定应当对财务报告进行审计的,财务报告编制单位应当先行委托注册会计师进行审计,并将注册会计师出具的审计报告随同财务报告按照规定的期限报送有关部门。

第七十二条 如果发现对外报送的财务报告有错误,应当及时办理更正手续。除更正本单位留存的财务报告外,并应同时通知接受财务报告的单位更正。错误较多的,应当重新编报。

第四章 会计监督

第七十三条 各单位的会计机构、会计人员对本单位的经济活动进行会计监督。

第七十四条 会计机构、会计人员进行会计监督的依据是：

(一)财经法律、法规、规章；

(二)会计法律、法规和国家统一会计制度；

(三)各省、自治区、直辖市财政厅(局)和国务院业务主管部门根据《中华人民共和国会计法》和国家统一会计制度制定的具体实施办法或者补充规定；

(四)各单位根据《中华人民共和国会计法》和国家统一会计制度制定的单位内部会计管理制度；

(五)各单位内部的预算、财务计划、经济计划、业务计划。

第七十五条 会计机构、会计人员应当对原始凭证进行审核和监督。

对不真实、不合法的原始凭证，不予受理。对弄虚作假、严重违法的原始凭证，在不予受理的同时，应当予以扣留，并及时向单位领导人报告，请求查明原因，追究当事人的责任。

对记载不明确、不完整的原始凭证，予以退回，要求经办人员更正、补充。

第七十六条 会计机构、会计人员对伪造、变造、故意毁灭会计账簿或者账外设账行为，应当制止和纠正；制止和纠正无效的，应当向上级主管单位报告，请求作出处理。

第七十七条 会计机构、会计人员应当对实物、款项进行监督，督促建立并严格执行财产清查制度。发现账簿记录与实物、款项不符时，应当按照国家有关规定进行处理。超出会计机构、会计人员职权范围的，应当立即向本单位领导报告，请求查明原因，作出处理。

第七十八条 会计机构、会计人员对指使、强令编造、篡改财务报告行为，应当制止和纠正；制止和纠正无效的，应当向上级主管单位报告，请求处理。

第七十九条 会计机构、会计人员应当对财务收支进行监督。

(一)对审批手续不全的财务收支，应当退回，要求补充、更正。

(二)对违反规定不纳入单位统一会计核算的财务收支，应当制止和纠正。

(三)对违反国家统一的财政、财务、会计制度规定的财务收支，不予办理。

(四)对认为是违反国家统一的财政、财务、会计制度规定的财务收支，应当制止和纠正；制止和纠正无效的，应当向单位领导人提出书面意见请求处理。

单位领导人应当在接到书面意见起十日内作出书面决定，并对决定承担责任。

(五)对违反国家统一的财政、财务、会计制度规定的财务收支，不予制止和纠正，又不向单位领导人提出书面意见的，也应当承担责任。

(六)对严重违反国家利益和社会公众利益的财务收支，应当向主管单位或者财政、审计、税务机关报告。

第八十条 会计机构、会计人员对违反单位内部会计管理制度的经济活动，应当制止和纠正；制止和纠正无效的，向单位领导人报告，请求处理。

第八十一条 会计机构、会计人员应当对单位制定的预算、财务计划、经济计划、业务计划的执行情况进行监督。

第八十二条 各单位必须依照法律和国家有关规定接受财政、审计、税务等机关的监督，如实提供会计凭证、会计账簿、会计报表和其他会计资料以及有关情况，不得拒绝、隐匿、谎报。

第八十三条 按照法律规定应当委托注册会计师进行审计的单位，应当委托注册会计师进行审计,并配合注册会计师的工作,如实提供会计凭证、会计账簿、会计报表和其他会计资料以及有关情况,不得拒绝、隐匿、谎报,不得示意注册会计师出具不当的审计报告。

第五章 内部会计管理制度

第八十四条 各单位应当根据《中华人民共和国会计法》和国家统一会计制度的规定,结合单位类型和内容管理的需要,建立健全相应的内部会计管理制度。

第八十五条 各单位制定内部会计管理制度应当遵循下列原则:

(一)应当执行法律、法规和国家统一的财务会计制度;

(二)应当体现本单位的生产经营、业务管理的特点和要求;

(三)应当全面规范本单位的各项会计工作,建立健全会计基础,保证会计工作的有序进行;

(四)应当科学、合理,便于操作和执行;

(五)应当定期检查执行情况;

(六)应当根据管理需要和执行中的问题不断完善。

第八十六条 各单位应当建立内部会计管理体系。主要内容包括:单位领导人、总会计师对会计工作的领导职责;会计部门及其会计机构负责人、会计主管人员的职责、权限;会计部门与其他职能部门的关系;会计核算的组织形式等。

第八十七条 各单位应当建立会计人员岗位责任制度。主要内容包括:会计人员的工作岗位设置;各会计工作岗位的职责和标准;各会计工作岗位的人员和具体分工;会计工作岗位轮换办法;对各会计工作岗位的考核办法。

第八十八条 各单位应当建立账务处理程序制度。主要内容包括:会计科目及其明细科目的设置和使用;会计凭证的格式、审核要求和传递程序;会计核算方法;会计账簿的设置;编制会计报表的种类和要求;单位会计指标体系。

第八十九条 各单位应当建立内部牵制制度。主要内容包括:内部牵制制度的原则;组织分工;出纳岗位的职责和限制条件;有关岗位的职责和权限。

第九十条 各单位应当建立稽核制度。主要内容包括:稽核工作的组织形式和具体分工;稽核工作的职责、权限;审核会计凭证和复核会计账簿、会计报表的方法。

第九十一条 各单位应当建立原始记录管理制度。主要内容包括:原始记录的内容和填制方法;原始记录的格式;原始记录的审核;原始记录填制人的责任;原始记录签署;传递、汇集要求。

第九十二条 各单位应当建立定额管理制度。主要内容包括:定额管理的范围;制定和修订定额的依据、程序和方法;定额的执行;定额考核和奖惩办法等。

第九十三条 各单位应当建立计量验收制度。主要内容包括:计量检测手段和方法;计量验收管理的要求;计量验收人员的责任和奖惩办法。

第九十四条 各单位应当建立财产清查制度。主要内容包括:财产清查的范围;财产清查的组织;财产清查的期限和方法;对财产清查中发现问题的处理办法;对财产管理人员的奖惩办法。

第九十五条 各单位应当建立财务收支审批制度。主要内容包括:财务收支审批人员和审批权限;财务收支审批程序;财务收支审批人员的责任。

第九十六条 实行成本核算的单位应当建立成本核算制度。主要内容包括:成本核算的对象;成本核算的方法和程序;成本分析等。

第九十七条　各单位应当建立财务会计分析制度。主要内容包括:财务会计分析的主要内容;财务会计分析的基本要求和组织程序;财务会计分析的具体方法;财务会计分析报告的编写要求等。

第六章　附则

第九十八条　本规范所称国家统一会计制度,是指由财政部制定,或者财政部与国务院有关部门联合制定,或者经财政部审核批准的在全国范围内统一执行的会计规章、准则、办法等规范性文件。

本规范所称会计主管人员,是指不设置会计机构,只在其他机构中设置专职会计人员的单位行使会计机构负责人职权的人员。

本规范第三章第二节和第三节关于填制会计凭证、登记会计账簿的规定,除特别指出外,一般适用于手工记账。实行会计电算化的单位,填制会计凭证和登记会计账簿的有关要求,应当符合财政部关于会计电算化的有关规定。

第九十九条　各省、自治区、直辖市财政厅(局),国务院各业务主管部门可以根据本规范的原则,结合本地区、本部门的具体情况,制定具体实施办法,报财政部备案。

第一百条　本规范由财政部负责解释、修改。

第一百零一条　本规范自公布之日起实施。1984 年 4 月 24 日财政部发布的《会计人员工作规则》同时废止。

一九九六年六月十七日

附2　会计档案管理办法

会计档案管理办法

(1998年8月21日　　国家财政部　国家档案局发布)

第一条　为了加强会计档案管理,统一会计档案管理制度,更好地为发展社会主义市场经济服务,根据《中华人民共和国会计法》和《中华人民共和国档案法》的规定,制定本办法。

第二条　国家机关、社会团体、企业、事业单位、按规定应当建账的个体工商户和其他组织(以下简称各单位),应当依照本办法管理会计档案。

第三条　各级人民政府财政部门和档案行政管理部门共同负责会计档案工作的指导、监督和检查。

第四条　各单位必须加强对会计档案管理工作的领导,建立会计档案的立卷、归档、保管、查阅和销毁等管理制度,保证会计档案妥善保管,有序存放,方便查阅,严防毁损、散失和泄密。

第五条　会计档案是指会计凭证、会计账簿和财务报告等会计核算专业材料,是记录和反映单位经济业务的重要史料和证据。具体包括:

(一)会计凭证类:原始凭证、记账凭证、汇总凭证,其他会计凭证。

(二)会计账簿类:总账、明细账、日记账、固定资产卡片、辅助账簿、其他会计账簿。

(三)财务报告类:月度、季度、年度财务报告,包括会计报表、附表、附注及文字说明、其他财务报告。

(四)其他类:银行存款余额调节表、银行对账单、其他应当保存的会计核算专业资料、会计档案移交清册、会计档案保管清册、会计档案销毁清册。

第六条　各单位每年形成的会计档案,应当由会计机构按照归档要求,负责整理立卷,装订成册,编制会计档案保管清册。

年形成的会计档案,在会计年度终了后,可暂由会计机构保管一年,期满之后,应当由会计机构编制移交清册,移交本单位档案机构统一保管;未设立档案机构的,应当在会计机构内部指定专人保管。出纳人员不得兼管会计档案。

移交本单位档案机构保管的会计档案,原则上应当保持原卷册的封装。个别需要拆封重新整理的,档案机构应当会同会计机构和经办人员共同拆封整理,以分清责任。

第七条　各单位保存的会计档案不得借出。如有特殊需要,经本单位负责人批准,可以提供查阅或者复制,并办理登记手续。查阅或者复制会计档案的人员,严禁在会计档案上涂画、拆封和抽换。

各单位应当建立健全会计档案查阅、复制登记制度。

第八条　会计档案的保管期限分为永久、定期两类。定期保管期限分为3年、5年、10年、15年、25年5类。

会计档案的保管期限,从会计年度终了后的第一天算起。

第九条 本办法规定的会计档案保管期限为最低保管期限,各类会计档案的保管原则上应当按照本办法附表所列期限执行。

各单位会计档案的具体名称如有同本办法附表所列档案名称不相符的,可以比照类似档案的保管期限办理。

第十条 保管期满的会计档案,除本办法第十一条规定的情形外,可以按照以下程序销毁:

(一)由本单位档案机构会同会计机构提出销毁意见,编制会计档案销毁清册,列明销毁会计档案的名称、卷号、册数、起止年度和档案编号、应保管期限、已保管期限、销毁时间等内容。

(二)单位负责人在会计档案销毁清册上签署意见。

(三)销毁会计档案时,应当由档案机构和会计机构共同派员监销。国家机关销毁会计档案时,应当由同级财政部门、审计部门派员参加监销。财政部门销毁会计档案时,应当由同级审计部门派员参加监销。

(四)监销人在销毁会计档案前,应当按照会计档案销毁清册所列内容清点核对所要销毁的会计档案;销毁后,应当在会计档案销毁清册上签名盖章,并将监销情况报告本单位负责人。

第十一条 保管期满但未结清的债权债务原始凭证和涉及其他未了事项的原始凭证,不得销毁,应当单独抽出立卷,保管到未了事项完结时为止。单独抽出立卷的会计档案,应当在会计档案销毁清册和会计档案保管清册中列明。

正在项目建设期间的建设单位,其保管期满的会计档案不得销毁。

第十二条 采用电子计算机进行会计核算的单位,应当保存打印出的纸质会计档案。

具备采用磁带、磁盘、光盘、微缩胶片等磁性介质保存会计档案条件的,由国务院业务主管部门统一规定,并报财政部、国家档案局备案。

第十三条 单位因撤销、解散、破产或者其他原因而终止的,在终止和办理注销登记手续之前形成的会计档案,应当由终止单位的业务主管部门或财产所有者代管或移交有关档案馆代管,法律、行政法规另有规定的,从其规定。

第十四条 单位分立后原单位存续的,其会计档案应当由分立后的存续方统一保管,其他方可查阅、复制与其业务相关的会计档案;单位分立后原单位解散的,其会计档案应当经各方协商后由其中一方代管或移交档案馆代管,各方可查阅、复制与其业务相关的会计档案。单位分立中未结清的会计事项所涉及的原始凭证,应当单独抽出由业务相关方保存,并按规定办理交接手续。

单位因业务移交其他单位办理所涉及的会计档案,应当由原单位保管,承接业务单位可查阅、复制与其业务相关的会计档案,对其中未结清的会计事项所涉及的原始凭证,应当单独抽出由业务承接单位保存,并按规定办理交接手续。

第十五条 单位合并后原各单位解散或一方存续其他方解散的,原各单位的会计档案应当由合并后的单位统一保管;单位合并后原各单位仍存续的,其会计档案仍应由原各单位保管。

第十六条 建设单位在项目建设期间形成的会计档案,应当在办理竣工决算后移交给建设项目的接受单位,并按规定办理交接手续。

第十七条　单位之间交接会计档案的,交接双方应当办理会计档案交接手续。

移交会计档案的单位,应当编制会计档案移交清册,列明应当移交的会计档案名称、卷号、册数、起止年度和档案编号、应保管期限、已保管期限等内容。

交接会计档案时,交接双方应当按照会计档案移交清册所列内容逐项交接,并由交接双方的单位负责人负责监交。交接完毕后,交接双方经办人和监交人应当在会计档案移交清册上签名或者盖章。

第十八条　我国境内所有单位的会计档案不得携带出境。驻外机构和境内单位在境外设立的企业(简称境外单位)的会计档案,应当按照本办法和国家有关规定进行管理。

第十九条　预算、计划、制度等文件材料,应当执行文书档案管理规定,不适用本办法。

第二十条　各省、自治区、直辖市人民政府财政部门、档案管理部门,国务院各业务主管部门,中国人民解放军总后勤部,可以根据本办法的规定,结合本地区、本部门的具体情况,制定实施办法,报财政部和国家档案局备案。

第二十一条　本办法由财政部负责解释,自 1999 年 1 月 1 日起执行。1984 年 6 月 1 日财政部、国家档案局发布的《会计档案管理办法》自本办法执行之日起废止。

附表一:企业和其他组织会计档案保管期限表

序号	档案名称	保管期限	备注
一	会计凭证类		
1	原始凭证	15 年	
2	记账凭证	15 年	
3	汇总凭证	15 年	
二	会计账簿类		
4	总账	15 年	包括日记总账
5	明细账	15 年	
6	日记账	15 年	现金和银行存款日记账保管 25 年
7	固定资产卡片		固定资产报废清理后保管 5 年
8	辅助账簿	15 年	
三	财务报告表		包括各级主管部门汇总财务报告
9	月、季度财务报告	3 年	包括文字分析
10	年度财务报告	永久	包括文字分析
四	其他类		
11	会计移交清册	15 年	
12	会计档案保管清册	永久	
13	会计档案销毁清册	永久	
14	银行余额调节表	5 年	
15	银行对账单	5 年	

附表二:财政总预算、行政单位、事业单位和税收会计档案保管期限表

序号	档案名称	保管期限			备注
		财政总预算	行政事业单位	税收会计	
一	会计凭证类				
1	国家金库编送的各种报表及缴库退库凭证	10 年		10 年	
2	各收入机关编送的报表	10 年			
3	行政单位和事业单位的各种会计凭证		15 年		包括:原始凭证、记账凭证和传票汇总表
4	各种完税凭证和缴、退库凭证			15 年	缴款书存根联在销号后保管 2 年
5	财政总预算拨款凭证及其他会计凭证	15 年			包括:拨款凭证和其他会计凭证
6	农牧业税结算凭证			15 年	
二	会计账簿类				
7	日记账		15 年	15 年	
8	总账	15 年	15 年	15 年	
9	税收日记账(总账)和税收票证分类出纳账		25 年		
10	明细分类、分户账或登记簿	15 年	15 年	15 年	
11	现金出纳账、银行存款账		25 年	25 年	
12	行政单位事业单位固定资产明细账(卡片)				行政单位事业单位固定资产报废清理后保管 5 年
三	财务报告类				
13	财务总预算	永久			
14	行政单位和事业单位决算	10 年	永久		
15	税收年报(决算)	10 年		永久	
16	国家金库年报(决算)	10 年			
17	基本建设拨、贷款年报(决算)	10 年			
18	财政总预算会计旬报	3 年			所属单位报送的保管 2 年
19	财政总预算会计月、季度报表	5 年			所属单位报送的保管 2 年
20	行政单位事业单位会计月、季度报表		5 年		所属单位报送的保管 2 年
四	其他类				
22	会计移交清册	15 年	15 年	15 年	
23	会计档案保管清册	永久	永久	永久	
24	会计档案销毁清册	永久	永久	永久	

注:税务机关的税务经费会计档案保管期限,按行政单位会计档案保管期限规定办理。

参考文献

[1]财政部会计司编写组.企业会计准则讲解2006[M].北京:人民出版社,2007.
[2]中华人民共和国财政部.企业会计准则2006[M].北京:经济科学出版社,2006.
[3]中华人民共和国财政部.企业会计准则——应用指南2006[M].北京:中国财政经济出版社,2006.
[4]姚旭.会计基础[M].北京:清华大学出版社,2007.
[5]关振宇.基础会计[M].北京:清华大学出版社,2007.
[6]张洪军.会计基础[M].北京:经济科学出版社,2008.
[7]张洪军.财经法规与会计职业道德[M].北京:经济科学出版社,2008.